Il y a toujours des complices...

Du même auteur :

Lettre ouverte d'un bouc émissaire à Tapie Bernard et Charasse Michel « ministres intègres », Albin Michel, 1995.

Prison, Michel Lafon, 1997.

Mes chers amis, Flammarion, 2000.

Pierre Botton

Il y a toujours des complices...

Flammarion

ISBN : 2-08-068098-6

L'histoire est écrite pour raconter, non pour prouver.

Pour mes trois filles...

AVANT-PROPOS

« Complices : personnes ayant une entente profonde, spontanée. »

Dictionnaire Le Petit Robert.

« Article 121-6 : Sera puni comme auteur le complice de l'infraction, au sens de l'article 121-7.

Article 121-7 : Est complice d'un crime ou d'un délit la personne qui sciemment par aide ou assistance, en a facilité la préparation ou la consommation. Est également complice la personne qui par don, promesse, menace, ordre, abus d'autorité ou de pouvoir aura provoqué à une infraction ou donné des instructions de la commettre. »

Code pénal.

« L'élément intentionnel du délit de complicité exige seulement que son auteur ait eu conscience de l'aide apportée à l'action principale. L'élément moral de la complicité implique une participation volontaire et consciente de l'aide apportée à

la commission d'une infraction et il importe peu que le concert frauduleux réponde à des mobiles et objectifs différents de la part de l'auteur et de ses complices. »

Cour de cassation, chambre criminelle,
1er octobre 1984.

Tout au long de mon parcours, il y eut toujours des « complices » répondant parfois à la définition du Petit Robert et parfois à celles du Code pénal...

⋆

Toute ressemblance avec des personnages existant ou ayant existé n'est pas fortuite, mais bien volontaire.

Par ailleurs, je ne relaterai aucun dossier en attente de jugement. Je dois toujours 24 millions de francs (soit 3 658 780 €) au fisc et mes droits d'auteur sont déjà saisis auprès de mon éditeur.

Enfin, à la suite de la lecture par les avocats, il m'a été impossible de qualifier de « mafieux » le système existant aujourd'hui dans notre monde politique ou encore d'imputer à tel ou tel des détournements de fonds publics ou des faits de corruptions. Par exemple, les mots « démanteler les magouilles de Monsieur X » devinrent « mettre à jour les faits concernants Monsieur X ». Pour finir, toute scène susceptible de se rapporter à la vie privée de personnages utilisant pourtant leurs familles à loisir dans les médias a dû être supprimée, et ce même si je pouvais apporter la preuve des faits que j'avançais. Les lois sur la diffamation et la protection de la vie privée m'auraient empêché de produire ces pièces en justice pour démontrer ma bonne foi. Ainsi va la liberté de témoignage...

PROLOGUE

Entrepreneur ambitieux, j'ai atteint le sommet de l'échelle sociale puis, de 1983 à 1995, participé comme militant, financier et conseiller en communication, à l'ascension de plusieurs hommes politiques français, parmi les plus haut placés. Ainsi ai-je pénétré le cœur du triangle des pouvoirs médiatique, économique et politique.

Comment une telle ascension est-elle possible ? On ne peut faire un tel chemin seul. Il fallut évidemment beaucoup travailler mais aussi et surtout, de multiples complicités. À chaque étape, ceux qui avaient besoin de moi me donnaient la possibilité d'accéder à l'échelon supérieur.

Encore aurait-il fallu me livrer aussi la règle du jeu. Car si beaucoup se font régulièrement prendre dans les filets de la justice, jamais les vrais responsables ne sont mis en cause. Parce que ces derniers qui, depuis quarante ans, évoluent dans les hautes sphères du pouvoir, adoubent leurs successeurs à la seule condition que ceux-ci acceptent de fermer les yeux sur les méthodes utilisées et écartent toute idée de dénonciation du passé ou d'évolution vers plus de transparence. Le monde politique, économique et médiatique, à de rares exceptions près, fonctionne donc toujours sur la même logique : celle que j'ai vue à l'œuvre et dont je vais décrire les rouages. Le système n'a pas changé !

Un exemple ? En 1992, alors que j'étais en prison, tous les journaux faisaient leurs premières pages sur les voyages que j'avais offerts à des personnalités. Au même instant, le maire de Paris, notre actuel président de la République, après avoir lu sa revue de presse quotidienne, continuait pourtant à donner ordre à son chauffeur de porter des enveloppes pour régler en espèces ses propres voyages et ceux qu'il offrait à sa famille. Ce en quoi il ne différait aucunement de son homologue lyonnais qui, alors même qu'il était directement mis en cause par la justice, n'hésitait pas à procéder en personne, dans son bureau de maire de la deuxième ville de France, à une remise en espèces de 500 000 F entre les mains de son banquier.

Un autre exemple ? Alors que la justice et la presse mettaient en cause les emplois fictifs, dans mes sociétés, de l'ancien maire de Cannes, de sa chargée de communication ou du chef de cabinet du député du Rhône, au même moment, tous les partis politiques continuaient à utiliser des méthodes similaires et toutes aussi illégales pour rémunérer les employés de leur permanence.

Quelques scandales défraient la chronique, mais le système n'évolue pas. Ainsi, alors que plusieurs chefs d'entreprises, parmi les plus grands de notre pays, étaient mis en examen à mes côtés pour des fausses factures, des versements sur des comptes en Suisse et qu'aucun financement officiel n'existait pour réglementer la vie politique française, tous les partis, sans exception, votèrent une loi supprimant les financements illégaux, mais simultanément continuèrent à manier des fonds colossaux en espèces, en France comme à l'étranger !

Pourquoi un tel sentiment d'impunité ? Pourquoi rien ne change-t-il ? Pourquoi retrouvons-nous toujours les mêmes têtes à la direction des formations politiques depuis trente ans, à la une des émissions de télévision ou dans les conseils d'administration des grandes entreprises ?

★

J'ai souvent expliqué que j'avais dérapé, commis des fautes, que je devais les payer et que c'était la raison pour laquelle j'avais fait de la prison.

Ma peine effectuée, j'ai éprouvé le besoin de raconter comment on se laisse doucement dévorer par le système et comment, sans en avoir conscience ou seulement beaucoup trop tard, on devient un délinquant.

Parce que tout cela ne s'arrêtera que lorsqu'il n'y aura plus de complices, ignorant ou non les conséquences des ordres qu'ils exécutent fidèlement, et de ce fait qu'il n'y aura plus de porteurs de valises, plus de prête-noms susceptibles d'ouvrir pour d'autres des comptes en Suisse, plus de comptables de grandes entreprises pour cautionner des factures litigieuses ou des prélèvements en espèces injustifiés, plus de secrétaires ou de chauffeurs pour transporter des enveloppes louches, plus de personnes acceptant de travailler sans que le payeur soit leur employeur. Alors messieurs les députés, ministres, grands patrons d'entreprises, vous n'aurez plus que deux choix : faire vous-mêmes le sale boulot et en assumer directement les risques judiciaires ou mettre définitivement un terme à ces pratiques.

Encore faut-il en connaître toutes les ficelles ! C'est pourquoi j'ai voulu tout raconter, sans m'épargner, sans cacher mes erreurs ni celles des autres, fort de mon expérience. Mais mon histoire ne mérite d'être racontée que si elle sert à préserver l'avenir, à comprendre et à éviter que d'autres ne s'engagent sur les mêmes voies pour finalement dérailler.

Car si un de ces hommes de pouvoir m'avait demandé de casser une vitrine, d'agresser une personne âgée ou de cambrioler une banque, je n'aurais évidemment jamais accepté. Mais l'entrée dans le système gangréné qui régit notre pays est bien plus sournoise, discrète et inodore. C'est pourquoi, je souhaite que ce livre permette de déceler le premier signe anodin, le premier geste, le premier acte de complicité, le premier « oui » qui fait mettre le doigt dans l'engrenage.

Voulant livrer des faits, décrire des personnages, je vous prie de m'excuser par avance de devoir me mettre en avant dans cet ouvrage. Pour raconter ce parcours, depuis le début j'ai choisi de me livrer sans retenue ni indulgence. J'ai souhaité révéler nombre des ressorts psychologiques, des passions, des excès qui m'ont amené à suivre cette route. Cela pourra choquer, mais c'était indispensable pour la compréhension de chacune des étapes de cette ascension. Car si je reste le fil conducteur de mon histoire, celle-ci ne vaut rien, tant elle n'est qu'une succession d'erreurs. De même, si dans ce livre, je reviens sur tout un ensemble de faits liés à ma collaboration avec Michel Noir, ce n'est aucunement par amertume ou esprit de revanche. La page politique est semble-t-il tournée, pour lui comme pour moi. Peut-être arriverons-nous un jour à ne garder que le plus beau de notre passion : le seul souvenir de nos victoires, enterrant ainsi les désaccords pour ne plus penser qu'au bien-être de nos proches. C'est seulement à titre d'exemple concret, vécu et alors que tous les faits qui nous concernaient ont été jugés que je livre ces secrets d'État.

Malheureusement, les faits décrits sont encore aujourd'hui tous transposables aux pratiques de notre vie politique actuelle. En revanche le parcours, les rencontres, les actions, les mirages auxquels j'ai bien voulu croire, cette course effrénée vers la reconnaissance, sont à méditer afin d'éviter de tomber dans les mêmes pièges.

Michel Drucker m'a dit un jour : « Le monde du spectacle a un grand point commun avec celui de la politique : il y existe des mots et des expressions qu'il faut rayer totalement de son vocabulaire. C'est : gratitude, reconnaissance, mémoire du cœur. Tout cela il faut oublier car on vit dans un univers de total cynisme. »

Quarante ans dans ce monde lui ont permis d'adopter une certaine philosophie et sa gentillesse l'empêche de tout dire.

*

À l'occasion d'un de mes nombreux interrogatoires, le juge d'instruction en charge de mon dossier me dit un jour :

« Monsieur Botton, vous êtes un danger pour la démocratie. »

Pourquoi me donner une telle importance ? Tout simplement parce que, depuis des mois, la procédure avait fait pénétrer le magistrat dans ce monde des connivences, des influences, qui s'étendent des sondages de notoriété aux réseaux d'« amitiés » et permettent de fabriquer de toutes pièces l'image d'un homme, qu'il soit politique, capitaine d'industrie ou star de l'écran.

Pour des fautes que j'avais commises, j'ai été sanctionné, après une centaine d'auditions par des juges d'instruction et plus de quatre ans d'enquête, sans qu'aucune partie civile ne se constitue contre moi et jamais pour des faits de corruption ou des délits liés à l'utilisation de fonds publics.

Mais par mon intermédiaire, n'a-t-on pas cherché à détruire à grand bruit la seule partie visible de l'iceberg pour mieux protéger le reste ? Personne n'avait placé un revolver sur ma tempe pour me contraindre à participer à ce système, mais ce qui me gêne, c'est l'attitude de mes « complices » : pourquoi ont-ils accepté mon argent ? Était-ce une habitude dans ce monde ? Pourquoi se sont-ils servi de mon silence protecteur pour se dédouaner de pratiques pourtant courantes dans leur milieu ? Je veux donc décrire comment tant de personnes ont sciemment participé à ces échanges sans que rien ne les choque ni ne les surprenne.

Ce sont les mêmes qui pour de petits arrangements, de petits avantages ou encore parce qu'ils se considèrent comme plus intelligents, dictent quels choix nous devons faire, ce que nous devons penser, ce que nous devons acheter. En réalité, j'insiste, ils ne défendent que leur intérêt : la pérennité d'un système dont ils sont les rouages. De cocktails en premières de spectacles, de voyages aux frais de la princesse en invitations diverses et variées, chacun se prend au jeu des informations confidentielles et se laisse flatter d'appartenir au sérail. C'est de cette manière que tous deviennent « complices ». Complices d'une utilisation illicite de l'argent, mais aussi du silence étourdissant autour des scandales de la République mêlant élus, hommes d'affaires, services secrets ou « grands serviteurs de l'État » bardés des décorations elles-mêmes obtenues grâce à un bon entregent. La boucle est bouclée !

★

En un mot, pour quelques-uns la vérité, pour les autres, l'image !

Le consensus politique, médiatique et économique veut vous faire prendre des vessies pour des lanternes ! Hélas, il siège à peu près partout, dans les salons de la République, dans les banques ou les conseils d'administration, car il faut du pouvoir, mais surtout de l'argent. Ces fameux billets qui circulent partout, il faut bien que quelqu'un les donne !

J'ai progressivement intégré un milieu qui ignore totalement les lois.

★

Tout le monde se tient ! Le politique tient les marchés publics et fait les lois, les entreprises convoitent ces contrats par le biais desquels elles obtiennent de l'argent, argent qui de « public », devient « privé » et peut servir notamment à ceux qui en ont besoin pour séduire une partie des médias. Tout ce monde vit en vase clos, part en « voyages officiels », se côtoie pour les vœux des uns ou des autres dans les salons dorés de la République. Et vous, vous venez dérégler leurs pince-fesses tous les cinq ans avec vos bulletins de vote ou sauver la retraite d'un énarque à la tête d'une entreprise avec vos économies placées en Bourse.

*

Ces complices que je vais présenter sont dans toutes les sphères de la classe dirigeante : presse, affaires, milieux économiques, politiques, monde de l'audiovisuel, partout où un pouvoir se cache. Certains m'ont demandé ce que j'avais à gagner en écrivant ces lignes. Mais en fait, il fallait entendre : qu'avaient-ils à perdre.

Il y a quelques semaines, dans un aéroport, j'ai croisé un député que j'avais aidé en son temps. Il vint vers moi pour me serrer la main devant tout le monde : mon image avait changé, aujourd'hui j'étais redevenu fréquentable, je pouvais de nouveau lui servir. Je lui demandai de me rappeler les circonstances de notre première rencontre en vue de ce livre. Il devint blême. Comment pouvais-je le salir, évoquer cette période ancienne ? Selon lui, il s'était bien conduit pendant mes ennuis ! Je lui demandai s'il m'avait écrit, s'il avait écrit au juge pour attester de notre « amitié », s'il avait pris ma défense dans la presse, si lorsque j'étais sorti de prison, détruit, il m'avait aidé dans ma réinsertion ou seulement par un soutien moral. La réponse à l'ensemble de ces questions était négative. Ses propos furent atterrants : « Mais enfin, je n'ai rien fait contre toi. » Cela résume bien ce monde : aider quelqu'un, c'est ne pas lui appuyer sur la tête !

*

Afin de donner vie à ces lignes et profiter des progrès d'Internet, j'ai voulu aussi marier l'écrit papier et l'électronique. Ainsi, à chaque mot souligné dans cet ouvrage correspond une pièce, une photo, un document écrit ou sonore permettant, en allant sur mon site www.pierrebotton.com, de visualiser la scène racontée. C'est presque un film auquel je convie le lecteur.

*

Je ne doute pas, les élections arrivant et devant le nombre de personnes citées, que de nombreux avocats viendront tenter de vous empêcher de lire ce livre. Il s'agira de discréditer à la fois son auteur et son contenu afin de préserver le consensus et de passer toutes les échéances électorales sans que ces révélations ne fassent trop de dégâts. La même règle prévaudra dans les médias : ceux qui n'ont rien à se reprocher ne voudront pas gêner leurs confrères, quant aux autres ils ne souhaiteront surtout pas risquer de rappeler des faits ou de relancer une polémique. Sans même qu'ils se concertent, taire mes révélations deviendra donc une évidence.

Malgré cela, je suis persuadé aujourd'hui que toute vérité est bonne à dire.

Alors allumez vos phares antibrouillards, je vous emmène derrière l'écran de fumée de la réussite.

Bon voyage.

CHAPITRE 1

Au nom du père

Qui est donc mon tout premier complice à qui je dois tant ? À travers Paul Bocuse, Jacques Chirac ou Michel Noir, je n'ai cessé en fait de chercher dans mon parcours l'homme dont l'amour m'avait fait défaut : mon père.

L'une des obligations imposées par la justice lors de ma libération conditionnelle fut de suivre des soins médicaux. En effet, je me suis livré à une véritable analyse dans les murs de l'hôpital Sainte-Anne. Tous ceux qui ont suivi ce genre de thérapie savent que beaucoup de nœuds personnels puisent leurs racines dans les relations entretenues avec les parents. Aujourd'hui, c'est grâce à cela que je peux parler de celui qui n'est pas étranger à la construction du personnage que j'ai été. Les mots de mon père sont gravés dans ma mémoire et ont souvent été à l'origine de mes engagements.

★

En février 1992, alors que je venais de racheter l'entreprise La Vie claire à Bernard Tapie, mon père me raconta une anecdote instructive et révélatrice de son caractère. Il était à la pêche lorsqu'un garde-champêtre lui demanda son permis. Quand il le lui tendit, à la lecture du nom, le représentant des forces de l'ordre le questionna : « Vous êtes lié à Pierre Botton ? » Ce à quoi mon père lui répondit : « Je suis son père et, même ici, il me fait chier ! » Réponse surprenante, bien sûr, mais le fait qu'il me la rapporte était plus étonnant encore ! Difficile en effet pour un fils d'entendre et d'assumer de tels propos, pourtant révélateurs des rapports que mon père, Marcel, entretenait avec moi. Pour un enfant empli d'amour et d'admiration, comment peut-on arriver à un tel échec affectif ?

★

Mon père est un enfant naturel. Sa mère, fille de la campagne, avait seulement seize ans lorsqu'il est né, son géniteur n'étant autre que le fils d'un riche industriel de Roanne, dans la Loire. Devant cette grossesse accidentelle, ma grand-mère épousa un brave homme de Charlieu, petit village situé dans la même région, qui accepta de reconnaître l'enfant. Son nom : André Botton. Ainsi j'ai toujours entendu mon propre père me critiquer lorsque je me battais avec orgueil pour élever un nom qui « n'était et ne signifiait rien pour lui ». Il oubliait cependant que c'était celui que je porte et que mes trois filles doivent aujourd'hui assumer.

Ma famille maternelle reposait sur mon grand-père, Jean Mazier, à la tête d'une grande entreprise de travaux publics de la région lyonnaise. L'homme, premier bâtisseur de ce qu'on appelle les gratte-ciel à Villeurbanne, mourut ruiné après s'être fourvoyé par amour dans une secte. Sorti major de promotion de l'École des hautes études commerciales (HEC), mon père entra dans la société après avoir rencontré sa future épouse.

J'ai eu une enfance très heureuse, protégé par ma mère et aux côtés d'un père continuellement au travail. Comme toutes les familles, notre vie était réglée par l'école, les week-ends et les vacances. Hélas, la dureté paternelle, autant verbale que physique, était omniprésente.

*

En mai 1968, je suis lycéen lorsque éclatent les événements. Quelles sont les idées politiques d'un enfant de treize ans ? Celles de ses parents évidemment. Je n'étais pas en âge d'être du côté des barricades et le culte du général de Gaulle régnant à la maison nous plaçait comme il se doit du côté de l'ordre. J'ai le souvenir d'une manifestation suivie d'un violent affrontement à Lyon sur le pont des Cordeliers, juste en face d'un grand magasin dont le slogan publicitaire à l'époque était : « Il se passe toujours quelque chose aux Galeries Lafayette ». Le message avait quelque chose de cocasse quand on voyait voler pavés et panneaux de signalisation ! Et c'était tout aussi surprenant d'entendre mon père insulter les manifestants, alors que ceux-ci scandaient : « Les bourgeois au boulot ». Avec un certain courage physique, il répliquait : « Ils y sont au boulot, ils y sont ». Je compris alors que j'étais un fils de bourgeois ! Pourtant, à treize ans, cela n'a guère de sens, on craint surtout qu'il arrive quelque chose à celui qui vous a donné la vie !

Ce fut donc mon premier contact avec la politique. Mon père m'emmena ensuite au défilé pour le général de Gaulle, immense manifestation qui mit fin aux « événements ». Là, au milieu des drapeaux bleu blanc rouge et au son de *La Marseillaise*, je dus affronter ses gros yeux parce que je n'osais pas chanter l'hymne national tandis que lui en hurlait les paroles. C'est sans doute de cette manière que je suis devenu gaulliste.

★

Nous ne manquions de rien, ayant même plus que les autres, mais mon père ne cessait de nous le reprocher. Il se livrait pour Noël à un rituel peu commun. Chaque fin d'année, nous devions, mon frère et moi, nous rendre dans la salle à manger où il nous attendait et se livrait à une drôle de reconstitution : alignant les chiffres sur un cahier, il nous annonçait combien nous lui avions coûté ! Même si ces données évoquées ne représentaient rien pour nous, nous avions l'impression d'être évalués dans une sorte de rapport qualité-prix. En vérité, mon père semblait vouloir nous faire payer sa propre enfance, lui qui, jusqu'à l'âge de seize ans, n'avait eu pour seul cadeau que des oranges !

★

À peine remis d'un grave accident de ski, j'obtins mon passage en terminale scientifique. Je consacrai l'été suivant à des petits boulots me permettant, avec l'aide de mes parents, de faire l'acquisition d'une moto : une 350 Honda rouge. Je ressentais une joie immense, pensant que j'avais désormais accès à la liberté et que mon adolescence allait pouvoir débuter. J'ignorais qu'à peine un mois plus tard, ce terrible engin allait faire basculer ma vie.

Première destination avec ma moto et quelques amis : la Côte d'Azur. À notre arrivée à Cannes, nous traînons sur la Croisette où nos engins un peu bruyants attirent l'attention et nous faisons l'objet d'un contrôle d'identité. Comme nous n'avons pas nos papiers sur nous, les policiers nous demandent de nous présenter le lendemain 6 août avant midi au commissariat de Cannes.

La nuit fut courte. Le lendemain, en prenant le petit déjeuner, nous nous sommes rendu compte qu'il était déjà dix heures trente. En plein mois d'août, il ne serait pas facile de rejoindre le poste de police à temps. Nous prîmes quatre motos. Pour aller plus vite, nous décidâmes d'emprunter la route du bord de mer. J'arrivai en troisième position. Nous longions la file des voitures qui tentaient en vain de trouver une place. La chaussée, normalement à deux voies, était réduite.

Soudain, une 404 Peugeot aperçut une place de l'autre côté de la route. Sans regarder dans son rétroviseur et sans mettre son clignotant, le conducteur déboîta au moment où nous parvenions à sa hauteur. Première réaction d'un jeune conducteur : je freinai. La moto dérapa sur le gravier et s'encastra dans le véhicule sorti de la file. Comble de malchance, je glissai le long de la portière de la Peugeot et percutai de plein fouet une voiture arrivant en face.

Le choc fut si violent que je perdis connaissance. Je me réveillai une première fois dans l'ambulance dont j'entendais la sirène. Allongé, je ne sentais rien et replongeai dans l'inconscience. Deuxième réveil : j'étais toujours allongé, mais cette fois sur la table des urgences de l'hôpital de la Frontonne à Antibes. Je n'avais toujours pas mal. Il y avait beaucoup d'agitation autour de moi, une kyrielle de blouses blanches, vertes, des voix. Attiré par une boule jaune, je tournai la tête. C'était le casque intégral d'un de mes copains, de peur de lui faire mal ou de causer un traumatisme, on le lui avait laissé. Sa visière était ouverte et je lui dis :

— Ça va, toi ?

— Moi oui. Mais toi, je crois que tu as morflé.

Je regardai devant moi. Rien ne bougeait. Mon pied était posé, perpendiculaire à la table de radio. Subitement, il tomba sur le côté. Je n'avais toujours pas mal, mais très peur. Je criai : « Ma jambe, ma jambe ! » Un infirmier vint immédiatement la redresser et la cala avec un petit sac de sable. Je n'avais toujours pas mal et perdis à nouveau connaissance.

Il s'écoula quatre jours avant que l'on m'opère, quatre jours durant lesquels je me suis réveillé durant quelques secondes de temps à autre. Le diagnostic était fait : fractures multiples du col du fémur, du fémur, du tibia, traumatisme crânien et clavicule bloquée. Bizarrement, toutes ces fractures ne me faisaient pas souffrir. Sans doute l'effet des calmants. En revanche, comme en plein mois d'août je portais le jour de l'accident un polo noir en nylon, le frottement de la chute avait fait fondre la matière synthétique qui, entremêlée aux gravillons de la route, s'était encastrée dans ma chair. Le nettoyage des plaies fut un véritable supplice.

6 août 1971, j'ai seize ans et ma vie vient de basculer.

L'arrivée de mon père à l'hôpital fut un autre choc. En me voyant, pas un mot de compassion mais une phrase dure faisant allusion à mon accident de ski :

« Cette fois-ci, si tu peux encore marcher c'est que tu as vraiment de la chance ! »

Difficile de ne pas avoir le soutien de celui dont on attend tout.

Quand je quittai en ambulance l'hôpital d'Antibes un mois après l'accident, je dus affronter un nouveau choc : la convalescence. Placé dans un centre de soins, j'ai découvert un monde que je n'imaginais pas. À seize ans, petit bourgeois chouchouté par sa maman, je me retrouvais dans un univers d'adultes aigris. Fini la liberté, place à la vie en communauté et à l'immobilité forcée. Étant le plus jeune, j'étais livré pour mes soins comme pour ma vie quotidienne au bon vouloir d'adultes faisant bien peu de cas des êtres humains.

Les chirurgiens avaient garanti à ma mère que j'allais pouvoir marcher de nouveau. En ce mois de décembre, c'est donc la gorge nouée que je fus conduit, en l'absence de mon père, sur mon lit à roulettes dans la salle de consultation où étaient réunies toutes les sommités médicales de la région. Le grand jour tant attendu se transforma en cauchemar. Sans plus de précautions, les pontes m'annoncèrent que non seulement il n'était plus question de béquilles, mais que ma jambe elle-même était en sursis. Mes parents prirent alors les choses en main et, munis de mes radios, consultèrent plusieurs chirurgiens. Face aux options proposées par les uns et les autres, ils choisirent de me rapatrier à Lyon.

*

Dans la cité des Gaules tout changea. Je fus opéré une nouvelle fois à la veille de Noël pour une greffe osseuse. À mon réveil, je me vis avec un plâtre dit pelvis-pédieux me recouvrant du ventre jusqu'au pied gauche. Je ressemblais à un monstre. Je ne pouvais ni me relever ni me retourner et passai, sans mes parents mais avec un ami, les réveillons de Noël et du jour de l'an de cette fin 1971 à l'hôpital.

Au bout de quelques semaines, je pus regagner, tout en restant alité, le domicile familial. Ces longs mois d'immobilité avaient créé entre ma mère et moi une magnifique complicité. Mon père travaillait sans relâche et ne s'occupait guère de mon état.

Huit mois après l'accident, on m'ôta enfin ce plâtre sarcophage et je pus retrouver la position verticale, les béquilles et les premières sorties. Je retrouvais le plaisir de marcher ou de me baigner malgré ma jambe truffée de métal qui, au moindre effort, provoquait des poussées de fièvre et ma cicatrice de 34 centimètres qui me travaillait. Bien entendu, j'échouai au baccalauréat.

★

L'année scolaire 1972-1973 se déroula sans encombre et je décrochai le bachot. Mon diplôme en poche, je voulus assouvir ma passion de toujours et devenir vétérinaire. Malheureusement, un stage en plein Charolais au Creusot me fit comprendre que ma jambe n'appréciait guère le traitement et la douleur se faisant trop violente, je me retrouvai au lit avec une forte fièvre. Le lendemain, retour aux béquilles et visite à mon chirurgien. Il fut sans pitié et m'assura que s'il arrivait à nouveau quelque chose à ma jambe, cette fois il ne répondait de rien. L'expert qui m'avait qualifié de « handicapé à 30 % » n'avait pas menti. Le métier dont j'avais rêvé petit garçon disparaissait de mon avenir. Ma route était désormais balisée par ma santé.

★

Mon père pendant toute cette période avait délégué la gestion affective de ma maladie à ma mère. Il décida en tout cas de ne pas me laisser tranquille et choisit de me former « à la dure » en m'emmenant avec lui sur les routes de France. Installateur de pharmacies, je l'ai toujours vu travailler énormément. En l'observant, je découvris qu'il portait à des pharmaciens du Midi, pour les séduire et les convaincre, une quenelle ou une rosette de Lyon, que partout où il passait il achetait un produit régional destiné à un client de l'autre bout du quart Sud-Est. Grâce à lui, j'ai compris qu'à prix égal, la différence entre deux vendeurs se fait sur les rapports humains que l'on sait instaurer. Lui, heureux de voir que j'étais intéressé, m'expliquait les astuces qu'il utilisait, comment il s'efforçait de visiter les appartements de ses clients pour connaître la couleur de leur chambre et préparer un projet utilisant cette teinte, comment il parvenait à convaincre un pharmacien d'acheter un bureau parce qu'il avait la couleur des yeux de sa mère. Certes ce n'était pas d'une tendresse folle, mais une certaine complicité semblait se dessiner.

Un jour toutefois, dans une pharmacie de la Loire, j'eus droit à l'une des plus belles séances de réprimande qu'il lui ait été donné de m'asséner. Nous étions dans un bureau, attendant la pharmacienne partie servir des clients quand il se leva et commença à chercher, dans les dossiers de notre hôtesse, le projet de la concurrence. La porte restée ouverte, j'étais terrorisé à l'idée qu'il puisse être pris sur le fait. Il me dit à voix basse : « Tu crois quoi ? C'est ça la vie, c'est la lutte. » Il mit enfin la main dessus, le consulta, mais n'eut pas le temps de le ranger, la pharmacienne revenant. Heureusement elle ne s'aperçut de rien. Mieux, sous le charme de papa, elle décida de lui montrer le plan concurrent qui l'avait le plus séduite. Elle farfouilla plusieurs minutes, mon père ayant même le culot de l'aider à chercher le document qu'il avait glissé dans sa mallette ! J'étais très mal à l'aise. Sur la route du retour, il m'affubla de tous les noms d'oiseaux possibles. Je n'étais « qu'un fils à papa », « je ne savais pas ce qu'était la vie », « j'étais bon à dépenser, mais pas à gagner », « j'étais un trouillard », autant de gentillesses qui me blessèrent profondément et qui tombèrent sur moi durant les cent kilomètres qui nous séparaient de la maison.

Ces trajets étaient son quotidien. Dans sa R16 blanche, il dormait et mangeait. Un véhicule où se mêlaient la puanteur des camemberts entamés et laissés à la chaleur, la profusion des miettes de pain et des bouteilles vides et la sacro-sainte odeur des cigarettes Boyard Maïs qu'il grillait les unes après les autres. Quel que soit le temps, il roulait fenêtre ouverte, soit parce qu'il avait trop chaud, soit pour éviter de s'endormir. Malgré son caractère, ses engueulades, je dois admettre que c'est dans ces moments-là que j'ai appris à me dépasser, à travailler, à me lever tôt, à oublier ce qu'était un dimanche, à servir les clients coûte que coûte et à mettre la main à la pâte. Des leçons essentielles, même si elles étaient dures à recevoir.

Mon père était en fait particulièrement sévère avec moi. Ainsi, un après-midi où nous étions en tournée dans l'Ardèche depuis quatre heures du matin, sans même avoir pris la peine de déjeuner, j'osai expliquer ne pas vouloir rentrer trop tard à la maison afin de regarder un match de football à la télévision. Furieux, dans les lacets entre Privas et Saint Vallier, il arrêta net la voiture, ouvrit ma portière et me pria de descendre. Aussi orgueilleux que lui, j'obtempérai et me retrouvai seul pour rentrer à Lyon.

D'autres fois, quand j'osais exprimer une certaine lassitude sur le siège passager de la R16, il me disait que je ne savais pas utiliser mon temps pour apprendre. Il se lançait alors dans son jeu favori : à la sortie d'un village, il me demandait de décrire la devanture de la boulangerie ou de la pharmacie. Souvent bien incapable de répondre à ses questions, je recevais une volée d'invectives qui ne cessait qu'une fois arrivés à destination.

*

Sous l'influence de ce père que je craignais, mais aussi que j'aimais et admirais pour sa volonté, sa force de travail, cette année 1977 marqua un nouveau coup dur. Fumant près de deux paquets de Boyard Maïs par jour, sur le chantier de la pharmacie de l'Alpe d'Huez, il fut pris d'un malaise. On nous appela en catastrophe, mon frère et moi. À notre arrivée, les recommandations du médecin furent claires : repos complet. Mon frère devant partir à l'armée, je pris en charge le restaurant que mon père avait acquis quelques mois auparavant.

Logiquement, je mis un terme à mes études, inquiet toutefois de lâcher la proie pour l'ombre. Je savais que travailler avec lui pouvait être très profitable, mais de là à remettre mon avenir entre ses mains... D'autant que, quelques mois auparavant, mon grand-père Mazier était décédé, laissant une succession particulièrement difficile à gérer. Ma mère avait notamment hérité d'un centre de dialyse rénale dont la survie n'était pas assurée. Tout s'enchaînait. Au même moment, les procédures d'indemnisation consécutives à l'accident me permirent de recevoir 100 000 F en réparation du préjudice.

De véritables négociations, très âpres, s'engagèrent alors avec mon père. Je refusais de me retrouver pieds et poings liés sous son autorité. Aussi je lui demandai de me permettre d'asseoir mon avenir sur les seuls résultats de mon travail. J'étais d'accord pour travailler en l'absence de mon frère, mais je souhaitais ensuite que lui et moi puissions racheter le restaurant. Il me donna son accord.

Deux ans après ce rachat, je repris l'entreprise d'agencement de pharmacies que mon père avait mise en vente. Encore une fois, il ne me fit aucun cadeau. Ainsi, alors que je payais 50 % des parts, il offrit l'autre moitié à mon frère. Malgré des affrontements répétés, mon père était en fait mon seul vrai confident, le seul être capable de modifier mon comportement, ou d'influer sur mes décisions. Je ne pouvais m'empêcher de lui parler. Suivant la route qu'il m'avait tracée, il me comprenait. Je l'aimais énormément et son avis était très important à mes yeux. Pourtant jamais ses commentaires sarcastiques et son jugement perpétuellement négatif sur mes décisions ne cessèrent.

★

En 1985, quand je m'engageai financièrement derrière Michel Noir, mon père me dit : « Tu as choisi le mauvais cheval ». Évidemment, ce ne fut pas un hasard si le premier visiteur que je reçus dans mon bureau de l'hôtel de ville après la brillante victoire aux municipales de 1989 fut mon père. J'étais tellement fier de passer avec lui devant les huissiers en grande tenue, de le voir au cœur de cette mairie si durement gagnée malgré ses prédictions pessimistes. Là, alors que déjà mes relations avec mon beau-père s'étaient terriblement dégradées, je lui dis à peu près ceci :

« Voilà, pour quelqu'un qui ne finit jamais ce qu'il a commencé, ce n'est pas mal, non ? Je voulais que tu sois le premier à voir que j'ai réussi. Tu vois les dorures, j'ai le bureau à côté de celui du maire et je suis son plus proche collaborateur. Je voulais que tu voies tout cela ; pour toi, je suis allé au bout de mon engagement.

Pourtant en faisant gagner Noir pour te démontrer que j'étais capable d'y arriver et que ton pronostic était faux, j'ai armé le bras qui va me tuer. Maintenant que tu as vu cette réussite, je voulais te dire que je vais tout quitter. »

Il devint blême et quitta les lieux, abasourdi par cette décision qu'il ne comprenait pas. J'avais fait le plus dur, pourquoi partir ? Moi qui pensais avoir gagné et croyais que mon père allait enfin me « reconnaître », je fis à nouveau fausse route. Pourrions-nous être seulement un jour sur la même longueur d'ondes ?

*

Sept ans plus tard, en 1992, je compris que nous n'y arriverions jamais. Venant d'acquérir une société qui fut longtemps concurrente de la sienne dans l'agencement de pharmacie, je compris qu'il n'appréciait pas la manœuvre et ne comprenait pas que je puisse donner de l'argent à ses anciens adversaires. Aussi, le 9 mars, il vint me voir. La secrétaire m'appela en plein conseil d'administration pour me dire qu'il m'attendait en bas et semblait très énervé. Je l'entendis, à travers la fenêtre du premier étage où se tenait le conseil, hurler vers moi :

« Descends si tu es un homme. »

En m'approchant, je découvris qu'il avait un fusil à la main. Alors il me mit en joue et tira une première fois. Il recommença. Toujours dans ma direction, en me visant. Par réflexe je me couchai sous la fenêtre et il en profita pour recharger son arme en continuant à crier :

« Alors où il est, monsieur Pierre Botton ? »

Deux nouveaux coups de feu. Pendant qu'il remettait des balles, je descendis les escaliers quatre à quatre vers la porte d'entrée pour lui parler. En le voyant se diriger vers l'arrière de sa voiture pour poser son fusil, je me dis qu'il se calmait enfin. Je tentai de le raisonner, mais alors même que je croyais qu'il reprenait pied avec la réalité, il saisit un pistolet et tira à nouveau sur moi. Préférant fuir plutôt que de mourir sous le feu de mon géniteur devenu fou, je filai à l'anglaise sous les hurlements de ce père étrange qui me traitait de « lâche » et s'affirmait « fier de me voir enfin courbé devant lui ». Peut-être avait-il pressenti mes dérives et ne savait-il plus comment m'arrêter ? Pourtant en cet instant horrible, à jamais gravé dans ma mémoire, tout l'amour que je lui portais m'empêchait de réaliser la gravité du geste insensé qu'il était en train de commettre.

*

En fait, aussi surprenant que cela puisse paraître, ce n'est pas cet incident dramatique qui mit un terme définitif à nos relations, mais un événement qui survint durant ma détention préventive.

Dans un premier temps, le magistrat instructeur ne m'avait autorisé qu'un seul permis de visite. Ne désirant pas imposer à ma femme ou à mon frère de venir me voir dans de telles conditions, je désignai mon père, le seul que j'estimais capable de tenir le choc. Je le revis donc pour la première fois depuis qu'il m'avait pris pour cible entre les quatre murs d'une prison. Je lui parlai avec franchise, espérant trouver en lui le complice que j'avais toujours espéré. À nouveau la communication ne passait pas. Mais le pire arriva ensuite. Après deux mois d'incarcération et les premières fêtes de fin d'année passées en détention, le 7 janvier 1993, un gardien me demanda si j'avais lu le dernier *VSD*. Comme je lui répondais par la négative, il m'apporta ce journal alors dirigé par un homme que je considérais comme mon ami : François Siegel. À lui comme à d'autres, j'avais rendu plusieurs services et nous avions passé de nombreuses vacances ensemble. Je fus donc particulièrement surpris de voir en couverture une accroche annonçant une interview du « père de Pierre Botton ».

À travers les lignes de l'hebdomadaire, mon père reprenait le dessus sur ce fils trop indépendant à son goût. Le titre était on ne peut plus éloquent : « Qui est Pierre Botton ? Nul mieux que son père Marcel Botton, ne pouvait répondre. Marcel Botton porte un regard lucide et sans complaisance sur son fils Pierre. »

Alors que le journaliste lui demandait : « Depuis un mois et demi vous rendez visite à votre fils Pierre à la prison de Lyon. Quel est son moral ? ». Sans pudeur, mon père donna lecture d'une des lettres personnelles que je lui avais envoyées.

Ne s'embarrassant d'aucun sentiment paternel, il livra même quelques-unes de mes phrases de gosse et certains éléments de ma vie d'enfant ou d'adolescent. Il tint aussi des propos comme : « Pierre, lui, a placé la barre un peu trop haut, ce qui n'est pas étonnant... », ou encore un surprenant « il ne m'a jamais amené à bord de l'un de ses avions qu'il louait... ».

Et quand le journaliste lui demanda :

« Votre fils va-t-il sortir de son silence et mettre en cause des journalistes ou des hommes politiques qui ont profité de ses largesses ? »

Il répliqua :

« Monsieur, c'est une règle : un Botton ne balance pas ! »

C'est tout. Pas un mot gentil, un signe de soutien, un peu d'amour paternel, d'émotion devant ma situation, pas même de révolte.

*

Je ne revis mon père que lors de sa dernière visite au parloir après la parution. Un dernier face-à-face pour lui dire droit dans les yeux qu'il m'avait trahi une fois de trop. Comme si c'était hier, je me souviens alors d'avoir sonné pour que les gardiens interrompent le parloir et d'avoir tourné le dos à celui que j'aimais tant ! Cet amour, ce respect m'avaient conduit sur des voies qui n'étaient pas les miennes. J'avais en vain cherché une reconnaissance impossible à obtenir. La page était tournée.

★

Trois ans de prison, une tentative de suicide révélée par la presse, mon éloignement forcé d'avec mes filles, aucune des souffrances que j'ai depuis endurées ne l'ont fait bouger. Pas un mot, pas un signe de son amour. Parfois, lorsque je me retourne sur ce passé, j'ai du mal à croire que j'ai vécu un tel fiasco avec mon père. Si je ne lui parle plus, si je sais toutes les erreurs qu'il a commises dans mon éducation sans éluder les miennes, je n'arrive pas à lui en vouloir. Parce que j'ai sans doute plus besoin d'aimer que d'être aimé, je n'ai au fond de moi, que respect et amour pour lui.

J'espère seulement qu'il est heureux.

CHAPITRE 2

Le travail c'est la santé

Les débuts de mon ascension financière et mon entrée dans le monde très fermé du show-business débutèrent en 1977, lorsque je pris la direction du restaurant paternel : le Cottage.

Particularité de l'établissement, il se trouvait à moins de cent mètres du plus grand trois étoiles Michelin de France, le restaurant de Paul Bocuse, avec lequel nous partagions même une partie du parking. À l'évidence il ne fallait donc pas jouer la carte de la gastronomie ! Pour le service, j'embauchai mes copains étudiants. Ainsi, c'est au sein de l'École supérieure de commerce de Lyon que je recrutai mes employés, et fis la connaissance notamment de Charles Giscard d'Estaing, neveu du président de la République alors en exercice qui, par la suite, exerça les fonctions de directeur financier dans certaines de mes entreprises.

Le succès fut foudroyant : nous servions jusqu'à trois cent cinquante couverts par jour.

★

C'est à cette époque que je découvris l'impact de la télévision sur le comportement humain. L'un de nos amis, journaliste à FR3 Lyon, devait comme chaque fin d'année réaliser un reportage sur les réveillons de la Saint-Sylvestre. Bien entendu et fort heureusement, il avait projeté de venir au Cottage où l'ambiance devenait électrique et le personnel subissait les quolibets de certains convives passablement éméchés, quand j'annonçai l'arrivée de la télévision. L'effet fut immédiat : impossible pour les femmes de laisser passer leur mari à la télé en état d'ébriété, inimaginable pour elles de se voir le lendemain défaites ou en tenue négligée. L'arrivée des caméras et la présence du reporter vu tous les soirs à dix-neuf heures aux actualités régionales, apaisa tout le monde. Une fois le reportage terminé, la majorité des clients ne pensant plus qu'à rentrer chez eux afin de prévenir les amis et d'attendre le lendemain pour se voir à l'écran, nous pûmes fermer plus tôt ! Ce jour-là, je perçus le pouvoir des médias. C'était il y a vingt-cinq ans.

★

Mais la vieille bâtisse ne tenait pas le choc et des problèmes considérables apparaissaient. L'un des plus cocasses survint un samedi, en pleine saison. Nous avions fait salle comble avec un mariage dans chaque pièce intérieure et un autre sur la terrasse. Avec tout ce monde, les toilettes furent rapidement bouchées. Devant l'inefficacité de tous les produits classiques dont nous disposions, nous fîmes appel à l'un de nos amis, spécialiste de l'eau sous pression. Quelques minutes plus tard, ce dernier vola à notre secours avec un énorme véhicule qu'il gara le long de la terrasse. Instantanément, les invités du mariage extérieur se regroupèrent autour du camion. Notre ami trouva la sortie de la canalisation, commença à envoyer de l'eau sous pression pour déboucher, mais rien n'y faisait. Il eut recours alors aux grands moyens et mis la pleine puissance. C'était ignorer que les vieux tuyaux traversaient la grande terrasse avant de rejoindre la maison : brusquement, le sol de la terrasse se déchira, les canalisations explosèrent les unes après les autres, laissant une plaie béante d'où jaillissait le contenu peu agréable des égouts. La panique gagna les invités de la noce qui cherchèrent un moyen de se protéger. Notre ami, ne réalisant pas ce qu'il avait fait, affirmait fièrement : « Jamais une évacuation ne m'a résisté ! » Notre clientèle n'y résista pas non plus !

⋆

Toute médaille ayant son revers, le succès du restaurant attisa les jalousies. Le contrôle fiscal, provoqué par une dénonciation, que mon père avait subi quelques mois avant que je reprenne l'affaire, prit de l'ampleur, les contrôleurs imaginant que l'entreprise avait toujours connu une telle réussite. Aussi, au cours des moments de déprime engendrés par les pressions de l'administration fiscale, j'allais chercher du réconfort chez mon illustre voisin, Paul Bocuse. Alors que je lui racontais mes malheurs, il m'indiqua un soir que Francis Lopez, le roi de l'opérette, dînait seul à une table et que lui aussi avait des ennuis. Après avoir interrogé le compositeur, il me convia à dîner avec lui.

L'homme était de forte corpulence et sa voix avait un accent rocailleux. Il portait un énorme pendentif doré représentant un soleil, qui tombait sur son ventre imposant. Malgré notre différence d'âge, l'artiste fort sympathique avait lui aussi besoin de parler. Bien que peu passionné par l'opérette, je me retrouvais face à un monument de la chanson française, découvreur de Luis Mariano et créateur de tant d'airs populaires. Il m'apprit qu'il avait en fait une formation de dentiste, puis me fit part de ses ennuis fiscaux. Notre hôte venait de temps en temps vérifier si la « greffe » entre le show-business et le jeune restaurateur prenait. Au cours du repas, Lopez m'expliqua qu'il « revivait », selon ses mots, depuis qu'il avait confié son dossier fiscal à un homme du Sud-Ouest comme lui, Alain Garitey, avocat recommandé par M. Clérico, le propriétaire du Lido et du Moulin Rouge. Il deviendra le conseil de la famille.

★

En 1979, mon père estimant que la concurrence était trop forte choisit de vendre Vivien, son entreprise d'agencement de pharmacies. Je lui demandai de me la céder. Il accepta.

Pour que Vivien reste au premier plan, je me devais d'innover sans cesse. Aussi inventais-je de nouveaux systèmes de vente comme la possibilité de faire les travaux sans fermer la pharmacie, en évitant donc une perte du chiffre d'affaires, l'introduction de délais obligatoires pour la réalisation des travaux et la mise au point de pénalités de retard pour la société en cas de non-respect. J'en arrivais même à soumettre le montant des honoraires à l'augmentation du chiffre d'affaires de la pharmacie une fois les travaux réalisés : l'intérêt financier de l'entreprise étant lié à celui du client, il ne pouvait dès lors douter de la confiance que j'avais en notre installation. Le chiffre d'affaires connut une croissance exponentielle... le nombre de kilomètres parcourus par an aussi : cent cinquante mille !

*

Lors de mes rares vacances, je gaspillais le peu d'argent que j'avais mis de côté pour rentrer bien vite travailler, honteux d'avoir tant dépensé en si peu de temps. Mais ces jours de détente n'étaient jamais inutiles puisque, fort de l'éducation paternelle, j'apprenais dans toutes les situations. Ainsi, l'un de mes premiers séjours de repos eut lieu à Saint-Tropez. Nous logions, une amie et moi, à l'hôtel Byblos dans l'une des rares chambres qui, à l'époque, avait vue sur la mer et possédait une minipiscine sur la terrasse. Souvenir inoubliable. La beauté de ma compagne faisait des ravages et j'en tirai la conclusion suivante : dans les hôtels de luxe, le personnel ne se souvient que de deux catégories de clients, ceux qui laissent de gros pourboires, ce qui n'était pas mon cas, et ceux qui viennent accompagnés de jolies femmes. Des fréquentations qui me permirent par la suite de revenir dans la plupart de ces palaces afin de rencontrer des clients et de recevoir cet accueil particulier qui fait sentir que l'on est « connu », et rassure l'interlocuteur. On appartient alors au même monde et les portes s'ouvrent plus aisément. Cela peut choquer évidemment, mais dans le show-business, comme pour les grandes fortunes ou les affaires, les choses se passent comme cela. En tout cas cette découverte contribua au développement rapide de mes affaires et de mon carnet d'adresses.

★

Été 1979, j'errais en compagnie d'un ami sur la Croisette lorsque je vis passer une jeune femme blonde, très mince, les cheveux longs frisés et les yeux bleus. Je fus immédiatement attiré par celle qui m'accompagnera jusqu'en 1985. Bêtement, j'ai voulu tout faire pour conserver Tina, cette femme dont je m'estimais indigne physiquement. Pendant des années je lui ai donné tout ce que je pouvais : bijoux, voitures, vêtements et même du temps volé à mon travail.

Comme je ne cessais de travailler, Tina m'accompagnait, se levant avec moi à quatre heures du matin. Je l'installais avec des oreillers et une couverture à l'arrière de la voiture. Elle était irrésistiblement attirée par le show-business et tout ce qui brille. Et c'est en juillet 1980 que lors d'un des nombreux repas que j'eus avec Paul Bocuse, voulant nous faire plaisir, il nous invita à l'accompagner à Saint-Tropez pour l'une des fameuses fêtes d'Eddie Barclay.

★

N'ayant encore jamais pénétré ce monde, je ne le connaissais qu'à travers les récits et photos des magazines. Une première pour moi : l'invitation de Paul à « la maison du Cap », nom de la demeure d'Eddie Barclay. Je pensais bêtement qu'une arrivée dans une propriété privée en hélicoptère serait remarquée et attirerait les regards mais à ma grande surprise, il n'en fut rien ! Personne ne nous prêta attention. Paul rejoignit les cuisines pour mettre au frais les victuailles apportées en prévision des festivités, nous laissant, Tina et moi, au pied de l'appareil. Il m'avait prévenu qu'il logeait chez le roi du microsillon. N'ayant rien prévu, je me retrouvais planté là, avec ma valise, ne connaissant personne, pas même mon hôte et sans avoir été réellement invité !

Tina et moi avançâmes avec timidité vers la terrasse, attirés par les reflets bleus d'une grande piscine installée au centre du patio. Dans la maison, un piano blanc trônait à côté de deux énormes sofas, blancs eux aussi. Une seule chose attira mon regard : l'exposition sur le piano et sur la table basse d'un nombre de photos étonnant, toutes en noir et blanc, figurant le propriétaire des lieux en compagnie de Charles Aznavour, Quincy Jones, Boris Becker, Jacques Brel, Liz Taylor, Liza Minelli et tant d'autres stars planétaires.

Ce jour fut pour moi un baptême des relations sociales dans ce milieu. J'observais et apprenais. Première leçon : personne ne faisait attention à personne !

Aucune trace de notre hôte. Tina et moi pénétrâmes plus avant dans la maison. Le personnel, vêtu de blanc, nous proposa quelque chose à boire. Un magnum de bordeaux était posé sur la table et toutes les catégories de verres adaptés à la boisson choisie, du cognac au champagne en passant par tous les alcools forts imaginables, étaient disponibles.

Paul n'était toujours pas revenu des cuisines quand nous croisâmes des invités. Très naturellement, Stéphane Collaro vint vers moi et se présenta d'un sobre « Stéphane », puis Darry Cowl me serra la main en précisant : « Darry ». Suivirent plusieurs autres vedettes avec toujours le culte du prénom. Sans doute parce que leur notoriété les dispensait d'étaler leur CV et leur patronyme complet. Deuxième leçon : dans ce milieu, on ne se présente que par son prénom. Il me faudra pourtant quatre essais avant d'y parvenir !

Je me présentai en retour : « Pierre, j'accompagne Paul Bocuse ». Dans cette simple phrase, j'avais commis deux erreurs : Paul Bocuse, c'était « Paul » et dire « j'accompagne », c'était affirmer que je n'avais aucun intérêt. D'un seul coup, je devins transparent. En revanche, la beauté très voyante de Tina accrocha leur attention. Heureusement, je pus saisir ma revanche au ping-pong, occupation fétiche des lieux où j'excellais. Je profitai donc de l'occasion et m'imposai rapidement comme un challenger intéressant.

Eddie Barclay arriva enfin. Disons-le tout de suite, j'ai une véritable admiration pour lui, depuis ce jour. Tout de blanc vêtu, pieds nus dans des mocassins blancs, je me trouvais face à « l'empereur » de Saint-Tropez qui me salua d'un sobre « Bonjour monsieur », propos revenant à me demander ce que je faisais chez lui. Réitérant mon erreur, je lui répondis : « Pierre Botton. J'accompagne Paul Bocuse ». À peine la phrase prononcée, je réalisai que Paul ne l'avait pas prévenu de notre venue. Il eut alors un mot de grand seigneur : « Les amis de Paul sont mes amis. Vous êtes ici chez vous, servez-vous à boire. »

Eddie, grand psychologue, parle peu, observe et analyse tout. Chez lui, le principal critère pour juger quelqu'un se trouve dans sa façon d'évoluer, de se tenir et surtout d'être différent. On évoque sans cesse les célébrités qui le côtoient, mais jamais ceux qui sont ses amis sincères et qui à n'en pas douter lui ont permis de garder les pieds sur terre.

Nous jouâmes notre première partie de ping-pong tous les deux. À l'issue de cette rencontre, que je perdis, il me dit : « C'est pas mal, vous pouvez vous améliorer. » Ce n'était pas mon jeu que je devais approfondir, mais ma force psychologique. Dès lors mon seul but fut de le battre. Par la suite, je ne me rendis dans la maison du Cap que pour y parvenir, comme si en remportant ce challenge, je réussissais mon examen de passage. Je mis toutefois un certain temps avant de comprendre que personne n'osait gagner contre lui. La défaite approchant, et après avoir épuisé toutes les déstabilisations psychologiques possibles, il essayait de fuir en prétextant une communication téléphonique ou un rendez-vous.

Avec le temps une complicité s'est instaurée entre nous. Eddie voyait que je voulais apprendre, que j'étais à l'écoute. Plus que les rencontres que je pouvais faire chez lui, ce sont ses attitudes, son regard, sa façon de faire que je contemplais. Par la suite, dans ma course effrénée vers les étoiles, j'ai utilisé quelques-unes de ses recettes pour tenter d'être, à ma façon, un « mini-seigneur ». Eddie devait bien rire, derrière ses yeux malins et sa fine moustache. Il trouvera dans ces lignes toute l'affection et l'admiration que je lui porte.

La question de notre logement se posa rapidement. Quand il me demanda : « Vous logez où ? », sans me démonter je répondis : « Au Byblos », le palace de Saint-Tropez. Bien entendu, je n'y avais fait aucune réservation ! Alors Eddie embraya : « J'espère que vous pouvez être des nôtres ce soir ? » Paul m'avait conduit ici sans m'annoncer et sans savoir si j'allais être convié aux festivités du soir. Il avait ouvert la porte : c'était désormais à moi de me débrouiller. Dans ce monde, soit on est célèbre, puissant, dans l'actualité du moment ou riche, soit on n'est rien. Mais le fait de loger au Byblos me fit d'emblée sortir de l'ornière dans laquelle je me trouvais.

⋆

Les fêtes d'Eddie Barclay ont été mille fois racontées dans les journaux. Je ne me sentais guère à l'aise dans ce milieu où je ne connaissais personne et n'avais pas grand-chose à faire ou à dire. Trop fatigué pour rester tard, je saluai donc mon hôte qui m'invita à jouer le lendemain matin au ping-pong. Bêtement, je pris rendez-vous. Comme si l'heure avait de l'importance !

★

Le lendemain, quand je revins, seul Eddie était réveillé. Comme convenu, nous jouâmes. Nouvelles défaites malgré mes efforts. Il m'invita ensuite à l'accompagner au Castellet assister aux essais du Grand Prix de France. Malheureusement, l'hélicoptère qui ne cessait de faire des rotations entre Saint-Tropez et le circuit situé à près de quarante minutes de vol était déjà plein, laissant même dans la maison certains des invités, dont Eddy Mitchell. Avec aplomb, ne souhaitant ni manquer l'occasion, ni rester sur le carreau et surtout ne pas perdre le fil de ce nouveau monde qui s'ouvrait à moi, j'affirmai pouvoir disposer d'un appareil et emmener le chanteur et son épouse.

Après ce coup de bluff, je me démenai pour trouver un engin à louer. Une première pour moi. Je pensais que tous les hélicoptères avaient la forme de celui, très confortable, qui nous avait amenés de Lyon la veille. Les premiers voyageurs déjà partis, nous scrutions le ciel à l'affût de notre appareil. Enfin se dessina au loin une petite bulle qui semblait suspendue à des pales. À la vue de l'engin, Eddy Mitchell hésita. Presque entièrement vitré pour offrir une superbe visibilité, l'appareil ne pouvait qu'accroître la sensation de vertige du chanteur. Il grimpa toutefois dans l'appareil. En plus du bruit, la machine, à chaque coup de vent, semblait d'une fragilité extrême. Bien que nous soyons ce jour-là arrivés à bon port, par la suite, à chacune de nos rencontres, Eddy Mitchell fut malgré les années pris d'un tic : pointant l'index en l'air, il simulait par un mouvement circulaire la rotation des pales avec un rictus au coin des lèvres et un regard qui en disait long sur le souvenir qu'il gardait de la balade.

Arrivé sur le Grand Prix, je retrouvai mon Paul, qui reprit son travail de chaperon avec plus d'assiduité. Il nous permit d'accéder aux salons VIP du circuit. Je fus surpris de la facilité avec laquelle on pouvait aborder les « people ». En fait, le plus dur avait été d'avoir accès à ces endroits, puisque ensuite s'imposait l'impression que tous étaient des robots habitués à raconter leur histoire, le fait ou l'actualité qui les conduisaient dans ce quartier VIP.

⋆

Un enchaînement de circonstances heureuses m'avait amené au Castellet où, comme si le destin m'avait choisi, un autre événement me permit de m'y imposer. En effet, sur les bords du circuit, j'aperçus Paul Ricard, alors propriétaire des lieux. Mon frère ayant remporté une compétition de ski nautique organisée par l'industriel dans le Var quelques mois auparavant, je l'abordai pour lui en parler. Quelques mots en public avec l'un des plus importants patrons français et sans le savoir, je venais de rassurer mes compagnons de route sur la « dimension » de mes affaires. Quelqu'un qui loge au Byblos, qui vient en hélicoptère avec le plus grand chef de France, qui salue Paul Ricard en s'entretenant avec lui quelques minutes et, de surcroît, est accompagné d'une très jolie fille alors que lui-même a un physique quelque peu ingrat, présente forcément un intérêt.

Troisième leçon, que je mettrai plusieurs années à assimiler : sous les apparences du désintéressement, de la détente ou du rire, dans ce milieu-là, tout n'est qu'affaire d'intérêt.

⋆

Après un tel week-end, je ne savais comment remercier Paul Bocuse et Eddie Barclay. Pour Paul, mon émerveillement et ma joie lui suffisaient, enchanté de m'avoir fait plaisir. Mais pour Eddie, que faire ? Lui était habitué à ce que l'on fréquente sa maison sans autre gratitude qu'une simple poignée de main. Il n'attendait donc plus rien de ces personnes de passage. Mon éducation m'interdisait d'agir ainsi. Mais que pouvais-je bien offrir, moi le petit Lyonnais, à un homme qui avait tout ? Sans trop réfléchir, je lui fis livrer une table de ping-pong.

J'attendis de longues semaines un signe. Histoire d'être sûr que l'objet avait été livré et qu'il lui convenait. Mais en vain. Je décidais donc de prendre mon courage à deux mains et de demander à Paul le numéro de téléphone de son ami pour savoir de quoi il retournait. À ma grande surprise, il me le donna en précisant qu'il était dans le bottin ! Et aussi surprenant que cela puisse paraître, à l'époque, c'était vrai ! Je joignis donc Eddie Barclay qui me remercia et m'assura que j'étais désormais son « invité permanent » pour arriver enfin à le battre !

En ce week-end de juillet 1980, le destin avait commencé à frapper à la porte de ma vie.

CHAPITRE 3

Destin

Août 1980. L'activité de ma petite société ne cessait de croître. Multipliant les marchés dans le sud de la France, je profitais de mes allers et retours pour le travail dans la région pour passer de nombreux week-ends à Saint-Tropez. Ainsi, quelques parties de ping-pong mémorables se déroulèrent dans la maison d'Eddie Barclay dont les portes m'étaient désormais ouvertes.

Cette villa était impressionnante par son emplacement, sa vue, son luxe, mais aussi par le train de vie qui y était mené. L'été, une trentaine de personnes venaient déjeuner chaque jour sous la grande toile de tente surplombant la mer, comme une sorte de « salle à manger d'extérieur » posée là, à une centaine de mètres de la maison. Le personnel apportait les plats des cuisines à l'aide d'une voiture de golf électrique. Pour passer à table, il fallait attendre le feu vert du maître de maison. Rien de plus normal à priori lorsque l'on est invité chez quelqu'un, mais plus surprenant était de découvrir que ce « top départ » n'intervenait jamais avant seize heures ! Le siège que chacun occupait était désigné par Eddie lui-même et seuls les vrais intimes, ou l'invité « star » du moment, s'installaient à ses côtés. Les habitués comme Stéphane Collaro, Henri Salvador, Darry Cowl ou encore Jean Lefebvre étaient les seuls à pouvoir se placer près de lui de leur propre chef. Quant à moi, il me faudra plusieurs années avant de pouvoir gravir les échelons jusqu'à l'une de ces places d'honneur.

J'ai vu défiler chez lui toutes les jeunes étoiles du show-business, dont beaucoup ont sombré dans l'oubli. Le renouvellement incessant d'invités de « circonstances » me fascinait. Malgré les années, son prestige persistait. Je suis bien incapable de citer la totalité des personnalités que j'ai croisées dans la villa du Cap, mais c'est pourtant ici que j'ai commencé à tisser des liens avec nombre d'entre eux dont Stéphane Collaro, Michel Legrand, Carlos et quelques autres. Seuls exclus de cette demeure : les hommes politiques.

La plupart du temps, très intimidé par ces grandes tables, je me contentais de venir jouer au ping-pong. Eddie me conviait à seize heures, mais en arrivant avec mon short et ma raquette, je patientais sur la terrasse jusqu'à dix-huit heures, attendant la fin du déjeuner.

Mes tête-à-tête et mes matches contre Eddie renforcèrent mon admiration. Je l'observais et tentais, sans toujours y parvenir, d'apprendre de lui quelques leçons de vie. Une fois, alors que je me permettais de souligner le luxe qui l'entourait, il me dit : « Le luxe, Pierre, ce n'est pas d'avoir de l'argent, mais du temps pour en profiter. »

★

À la suite de mon déjeuner avec le roi de l'opérette chez Paul Bocuse, j'avais contacté l'avocat qu'il m'avait conseillé : Maître Alain Garitey.

Après qu'il se fut occupé du problème de mon père, l'homme de loi m'appela un jour, « à tout hasard », pour me demander un service. L'un de ses importants clients libanais venait de se fâcher avec son décorateur, lequel l'avait laissé tomber. Travaillant dans l'agencement, il me proposait donc de prendre la suite pour installer une salle de bains et une chambre d'enfant. L'arrivée du petit prodige étant prévue dans une quinzaine de jours, il y avait urgence.

Rendez-vous fut pris pour rencontrer le futur papa à Paris, à l'hôtel Plaza, le palace de l'avenue Montaigne où j'avais mes habitudes.

Comme j'étais en retard, le client potentiel attendait déjà dans l'un des salons de la galerie de l'hôtel en compagnie du conseiller fiscal. Or attendre n'était pas vraiment dans les habitudes de cet homme. Pesant mon bon quintal, mes goûts vestimentaires laissaient alors à désirer, j'affectionnais les pantalons de velours, ne portais jamais de cravate et arborais fièrement une coupe de cheveux à la Jimmy Hendrix. C'est donc avec mes vêtements froissés par cinq cents kilomètres de route que je débarquai, l'avocat et son client étant eux, tirés à quatre épingles : chemise sans un pli, costume de grand faiseur et chaussures parfaitement cirées.

Lorsqu'il m'aperçut dans le hall de l'hôtel, à la simple vue de mon aspect si peu soigné, l'homme d'affaires manqua de repartir. Et ce n'est pas d'apprendre que ma société était à Lyon qui le rassura ! Mais comme le personnel de l'hôtel me salua en habitué, me donnant du « monsieur Botton » à chaque fois que je croisais quelqu'un, je ne lui apparus plus comme un énergumène débraillé, mais comme un membre de la catégorie des « gens qui comptent ». Cet homme répondait lui aussi au prénom de Pierre. Grand, très légèrement voûté, la mâchoire terriblement volontaire, l'œil d'une vivacité impressionnante sous des sourcils fournis, il me salua d'un bonjour rocailleux faisant ressortir toute la chaleur de son accent libanais.

N'ayant réalisé que des pharmacies, je n'avais aucune référence en matière de décoration d'appartement à montrer. J'insistai donc sur la compétence de mes employés, sur notre capacité à travailler jour, nuit et week-end s'il le fallait afin de livrer le produit en un temps record. Ces arguments suffirent à celui que tous appelaient « l'ambassadeur », qui décida de m'emmener sur-le-champ dans son appartement situé au dixième étage d'un immeuble cossu du XVIe arrondissement, face à l'hippodrome d'Auteuil. Il me montra la chambre destinée au bébé et me demanda d'aménager des placards et une salle de bains. Je ne voyais là aucune difficulté et acceptai le pari d'être prêt pour l'arrivée de l'enfant.

Les menuisiers venus de Lyon n'avaient jamais été aussi bien traités par l'un de nos clients. Le chantier terminé, ils reçurent chacun une gratification représentant un mois de salaire !

Au dernier moment cependant, il estima que la fenêtre de la chambre devait être pourvue d'une grille. Alors que je lui expliquais que l'enfant n'allait pas, dès sa naissance, sauter par la fenêtre, il évacua ma remarque en exigeant une grille en fer forgée représentant « un soleil et la mer ». Nous étions en début de semaine et le travail devait être achevé avant le dimanche soir. Par miracle, l'un de mes fournisseurs accepta de fabriquer l'objet pour le samedi soir. Il me resterait ensuite à le monter à Paris puis à le fixer. Pensant inutile de déplacer un ouvrier pour si peu, les autres chantiers ayant légèrement souffert de l'arrivée impromptue dans notre planning de « l'ambassadeur », je décidai de m'en occuper moi-même. L'objet, placé à l'arrière de ma Mercedes, était particulièrement lourd. Arrivé à Paris vers huit heures trente du matin, j'attendis patiemment neuf heures pour sonner et demander à mon client de m'ouvrir la porte de service. Mais là, les déboires s'enchaînèrent. Tentant en vain de faire entrer la grille dans l'ascenseur, je dus la monter seul, par les escaliers, jusqu'au dixième étage. Un effort surhumain. Je cherchai désespérément dans la rue quelqu'un susceptible de m'aider, mais dans un tel quartier, à une heure si matinale le dimanche, c'était peine perdue. Je gravis donc marche après marche les étages. Au bout de deux heures d'effort, trempé de sueur, j'atteignais le septième étage. Après une pause, je parvins péniblement au huitième pour me retrouver nez à nez avec mon client. En peignoir, les mains sur les hanches, il me fusillait du regard.

— Mais qu'est-ce que tu fais ? (Il avait pour habitude de tutoyer tout le monde).

— La grille ne rentre pas dans l'ascenseur. Si je veux la poser avant ce soir, je suis obligé de la monter par les escaliers et elle est d'une lourdeur insensée.

— Combien je te paye pour faire ton travail ? Tu sais combien je te donne ?

Mon entreprise avait alors touché 100 000 F d'honoraires, ce qui était énorme pour moi.

— Est-ce que je te paye ce prix-là pour faire le manœuvre ? Est-ce que tu crois que j'ai envie de te voir comme cela ? À ce prix-là, je me paye un décorateur, Pierre, et pas un manœuvre !

Il rentra alors chez lui et claqua la porte.

Quand j'arrivai au dixième étage avec la grille, il refusa de m'ouvrir. À force d'insister pour m'entretenir avec lui, il réapparut pour me dire :

— Change-toi, va prendre une douche et reviens pour déjeuner avec moi. La grille attendra.

Ce jour-là, il me donna une importante leçon en m'expliquant qu'il ne faut jamais se dévaluer et toujours être en adéquation avec le prix auquel on est payé.

*

Avec Pierre, qui au fil du temps devint un ami, je découvris toutes les extravagances qui, dans les années 80, firent la réputation des hommes fortunés du Moyen-Orient.

Ainsi, un jour il me commanda quinze mètres de placards sur deux niveaux pour ranger des vêtements ! Comme cela me paraissait impossible, j'osai lui demander s'il ne s'était pas trompé. Me prenant de haut, il me conduisit dans ses appartements privés pour me montrer le mobilier existant. Je n'avais jamais rien vu de tel : le dressing était rempli de robes de grands couturiers, dont certaines semblaient n'avoir jamais été extraites de leur housse de livraison, des centaines de paires de chaussures, des chemisiers, des tailleurs, des jupes... Quinze mètres de long sur deux hauteurs : en bas la saison en cours, en haut celle à venir.

Après ces deux chantiers, Pierre me recommanda à plusieurs de ses relations, ouvrant un nouveau marché beaucoup plus lucratif pour mon entreprise. Quant à moi, je devins le coordinateur ou le « conseiller en chantier » de personnalités du Moyen-Orient très fortunées. Parfois, il prenait même la peine de m'accompagner aux rendez-vous pour me présenter. Mon entrée dans ce monde fut l'occasion d'assister aux scènes les plus farfelues.

Au début des années 80, en pleine période des pétrodollars, toute l'Europe courait après ces nouveaux « princes du pétrole » qui découvraient notre culture, mais surtout les plaisirs du vieux continent. Les anecdotes sont légion sur leur façon de dépenser l'argent. L'un de ces hommes avait ainsi acquis l'appartement de la Callas, avenue Georges Mandel à Paris, et m'avait donné rendez-vous à vingt-deux heures. Ce soir-là, Pierre me chaperonnait. Les lieux étaient lugubres : un immense couloir donnait accès à une pièce de réception qui, effectivement, méritait grandement d'être rafraîchie et dans laquelle trônait, devant le canapé, un très grand téléviseur. Un jeune homme se tenait debout, à côté de l'appareil. Au départ, je n'y prêtai pas attention, mais le temps passant, je me demandais pourquoi il restait là, immobile, sans bouger. Étions-nous à ce point suspect qu'il fallait nous surveiller ? Ou au contraire, si importants que le moindre de nos désirs dût être satisfait immédiatement ? Je me perdais en conjectures et n'osais questionner Pierre qui, comme tous les gens de ce milieu, n'aimait pas que l'on parle du personnel, préférant évoquer les enfants, la famille et les affaires. Quand vers minuit notre hôte arriva, il s'installa sur le canapé, face au téléviseur, Pierre et moi assis sur deux chaises face à lui. Subitement, le maître de maison lança un hurlement en arabe : un ordre sans doute. Spontanément, l'homme-statue appuya sur le bouton de la télé pour l'allumer. Notre hôte prononça ensuite d'autres mots à haute voix, comme des beuglements. À chaque son, l'homme-statue changeait de chaîne jusqu'à trouver le canal demandé. Notre conversation n'avait toujours pas commencé, notre hôte se captivant pour une émission, nous attendions. N'étant pas habilité à entamer moi-même le dialogue, j'attendais que Pierre commence. Un dernier cri signifia à la télécommande vivante d'éteindre l'appareil. Ce que l'homme fit avant de reprendre sa position figée !

En sortant du rendez-vous, je m'étonnai devant Pierre, le questionnai sur la façon dont nous avions été traités et risquai même une remarque sur l'attitude de ce client potentiel envers son personnel. Mon ami interrompit mes réflexions : « Ce type, il a de l'argent, il l'utilise comme il veut. Toi, tu ne dois pas juger, ou alors tu ne pourras jamais travailler avec les Orientaux. Tu ne sais pas pourquoi il fait ça, peut-être qu'il a peur des microbes, peut-être qu'il respecte un verset du Coran qu'il a interprété comme cela. Ne juge pas, fais ton travail, occupe-toi de toi et ce sera déjà bien suffisant. »

Heureusement, les autres clients que Pierre me présenta n'étaient pas de cette trempe-là et je pus réaliser nombre de rénovations dans les beaux quartiers de la capitale. Mais ces nouveaux marchés n'étaient pas sans me poser de problèmes : ces clients étaient imprévisibles et très exigeants et je n'avais pas les structures me permettant de répondre à toutes leurs sollicitations. Seuls la volonté et l'acharnement au travail me permirent de gagner la confiance des personnalités du Moyen-Orient jusqu'à devenir parfois le seul Européen, non musulman qui plus est, à pénétrer l'intimité de certaines figures saoudiennes, dont « l'homme le plus riche du monde » à l'époque : Adnan Kasshoghi. Et, aujourd'hui encore, malgré tout ce que j'ai vécu, enduré, appris aussi, je dois avouer que j'aime me ressourcer à la table familiale de Pierre parce que sa sincérité, sa chaleur et la musique de son accent libanais m'apprennent encore beaucoup sur la vie et les gens.

*

Automne 1982 : le salon professionnel Ipharmex, regroupant tous les métiers de la pharmacie, allait se tenir à Lyon. Il ne s'agissait plus pour l'entreprise de conquérir des parts de marché, mais de préserver son acquis face aux grosses entreprises italiennes voulant réussir une percée sur notre territoire. Pour me faire remarquer je n'utilisais que trois couleurs, voyantes et reconnaissables : le bleu, le blanc et le rouge. Tout mon stand était un hymne cocardier.

Quatorze heures. Les participants au salon sont encore à table et le calme règne dans le hall du palais de la Mécanique de Lyon. Je garde seul le stand pendant que mes collaborateurs déjeunent. Un gaillard, immense et massif, approche de la cage du serpent représentant le caducée, emblème des pharmaciens. Il lève la tête, lit le nom de la société sur le fronton, puis m'interpelle.

— C'est un vrai ?

— Oui, bien sûr. Vous voulez le toucher ? »

Il est pris d'un mouvement de recul et me dit :

— J'ai horreur de ces bêtes.

— Vous avez tort, il est inoffensif et c'est une expérience que vous devriez faire. La peau n'a pas du tout le contact que l'on attend.

— Non, pas question.

Ne souhaitant pas que j'insiste, mon visiteur change le sujet de la conversation.

— C'est bien, votre stand bleu-blanc-rouge. Vous défendez votre pays.

— Lorsqu'on a pas de moyens, il faut des idées ! Et j'ai été élevé dans le respect de la nation et du général de Gaulle. »

Alors il se présente :

— Je suis Michel Noir, député du Rhône. Je défends

les mêmes valeurs que vous. Montrez-moi ce que vous fabriquez.

— Vous n'assistez pas au banquet ?

— J'en viens, mais j'ai pris prétexte d'aller aux toilettes pour m'aérer. Il fait trop chaud là-dedans.

— Voilà notre catalogue. Nous avons décidé de faire dans le haut de gamme. Nous privilégions l'originalité et l'exception, au prix.

— En tout cas, vous affichez vos idées. Vous êtes jeune, c'est bien. Nous avons besoin d'entrepreneurs comme vous. »

Flatté ou sous le charme, j'arrachai alors un bout de page de mon catalogue où figurait l'adresse et le numéro de téléphone de la société. Dans un geste que j'ai encore en mémoire, je le lui tendis.

Ce geste anodin venait de modifier le cours de ma vie et sans doute aussi la sienne. On peut ne pas croire au destin, mais ce jour-là il frappa à ma porte.

★

Le lendemain matin, au travail depuis six heures, je rangeais certains papiers avant de me rendre sur le stand. Vers neuf heures, ma secrétaire me passa un appel et m'annonça « Michel Noir ». Nous étions à cinq mois des élections municipales de Lyon, je n'avais encore jamais voté et j'allais découvrir un autre monde.

— Ici Michel Noir. Nous nous sommes vus hier. Je souhaiterais vous voir pour discuter.

— Avec plaisir. Quand voulez-vous ?

— Est-ce que cela vous conviendrait demain, dix heures, à ma permanence ?

— D'accord. »

Sans le savoir, je venais d'entrer en politique.

Le salon Ipharmex prenant fin ce jour-là, je pus donc me présenter le lendemain matin au 7 place des Terreaux à Lyon. Les bureaux du député étaient situés sur la place de la mairie. De sa fenêtre située au quatrième étage, Michel Noir pouvait à chaque instant observer l'objet de son désir. L'immeuble en lui-même était vétuste, mal entretenu et mal éclairé, à la limite de l'insalubrité.

Dans le hall d'entrée, de nombreuses personnes s'agitaient. Mon attente fut courte, juste le temps d'être salué par une femme très avenante, bon chic bon genre. J'apprendrai par la suite qu'il s'agissait de la reine de l'échiquier de Michel Noir : son épouse Danielle.

D'un naturel franc, j'entamai la conversation par ces mots : « Que puis-je pour vous ? » La réponse de l'élu fut aussi spontanée que ma question : « Nous avons besoin de placards de rangement. À cet étage, mais surtout au sixième. Si vous pouviez le faire, cela m'arrangerait. Je n'ai pas besoin de choses sophistiquées, mais fonctionnelles. »

Toujours pris par la passion de mon métier, je proposai de mettre des couleurs dans cet univers de grisaille. Et là, le député bredouilla :

— C'est-à-dire que financièrement, nous n'avons guère de moyens.

Les rangements furent pourtant livrés dans les quinze jours.

À la suite de cette intervention, de nombreuses rencontres furent organisées pour essayer de me faire participer à tel ou tel groupe de réflexion. Mais ma réponse était toujours la même : « Je n'ai pas le temps et cela ne m'intéresse pas. Pour moi c'est du blabla et rien d'autre. »

Nos vies respectives continuèrent et je ne m'occupais pas du parcours de Michel Noir. À l'époque je n'achetais pas le journal et continuais à parcourir des kilomètres, à gagner des parts de marché et à « lubrifier mes pignons » suivant l'expression de mon père pour exprimer le travail cérébral nécessaire pour toujours aller de l'avant.

Mais si les choses en étaient restées là, je ne les mentionnerais pas. Car devant mon refus de participer à des « réunions de travail » place des Terreaux, c'est dans la maison même de Michel Noir à la Croix-Rousse que je fus invité. J'allais passer de plus en plus de temps au cœur de cette famille qui progressivement, devint la mienne.

CHAPITRE 4

Pacte avec le diable

Début novembre 1982, je fut invité pour la première fois dans l'antre de la famille Noir, une maison qui se situe sur les pentes de la Croix-Rousse, surnommée depuis l'époque des canuts « la colline qui travaille » par opposition à Fourvière laquelle, surmontée de la basilique, est baptisée « la colline qui prie ». C'est une jeune fille bien charpentée qui m'ouvrit et m'introduisit dans cette vieille demeure de soyeux de trois étages en forme de U. Brune, les cheveux longs, de larges épaules plantées sur un corps immense : Anne-Valérie, l'aînée des six enfants, a dix-sept ans à l'époque et ressemble comme deux gouttes d'eau à son père.

Dès l'ouverture de la porte en bois, je découvris une vue magnifique sur tout Lyon. L'entrée se faisait par la cuisine. Ensuite on traversait la salle à manger, avant d'accéder à une pièce au centre de laquelle se dressait une table pourvue d'un échiquier.

But de la rencontre : trouver une idée pour aménager des rangements dans le bureau de Michel Noir. Avec le recul, je me demande encore ce qui avait pu me conduire là. Quel déclic s'est produit en moi ce jour-là et comment, ou pourquoi, suis-je entré dans ce jeu. Étais-je déjà fasciné ? Étais-je à la recherche de cette fameuse « reconnaissance » dont mon père m'avait privé ? Je ne sais.

Les poutres apparentes et les vieilles tomettes donnaient au bureau une atmosphère feutrée. L'endroit reflétait bien l'homme : la pièce empreinte de solennité invitait à la réflexion et à la solitude. Isolée du reste de la maison, il s'agissait d'un refuge, atmosphère dont Danielle Noir était consciente puisqu'elle m'expliqua souhaiter du mobilier sombre. Je lui suggérai alors d'attendre que je récupère dans une pharmacie en transformation d'anciens meubles de rangement. Une idée qui lui convint. Dans le courant de l'année, je fis installer dans cette tanière de magnifiques bibliothèques provenant d'une pharmacie lyonnaise. Le rachat de ces meubles fut facturé 23 720 F à mon entreprise. Cette facture fut d'ailleurs la première que nous reprocha la justice. J'étais devenu délinquant financier sans en prendre conscience, avec un risque encouru de cinq ans de prison ! Certes nul n'est censé ignorer la loi comme le dit l'adage, mais je ne voyais alors rien de mal dans mon geste : le fournisseur n'avait-il pas été payé et l'argent de mon entreprise n'était-il pas le mien puisque j'en étais le principal actionnaire ? Je n'avais pas alors assimilé qu'une société était en soi une entité et que son patrimoine ne pouvait être confondu avec celui de ses actionnaires ou dirigeants. Depuis j'ai appris.

Quant à savoir si le député ayant bénéficié de ce cadeau en avait connaissance... Je peux simplement citer les termes de la cour d'appel qui assure qu'il avait « sciemment recelé en les détenant, les consommant ou en tirant profit : un meuble bibliothèque dont il savait que l'usage, l'achat, l'origine avaient été financés par un usage abusif de biens sociaux. »

Ce jour-là, les bases de mes relations avec Michel Noir furent jetées : il m'incombait de tout payer. Je devais désormais mettre la main à la poche pour voir triompher ses idées et faciliter son accession au pouvoir. Un état d'esprit, une fascination pour cet homme allaient insidieusement m'éloigner de la morale et me conduire vers le gouffre. Je regrette aujourd'hui que l'on ne m'ait pas arrêté dès cette facture puisque jamais auparavant je ne m'étais servi de l'argent de mes sociétés pour acheter quoi que ce soit hors de son objet social.

⋆

Parallèlement, mon groupe se développait. Quant aux invitations chez les Noir, elles se multipliaient. Immergé dans mon travail, je ne songeais pas une seconde aux élections municipales de 1983. Mais quand, le soir du premier tour, j'appris la défaite de Michel Noir, lequel n'arrivait qu'en deuxième position, je choisis de le rejoindre pour l'assurer de mon soutien en ce moment difficile. Je me rendis donc à la réception organisée au pavillon du parc de la Tête d'or, en plein cœur de Lyon.

De nombreux militants attendaient dans la salle du bas la venue du postulant déchu. Novice en la matière, j'avoue que je ne mesurais pas alors ce que cet homme, que je voyais désormais comme un ami, venait de perdre et l'importance que ce revers pouvait avoir pour sa carrière. Je gravis donc l'escalier conduisant aux pièces dont l'accès était réservé aux membres du staff de campagne et aux proches. Derrière une porte, une réunion se tenait autour du candidat. Je frappai. Danielle, son épouse, m'ouvrit et m'éconduisit poliment par ces mots : « Michel est très affecté. Il est très abattu et ne souhaite voir personne. C'est très dur pour lui, il y croyait beaucoup. Je lui dirai que tu es passé. Reste en bas, il va saluer les militants et remercier ses partisans. »

Pour un initié, ces mots parlent d'eux-mêmes. Le politique n'a pas d'ami, mais des « militants » ou des « partisans ». Le premier apportant sa cotisation et son travail, on lui ouvre les portes de la permanence où il sera toujours bien reçu et connu des secrétaires. Et quand il aura la chance de croiser son idole, celui-ci se contentera d'une poignée de main sincère, d'un sourire amical, voire de quelques phrases banales, mais le militant sera heureux. Au niveau supérieur, se trouvent le « partisan » puis les « soutiens ». Cette catégorie, à laquelle Danielle Noir venait de m'assimiler, regroupe des personnes plus intégrées socialement et capables d'apporter un soutien financier à travers un abonnement au journal de l'élu, ou de rendre de menus services grâce à leur entreprise ou à leurs relations et de porter la bonne parole dans quelques cercles d'électeurs. Une sorte de hiérarchie sociale et financière qui entrouvre ou ouvre en grand l'accessibilité à l'homme public.

Sur l'instant, j'étais vexé et quittai la réception. Pour moi, cette défaite ne changeait rien à mes rapports avec Michel Noir et sa famille. J'étais convaincu qu'elle ne transformerait pas l'affection que je sentais naître. Hélas, je me trompais lourdement.

Ainsi, à plusieurs reprises au cours de la semaine suivante, je téléphonai à la Croix-Rousse pour prendre des nouvelles. Mais jamais je ne parvenais à joindre directement le député du Rhône. Après quinze jours d'essais infructueux, c'est avec les enfants, mais sans Michel Noir, que je fus convié à déjeuner. Pendant près de quatre semaines, je n'eus même aucun contact avec le candidat déchu. Lorsque enfin je le croisai dans la maison, je découvris un homme décomposé, le visage ombrageux, silencieux et recherchant la solitude. Avec beaucoup de délicatesse, Danielle maintenait les contacts utiles tout en le préservant au maximum. Et c'est seulement vers la mi-mai que la tradition du déjeuner dominical reprit. Cette fois-là, dès mon arrivée dans la maison, Michel me demanda de l'accompagner dans son bureau. Si j'avais l'habitude de le voir prendre l'escalier en colimaçon suivi d'interlocuteurs divers, pour moi, c'était une première. Jusqu'à présent, je ne m'étais jamais mêlé de son travail. Je lui emboîtai donc le pas jusqu'au deuxième étage, un peu intrigué tout de même. Car celui que je considérais comme un ami prenait plaisir à mettre de la solennité dans ce moment. Toujours sans prononcer le moindre mot, il prit place derrière son bureau, puis m'invita à m'asseoir devant lui. Mais je préférai rester debout.

Quelque chose me dérangeait dans ce face-à-face incongru. Joignant les mains, prenant sa respiration, il entama un long monologue m'expliquant les changements que sa défaite apportait dans sa vie, la solitude dans laquelle il se trouvait désormais et les difficultés politiques auxquelles il devait faire face. Son échec l'avait placé au pied du mur : une seule alternative s'offrait à lui, soit accepter sa mort politique et abandonner la vie publique, soit reprendre le combat et se représenter dans six ans. Avec dans cette hypothèse aucun droit à l'erreur : il faudrait gagner. Après un silence, rassemblant ses forces, il me regarda longuement et me demanda de l'aider. L'aider à gagner la mairie de Lyon.

Après tant de semaines de silence, le joueur d'échecs avait réfléchi, mûri, pesé le pour et le contre, séparé les vrais des faux amis, découvert les trahisons. Il s'était retiré pour se ressourcer et repartir. On avait oublié de l'achever, il s'était déjà reconstruit, prêt à gagner.

Devant ce discours ma seule réponse fut un timide : « Je n'y connais rien en politique ». Des mots qui résonnaient pour lui comme un « oui ». Il ne lui restait plus qu'à me motiver un peu. Sa réponse fut d'ailleurs habile : « Tu apprendras vite, tu es travailleur. Je te conseillerai. Tu connais beaucoup de gens et cela nous aidera. » Le « nous », employé à dessein fit mouche. Hélas, ce n'est que bien plus tard que je compris qu'il s'agissait là d'un artifice utilisé par tous les hommes politiques quand il ont besoin de quelqu'un. Un « nous » qui se transforme en « je » une fois la victoire obtenue.

Ébranlé, je cédai : « Je suis d'accord, répondis-je, mais je veux pouvoir toujours te dire la vérité. Je ne veux jamais que tu puisses me reprocher de t'avoir menti. Tu dois être seul à prendre les décisions en toute connaissance de cause, car c'est de ton avenir qu'il s'agit. Je ne veux donc aucun intermédiaire entre toi et moi, aucun collaborateur qui interfère dans nos rapports. »

Je venais de trouver ici le deuxième de mes complices. L'avenir dira quelle définition du mot devait s'appliquer entre nous.

★

En tout cas, j'étais fier d'accepter ce challenge. Fier aussi que Michel et les siens aient besoin de moi. C'est donc tout naturellement que je m'ouvris de cette conversation à mon père. « Tu as choisi le mauvais cheval », me dit-il. Ce jugement sans appel prononcé pour détruire mon enthousiasme me motiva deux fois plus. Comme un défi à relever entre mon père et moi, je devais aller au bout de ce nouvel engagement et réussir.

★

Dès lors, la fréquence de mes rencontres avec Michel Noir s'accéléra. En plus du déjeuner dominical, nous nous voyions tous les quinze jours à sa permanence de la place des Terreaux. Là, il m'exposait longuement ses projets, évoquait l'écriture d'un livre qui lui permettrait de se repositionner et de faire parler de lui, me décrivait chaque personne de son entourage et me familiarisait avec la politique. Une sorte de formation à grande vitesse. Ma vie ne changea toutefois diamétralement pas, mon métier me maintenant en contact avec la réalité et m'amenant à fréquenter toujours les mêmes personnes. Quant à mes moments de détente, je les passais en général autour des grands prix de Formule 1 que j'adorais.

L'été suivant, en 1983, je décidai d'inviter Michel Noir et son épouse à une croisière de deux jours. C'était la deuxième fois que je louais un yacht mais, je ne sais pourquoi, je fus saisis de l'envie de briller à leurs yeux. Certes c'était puéril mais, j'agissais comme cela. Le *Lully* était un vieux bateau de vingt-huit mètres, tout en bois, avec un seul pont supérieur laissant une immense plage pour les amateurs de bronzage. L'arrière tout en rondeur et la proue d'un ancien navire de pêche ne lui permettaient pas de naviguer très vite mais présentait l'avantage de garantir tout le confort nécessaire, a fortiori avec seulement deux couples à bord. Afin de préparer la venue de mes invités, j'étais descendu à Cannes le matin même pour vérifier l'organisation du séjour. J'attribuai d'office la plus belle des cabines à mon hôte, prenant même soin de poser sur chaque oreiller, différents petits présents à l'attention de Danielle.

Quand les Noir débarquèrent à l'aéroport de Mandelieu-la-Napoule, je les attendais avec ma Mercedes. Mais là, j'eus une première surprise : ils n'étaient pas seuls. La sœur de Danielle et son époux les avaient accompagnés. Ce dernier passionné d'aviation et capable de piloter absolument tout ce qui vole avait conduit le député dans un avion privé. Je découvrais ce jour-là ce que l'on appelle l'aviation d'affaires. Je n'eus aucune réaction devant ces invités supplémentaires. Totalement anesthésié par la joie de recevoir mon ami.

Tout le monde se serra dans la berline. Deuxième surprise, dès son arrivée, Danielle fit le tour des lieux. Non par curiosité, comme je le crus d'abord, mais pour vérifier, comme elle me le confiera plus tard, qu'on avait bien attribué à son mari la plus belle des chambres. Ainsi, elle pouvait s'assurer du confort d'un époux difficile et apprécier l'importance que son hôte accordait à celui-ci.

Comme nous nous rencontrions hors de Lyon, je me sentais en décalage et mal à l'aise, notre différence d'âge ne me facilitant pas les choses. En regardant Michel, je m'aperçus que lui-même, issu d'un milieu simple, se sentait à la fois gêné d'être servi par des hôtesses au moindre de ses désirs et très heureux de ce nouveau luxe. De Cannes, nous nous rendîmes à Saint-Tropez où j'appelai Eddie Barclay pour une partie de ping-pong. Naïvement, je pensais qu'un élu serait à ses yeux une personne importante !

Les Noir étaient habitués à déjeuner à des horaires fixes. C'est donc avec la plus grande difficulté que je parvins à garder mon député à bord jusqu'à quatorze heures en le bourrant de biscuits apéritif, le temps de patienter avant de nous rendre chez Eddie. Après avoir gagné le rivage à bord d'un zodiac, Michel, Danielle et moi empruntâmes le petit chemin longeant la falaise et conduisant à la villa. Nous passâmes devant le terrain de tennis creusé à même la roche. La chaleur était torride, il était quatorze heures et je voulais réussir notre arrivée.

Aussi je décidai de faire le tour et d'entrer par la grande porte. Mal m'en a pris ! Car personne ne fit attention à nous, ce qui déplut fort à la « star » lyonnaise. La piscine était remplie de naïades, un invité se promenait avec un short assez spécial qui laissait dépasser l'un des éléments de sa virilité, des joueurs de ping-pong, passablement éméchés, poursuivaient leur partie sans nous jeter un regard et, pour couronner le tout, alors que nous arrivions dans le grand salon, une magnifique jeune femme, sortie d'on ne sait où, montée sur des rollers, seins nus, se livra à une danse des plus suggestives au rythme de la musique diffusée dans toute la propriété. Comme c'était pour moi aussi une première, je restai médusé devant ce spectacle caricatural. La stature de Michel Noir, un mètre quatre-vingt-dix-sept, et son physique de vedette de cinéma ne manquèrent pas d'attirer l'attention de la jeune fille en rollers. Danielle, n'appréciant guère son comportement, réagit instantanément en mettant son époux en garde contre le risque, pour sa carrière politique, d'être vu traînant dans ce genre d'endroit. L'argument fit mouche ! Prétextant que personne n'était prêt à passer à table, il demanda à retourner sur le bateau pour manger au calme. Nous nous apprêtions à tourner les talons lorsque Eddie survint. Saluant poliment le couple Noir, sans même relever le nom du député, il insista pour qu'une fois mes invités raccompagnés sur le bateau, je le rejoigne. Laissant le yacht à la disposition de mes convives, je m'exécutai.

Le repas englouti, vers cinq heures de l'après-midi, je repartis vers le *Lully*. Surprise, le bateau n'était plus dans la baie ! Je remontai donc voir Eddie qui, très gentiment, proposa de m'accompagner avec son Riva, un superbe navire en bois verni. L'imprésario à l'avant, une heure durant, nous abordâmes toutes les embarcations ressemblant à la description que j'avais faite du *Lully*. Se prenant au jeu, il s'approchait de très près des esquifs et interpellait les passagers en lançant : « On a perdu un député. Vous n'auriez pas un député à bord ? »

C'est finalement dans la baie de Saint-Tropez que nous retrouvâmes le bateau. Danielle avait profité de mon absence pour retrouver la terre ferme et soigner son mal de mer. Beau joueur, Eddie invita Michel à faire une partie de boules sur la place des Lices, puis à finir la soirée à sa table. Mais le député déclina l'invitation.

Pour saluer notre dernière soirée de vacances, j'eus l'idée d'inviter les habitants du bateau Chez Tétou, un restaurant prestigieux de la Côte d'Azur. Alors que nous dégustions notre bouillabaisse, Jacky, le propriétaire de l'époque qui connaissait bien l'ensemble de ma famille, vint nous expliquer l'art et la manière de manger la langouste sans en perdre un morceau. Seul problème, Jacky avait deux passions : la chasse et la politique ! Et comme j'eus le malheur de lui présenter mon invité, il se lança, prenant la salle à témoin, dans une tirade dénonçant les incapacités de la droite française. Je jouais de malchance, mais je me dis aussi que chacun doit assumer les risques de son métier. Or celui d'élu de la nation implique de devoir défendre ses idées devant les Français !

Pour couronner le tout, au petit matin, je retrouvai mon député sur le pont ! Les lits de bateau n'étant pas prévus pour accueillir des personnes de grande taille, Michel s'était aménagé un lit de fortune avec des matelas de plage. Mais la luminosité du petit matin et l'humidité marine eurent vite raison de son sommeil. Totalement épuisé, des poches sous les yeux, il regagna Lyon la mine renfrognée, ayant soigneusement évité de confronter sa carrure aux minuscules salles de bains du bateau.

Le séjour était donc un fiasco total. J'avais voulu impressionner, mais j'avais tout raté. Je m'attendais au pire, notamment de la part des enfants, toujours enclins à me chahuter. Pourtant, lors de l'un des déjeuners dominicaux à la Croix-Rousse, je m'aperçus que la narration qui leur avait été faite du séjour par leurs parents n'avait retenu que les clichés positifs.

⋆

Dès le début 1984, je me rendais donc tous les dimanches chez les Noir. Selon un cérémonial bien rodé, le député à peine rentré de ses visites obligatoires aux électeurs s'enfermait avec moi dans son bureau durant une demi-heure pour travailler et nous reprenions nos discussions à bâtons rompus vers seize heure trente jusqu'à dix-huit heures.

Michel était alors plongé dans l'écriture de son livre : *1988, Le Grand-Rendez-Vous*. Ayant la primeur de la lecture de quelques passages, j'étais impressionné par sa faculté à expliquer des choses compliquées le plus simplement du monde. Il m'avait alors dit que, comme la plupart des Français, mon vocabulaire se limitait à mille mots, nombre qui tombait à cinq cents ou trois cents pour les personnes n'ayant pas fait d'études supérieures, alors qu'il grimpait à trois mille mots chez ceux qui avaient suivi un deuxième cycle. Dès lors, il lui semblait essentiel de passer du temps à essayer d'exprimer dans un français accessible à tous des idées complexes de prime abord. J'étais ébahi par le raisonnement qui, pour moi, traduisait l'écart intellectuel existant entre nous. Comme un fils novice qui écoute un « père » instruit, je voyais mon sentiment d'infériorité s'accroître ! La conversation s'acheva toutefois par l'intronisation dans notre vocabulaire d'une expression plutôt crue destinée à qualifier les documents émanant des énarques de l'administration : « C'est imbitable ».

★

En avril 1984, j'invitai les époux Noir à mes seuls frais aux USA pour visiter le parc d'attraction de Disney que j'avais vu avec Paul Bocuse lors de son inauguration. Là encore, je n'avais pas lésiné sur les moyens puisque nous logions dans le plus bel hôtel d'Orlando, le Hyatt Gran Cypress. Nous avons bien sûr visité le parc, séjour immortalisé par une photo nous représentant, Michel Noir et moi, cloués au pilori. Un signe prémonitoire ?

Au retour, nous fîmes un arrêt à New York, où j'achetai quelques vêtements dans l'un des magasins de fripes de Broadway Avenue. Pourquoi réglais-je les dépenses de ces séjours ? Par amitié, pour prouver que j'existais, que j'avais du pouvoir, par une nouvelle habitude aussi, par peur de perdre celui pour lequel j'avais maintenant des sentiments, par manque de courage d'équilibrer nos rapports.

★

Plus nous nous voyions, les Noir et moi, plus nos liens se resserraient. De connaissances nous étions passés au stade de relations, puis d'amis et désormais de quasi membres d'une même famille. Mais c'est durant un voyage aux Antilles que tout se scella. Nous logions Michel, Danielle, Tina et moi dans des bungalows de l'hôtel Hamak. Là, une vraie complicité s'installa avec Michel. Mes vingt-neuf ans fantasques faisaient merveille. Le député se détendait. Mes préoccupations, bien éloignées de celles d'un élu père de famille nombreuse, lui permettaient d'oublier ses soucis. Plage, baignades, parties de belotes endiablées, jeu d'échecs ou parcours de golf, nous ne cessions de nous amuser et je découvrais un véritable ami, avec lequel deviser de tous les sujets, des plus légers aux plus sérieux, était facile. Était-ce la complicité, la détente ? Je voyais apparaître un homme souriant, aimant rire, faire des farces et se laisser aller.

Un soir vers dix-huit heures trente, en attendant nos compagnes respectives avant le dîner, assis sur la plage, il se confia même à moi. Le sable était déserté de ses touristes et seuls le bruit des vagues et le vent du soir accompagnaient notre conversation. Nous parlâmes de nos ambitions personnelles. Avec franchise, il m'avouait vouloir atteindre le plus haut niveau de l'État, ascension selon lui envisageable seulement une fois la mairie de Lyon gagnée. À l'entendre, un candidat à la présidentielle se devait d'avoir un fief et plus il était important, plus les chances d'accéder à la plus haute marche du pouvoir s'avéreraient réelles. Sa défaite avait retardé ses espérances, mais ne les avait pas effacées, même s'il craignait que cet échec ne ralentisse trop sa carrière. De nombreux problèmes financiers étaient apparus et beaucoup de ses soutiens avaient pris des engagements envers le « futur maire de Lyon » qu'ils ne tenaient plus pour le simple député de la Croix-Rousse. Il ressemblait à un petit garçon qui avait rêvé et qui savait que son rêve ne repasserait pas de sitôt. Je pris ce soir-là l'engagement de l'aider à réaliser son rêve et de tenter de résoudre les problèmes en cours. Par amitié, par amour peut-être même.

Le lendemain, Michel retrouva dans un hôtel voisin l'un de ses « amis », proche conseiller de François Léotard. Je n'avais pas souhaité l'accompagner, n'y voyant pas d'intérêt particulier. Pourtant, quelques années plus tard, cet homme devint un autre de mes complices. Il s'agissait de Michel Mouillot, futur maire de Cannes.

*

De retour à Lyon, le rythme de nos rencontres s'accéléra. Un jour, et c'était la première fois, Michel me demanda de l'aider, pour les assises du RPR. Il souhaitait s'imposer et contrecarrer les attaques des dinosaures du parti qui n'avaient pas apprécié sa victoire à la hussarde aux législatives, quelques années plus tôt, contre un ancien ministre du général de Gaulle. Comme sa défaite à la mairie le fragilisait, il pensait nécessaire de montrer « patte blanche ». Dans ce contexte, son livre étant un argument important, je fus chargé de le promouvoir. Pour y parvenir, je fis fabriquer un stand de présentation et mis au point des événements destinés à faire parler de lui. Si bien que dans une totale ignorance des règles de comptabilité, je fis supporter le coût de l'ensemble des prestations à l'une de mes entreprises. Les hommes politiques, quant à eux, ne se soucient guère de savoir qui paye, habitués à la prise en charge des dépenses électorales ou dites « politiques » par des soutiens divers. Sans savoir les risques que j'encourais, je passai intégralement et avec son libellé exact, la facture du menuisier ayant réalisé le stand dans ma comptabilité. La justice ne manqua pas, plus tard, de me le reprocher.

Mais qu'à cela ne tienne, en 1984, à travers ces gestes, je signai un pacte avec le diable et j'entrai, carnet de chèques à la main en politique.

CHAPITRE 5

Excès de vitesse

Se lever aux aurores, parcourir les routes de France, conquérir de nouveaux marchés, j'avançais à cent à l'heure. Une métamorphose qui allait bien avec un de mes hobbies de l'époque : la Formule 1.

Devenu fan des Grands Prix depuis celui auquel j'avais assisté au Castellet avec Eddie Barclay, je faisais souvent coïncider mes rares week-ends de détente avec le calendrier des courses. Cependant, de simple badaud parqué dans les stands des sponsors, j'étais devenu, depuis l'arrivée dans l'écurie Ferrari d'un ami d'enfance de mon frère, Patrick Tambay, personna grata.

En mars 1983, au Brésil il me présenta à tous les mécaniciens de l'écurie Ferrari ainsi qu'au second pilote, français lui aussi, René Arnoux, surnommé « Néné ». Lui-même d'origine grenobloise, des liens se tissèrent rapidement entre nous trois, Français perdus à l'autre bout du monde.

★

Je passais le plus de temps possible avec mes deux copains et partageais leurs jeux de pilote, pour la plupart des records à battre et des tests de rapidité. L'un d'eux consistait à mettre en route un chronomètre puis à l'arrêter le plus vite possible. J'y arrivais en dix-sept centièmes, quand le score de Patrick ou de René tournait autour de six centièmes ! Tout doucement, mes liens se firent plus étroits avec René Arnoux comme avec d'autres pilotes.

★

Après chacun de ces déplacements, je revenais à Lyon transmettant à mes amis ma nouvelle passion pour le sport automobile. Sentant, notamment chez Michel Noir de l'intérêt, j'eus envie de lui faire partager quelques moments d'exception. J'organisai un séjour à Monza en Italie où nous nous rendîmes en hélicoptère, logeant sur les conseils de Patrick Tambay à la Villa d'Este, un palace posé sur les rives du lac de Côme. Le team Marlboro et l'équipe Mac Laren y logeaient aussi, me donnant l'occasion de présenter Alain Prost à mes invités, très impressionnés de saluer les « stars » de la Formule 1. Alors que nous nous apprêtions à quitter notre table, un homme m'aborda. Très grand, très beau et très bronzé, il avait de la prestance. Sans se présenter, il me demanda si j'étais l'utilisateur de l'hélicoptère stationné dans la clairière. Il me signala ensuite que son pilote essayait depuis plusieurs minutes de se poser à côté de notre appareil sans succès parce que nous étions « mal garés » ! Ceci fut dit avec une grande courtoisie par cet inconnu qui s'exprimait dans un français remarquable, malgré un accent que je n'arrivais pas à définir. Mon pilote, ayant déjà bâché et fermé l'hélicoptère pour la nuit, me soutint qu'il ne gênait pas le moins du monde. Ainsi je suggérai à mon interlocuteur que mon pilote aide le sien à faire atterrir son appareil. Piqué au vif, mais amusé, il me lança alors un pari : son pilote allait essayer une nouvelle fois et, s'il n'y arrivait pas, je devrais l'inviter à dîner pour qu'il reprenne les calories perdues en faisant les allers et retours entre l'hôtel et son appareil posé à plus d'un kilomètre de là. J'acceptai, à condition qu'en cas d'échec il laisse mon pilote tenter la manœuvre. Quelques minutes plus tard, nous entendîmes les turbines de l'hélicoptère s'éteindre. Sans doute un peu vexé, son pilote avait cette fois-ci atterri sans difficulté.

Revenu à notre table pour annoncer la bonne nouvelle, l'inconnu me déclina alors son identité : Mansour Ojjeh. Homme d'affaires dont le père richissime s'était fait connaître en rachetant le paquebot *France*, il possédait à l'époque l'écurie de F1 TAG[1] et reste aujourd'hui propriétaire des « Flèches d'argents » de la prestigieuse équipe Mc Laren-Mercedes, plusieurs fois championne du monde. Si bien que le soir-même, alors que nous dînions au restaurant, Alain Prost fut impressionné de me voir attablé avec son « patron ». Les yeux écarquillés, il me dit après le repas : « Vraiment, tu es trop fort ! ». En fait, il ne s'agissait là que d'une de ces rencontres coïncidences dont ma vie fut remplie. Car ce grand bonhomme rencontré au détour d'une terrasse d'hôtel m'a toujours soutenu dans mes épreuves. Sans être un

1. Technique d'avant-garde.

proche, sans être un ami, il fit beaucoup plus pour ma famille que nombre de ceux qui m'entouraient à l'époque.

*

Le temps passait. Les contacts se nouaient. J'avançais sur ma voie, heureux de décrocher de nouvelles affaires et de connaître de plus en plus de monde, sans savoir qu'au bout du chemin s'ouvrait un long tunnel. Pour l'heure, j'accumulais les heures de travail et entamais des négociations avec l'ordre national des pharmaciens pour obtenir l'autorisation de diffuser des images d'éducation sanitaire et publicitaire dans les officines. Encore une fois, après de longs palabres compliqués et des arguties administratives, c'est une rencontre qui permit de débloquer la situation.

La maison que j'habitais dans la région lyonnaise était située à Curis au Mont d'Or, un petit village de trois cent cinquante habitants à un kilomètre du premier bourg, Neuville-sur-Saône, où se trouvait une pharmacie appartenant à un ancien client de mon père. Des liens d'amitié s'étaient créés entre les deux hommes. Or en 1982 ce pharmacien avait pris la présidence de l'ordre national. C'est donc à lui que je m'ouvris de mon projet.

Il m'invita à travailler avec une émanation de l'ordre national des pharmaciens : le Comité national d'éducation pour la santé.

Des discussions marathon commencèrent alors qui durèrent deux longues années. Une fois de plus, c'est en établissant des relations personnelles avec mes contacts que je fis la différence et un contrat fut ainsi signé entre l'Ordre et la société Télésanté. Dès lors, une véritable course contre la montre s'engagea.

Financièrement, le projet dépassait largement mes capacités. Il me fallait désormais convaincre de la viabilité de l'idée, transmettre mon enthousiasme à des partenaires aux reins solides et réussir à faire patienter les autorités de la profession, le temps pour moi de trouver un allié. La confiance de mon interlocuteur au sein de l'ordre des pharmaciens m'était indispensable pour le projet. Mais de dîners en belles paroles, j'arrivais au bout de mes stratagèmes. Comment sortir de l'impasse ?

À la suite de mes frasques dans un palace parisien, je m'étais lié avec l'un des concierges de nuit. Tout naturellement, je m'ouvris à lui de mon embarras passager quand il me répondit :

« Seule une femme peut résoudre votre problème. Je le constate ici depuis des années et avec les plus grands chefs d'entreprises. Croyez-moi, la femme est le meilleur vendeur qui existe pour l'homme d'affaires en quête de contrats. »

Il m'expliqua alors comment créer le contact et rechercher une complice, me donnant même le numéro de quelqu'un.

Dès le lendemain, j'appelai la jeune femme et demandai à la rencontrer. Grande, mince, très belle, elle arborait de longs cheveux blonds et avait beaucoup de charme. Un peu gauche, je lui expliquai avoir besoin d'une compagnie féminine pour un repas d'affaires en lui précisant, afin que tout soit bien clair, qu'à aucun moment il n'était question de « coucherie ». Elle devait seulement être présente, participer à la discussion et donner un peu de gaieté à ces dîners pesants. Elle me posa de très nombreuses questions à la fois sur moi, sur les convives, sur nos relations et même sur la tenue qu'elle devrait porter. Je la laissai libre de son choix, lui indiquant simplement que le repas était sérieux, important pour moi et la sobriété de rigueur. Jouant carte sur table, je lui avouai être novice en la matière et que jamais auparavant je n'avais fait appel aux services de ce que l'on peut appeler une « escort girl ». Coût de l'opération : 2 000 F. La somme était élevée, mais le jeu en valait la chandelle !

Le soir du dîner arriva. Comme le veut l'usage, j'avais prévenu mon homme de la présence à table d'une « amie de passage ». Elle et moi avions passé en revue toutes les questions qu'il pourrait poser sur nous et notre scénario de rencontre était au point. Mais on ne sait jamais !

Nous prenions l'apéritif dans le restaurant du palace de l'avenue Montaigne lorsque « Claire » arriva. Chaussures plates, jupe aux genoux, chemisier très classique fermé jusqu'au dernier bouton, elle avait choisi une tenue parfaite, très bon chic bon genre. Seule petite fausse note : trop de bijoux tintant les uns contre les autres à chacun de ses mouvements. Ses cheveux étaient relevés dans un chignon qui lui donnait un air strict. Au premier abord, j'avais même eu du mal à la reconnaître. Les présentations faites, nous passâmes à table. « Claire » parlait de tout et de rien, soutenait parfaitement toutes les conversations, ne laissant aucun temps mort dans la discussion et n'hésitant pas à nous narrer ses propres passions. À la fin du dîner, à ma grande frayeur, elle demanda à mon invité de la raccompagner. Ne voulant pas susciter de scandale et les dés étant jetés, je les vis s'éloigner. En regagnant ma chambre, dépité, j'étais convaincu que tout était perdu.

Le lendemain matin, je reçus deux appels : le premier de ma « complice » d'un soir :

« Allô Pierre ? Je voulais simplement vous dire que tout s'est bien passé. Vous aviez l'air un peu inquiet hier soir, mais rassurez-vous, j'ai respecté à la lettre notre "deal" et les règles fixées. »

Le deuxième appel était plus surprenant puisqu'il émanait du pharmacien :

« J'ai beaucoup apprécié votre amie. Une personne charmante. »

Et de me questionner :

« Peut être sera-t-elle à Paris lors de notre prochaine rencontre ? Dans ce cas, vous me feriez le plus grand plaisir en la conviant à notre dîner. »

Les conseils éclairés du concierge du palace conjugués à l'intelligence de cette jeune femme me permirent de gagner du temps pour mettre en œuvre mon projet dans le calme. Désormais ravi de nos rencontres, notre homme gérait lui-même la pression de ses confrères !

*

Au final, mon projet nécessitait un investissement de quinze millions de francs. Comment financer tout cela ?

J'entrepris de réunir un important capital. Afin d'obtenir la participation de mes parents, je dus passer devant le redoutable conseil de famille. Or depuis ma liaison avec Tina, que ma mère n'appréciait pas, nos contacts étaient plus que difficiles.

C'est donc dans le salon de l'appartement de mes parents empreint de l'histoire familiale que la scène se déroula. Mes parents ne me laissèrent pas aborder d'emblée l'ordre du jour de la réunion. Ma mère commença en effet par une sorte de « remise à plat » de nos relations, sujet sensible qui fit monter le ton très vite. Après Tina, elle m'attaqua sur mes liens avec Michel Noir qu'elle jugeait dangereux et préjudiciables. La conversation enchaîna ensuite sur mon « retour » au sein de la famille que l'on m'accusait d'avoir délaissée pour l'homme politique, dont on me prévenait d'avance qu'il serait désenchanteur. La participation des miens à ce projet impliquait donc à leurs yeux un droit de regard sur l'ensemble de mes activités. La question ne portait plus sur Télésanté, mais pouvait être formulée ainsi : « Soutenons-nous Pierre dans tous ses projets d'entreprise ? Ou coupons-nous les ponts afin de le ramener dans le droit chemin ? »

La raison, que ma mère mettait toujours en avant, s'opposait au moindre soutien, mais son cœur penchait de l'autre côté : aussi me donna-t-elle son accord par affection et sous réserve de pouvoir maintenir l'équilibre entre ses deux fils. Quant à mon père, bon connaisseur du milieu des pharmaciens, il évalua à sa juste valeur l'autorisation obtenue et accepta de me soutenir. Après quelques minutes de réflexion, d'un air grave il prononça cette phrase :

« Je veux que tu ailles au bout de tout. Je ne veux pas te voir t'arrêter en chemin. »

Le capital de trois millions de francs de ma nouvelle société fut rapidement constitué : par moitié avec mes entreprises et ma famille d'une part et des membres de chacun des milieux que je fréquentais.

Tout alla très vite : de congrès en expositions, un véritable engouement se développa. Durant l'un des salons Ipharmex, le projet se vit même décerner l'Oscar européen de l'innovation. Pour la première fois, deux de mes entreprises exposaient dans un même salon recueillant un égal attrait ! Je le vécus comme un succès personnel.

Ce surcroît d'activité s'ajoutant à mon entrée en politique et à l'agencement de pharmacies, c'est croulant sous le travail qu'en septembre 1985 j'embauchai comme assistante une jeune fille de vingt ans qui s'appelait Anne-Valérie Noir.

CHAPITRE 6

Les premiers dérapages

Parallèlement à la vie des affaires, Michel Noir m'initiait lentement à la politique. À sa demande, j'adhérai pour la première fois à un parti : le RPR. Jusque-là, je n'avais jamais éprouvé le besoin de « m'encarter ». Malgré mes objections, le député sut me convaincre de l'importance de la démarche. Il me demanda même de trouver d'autres personnes susceptibles d'adhérer à leur tour, parce que cela l'aiderait beaucoup.

Ses arguments firent mouche : ayant repris la Fédération lyonnaise moribonde, il avait besoin de gonfler ses troupes pour avoir un poids dans les instances nationales et représenter le plus de suffrages possible lors de l'élection du président du mouvement. Dès lors, il pourrait redorer son blason auprès de Jacques Chirac, lequel voyait d'un mauvais œil ce nouveau venu ayant gagné une circonscription en battant un ancien ministre du général de Gaulle ! En outre, comme l'échec de Michel Noir aux dernières municipales avait réveillé de nouvelles ambitions chez beaucoup de ses adversaires locaux, le député voulait se mettre à l'abri d'une probable manœuvre parisienne visant à le déloger de la fédération du Rhône.

Ne faisant comme d'habitude rien à moitié, je me retrouvai en quelques jours muni de carnets d'adhésion du mouvement gaulliste que je trimbalais dans mon cartable de chef d'entreprise !

En novembre 1984, Michel Noir m'invita à l'accompagner à un meeting à Lyon, où devaient apparaître François Léotard et Helena Bonner, la femme du dissident russe Sakharov.

Mon député ayant exprimé le souhait de mettre à la disposition de François Léotard et de son collaborateur un avion privé pour les reconduire le lendemain matin à Fréjus, je m'efforçai de faire coïncider ce voyage avec quelques rendez-vous professionnels dans le Midi. Pensant aider mon ami, je ne m'aperçus pas que je mettais le pied en politique avec la pire des images : celle de l'homme que l'on peut solliciter à loisir.

Je me rendis donc le lendemain matin à l'hôtel de François Léotard. Pensant que le but de la manœuvre était d'impressionner le bonhomme, j'avais pris ma dernière acquisition, une Rolls Royce noire. Or, à la simple vue du véhicule, l'élu de Fréjus eut un mouvement de recul. Son collaborateur, plus avenant et même bien guilleret à l'idée de monter dans une voiture aussi prestigieuse, prit place à l'avant et entama la conversation. Léotard, quant à lui, se tapit sur la banquette arrière et cacha son visage derrière un journal pour ne pas courir le risque d'être reconnu dans une Rolls !

Dans l'avion, le climat se détendit un peu même si le député restait peu loquace. À Fréjus, il me quitta sans émettre le moindre remerciement, sans doute parce que l'indifférence et l'impolitesse doivent être monnaie courante dans ce monde ! Plus tard, j'apprendrai que son sympathique collaborateur s'appelait Michel Mouillot, devenu par la suite maire de Cannes !

Dès mon retour à Lyon, Michel Noir voulut savoir si j'avais pu converser avec son « ami » maire de Fréjus. Alors que je lui rapportais des discussions banales et la sympathie du seul conseiller, il parut déçu. Je lui assurais même que, la prochaine fois, son « ami » député prendrait un billet de train. En effet, son impolitesse frôlant la goujaterie ne m'incitait guère à lui rendre un nouveau service. Pourtant, quelques années plus tard, François Léotard se rappellera à mon bon souvenir.

★

Les liens entre les Noir et moi se tissant de plus en plus serrés, c'est avec eux que je passai Noël 1984. Des moments inoubliables qui renforcèrent mon envie d'aider Michel Noir. Ayant toujours eu des relations tendues avec les miens, je ne savais plus quelle était ma vraie famille, les enfants du député devenant mes frères et sœurs, mais aussi mes copains. Michel m'apparaissait peu à peu comme un grand frère, un ami et même un exemple qui me poussait à avancer, parce que comme chez beaucoup de personnes, mes forces étaient décuplées lorsqu'il s'agissait de me battre pour des gens que j'aimais. C'est encore aujourd'hui la seule vraie explication que je trouve à la symbiose qui s'est créée entre nous durant tant d'années.

*

À chacune de nos rencontres, Michel m'expliquait les difficultés qu'il rencontrait pour passer à la télévision et faire entendre son message politique. Je ne cessais du reste de lui dire que celui-ci était inaudible par la « base ». Il existait entre nous un échange, une écoute, une cohésion. Il ne savait pas vraiment qui était Guy Lux, ignorait les chanteurs à la mode comme les sujets qui passionnaient les Français, c'est-à-dire ses électeurs. Les échecs, l'aviron ou les concerts de musique classique ne correspondaient en rien aux principaux centres d'intérêt de ceux qu'il désirait séduire. Un mot que j'emploie à dessein car le député lyonnais avait parfaitement intégré l'idée qu'il fallait « plaire », « envoûter », la politique étant pour lui avant tout une affaire de marketing. Sa démonstration, fort simple, se résumait en une question qu'il posait avec délice à chacun de ses interlocuteurs :

« Combien de noms de députés connaissez-vous ? »

La réponse, immédiate, était invariablement la même quelle que soit la personne : au mieux deux ou trois élus locaux et quelques grands noms repris par les médias qui, dans la plupart des cas, n'occupaient même pas cette fonction !

Dès lors, pour s'en sortir, il devait s'extraire de la masse des inconnus. Et afin d'y parvenir, il estimait que mes relations dans le show-business et les milieux sportifs lui ouvriraient les portes des médias. L'obstacle, c'était que mes amis éprouvaient la même méfiance que moi envers la politique, quand ce n'était pas du désintérêt voire une aversion pure et simple. Aussi, si j'acceptais de lui faire rencontrer ces amis, il devait se montrer tel que je le connaissais : simple, père de famille. Ces vedettes, pour la plupart dans le milieu depuis des années, étaient en effet habituées aux sollicitations intéressées et n'accepteraient jamais une photo destinée à être publiée avec un homme politique. En revanche, s'il prenait le temps de construire une vraie amitié avec elles, ces « stars » soutiendraient non un député, mais leur copain de boules, de belote et de bonnes bouffes. Il lui suffisait dès lors de rester lui-même.

Comme Michel espérait toucher un public plus large que les habituels lecteurs du *Figaro* ou du *Monde*, il lui fallait par ailleurs obtenir des articles dans des magazines plus populaires et même passer à la télévision. Les émissions politiques étant inaccessibles pour un jeune, il pensait entamer cette nouvelle carrière médiatique en fréquentant des plateaux plus regardés par les électeurs. Des mots simples et des constats quotidiens motivaient sa démarche. J'étais pour lui, dans ce contexte, particulièrement représentatif : je ne lisais qu'un journal, *Le Progrès de Lyon*, et regardais seulement de temps à autre le 20 heures. La télévision ne me touchait qu'à travers les émissions de sports, de variétés ou les films. En quelques questions il s'aperçut que j'ignorais le nom de la majorité des membres du gouvernement. Prenant en outre à témoin ses six enfants tout étonné qu'on leur demande leur avis, il fut surpris de constater que tous exprimaient un grand désintérêt et montraient une ignorance quasi totale de la chose publique et des préoccupations quotidiennes de leur père. Fort de ces découvertes, intelligemment, il voulut désormais pénétrer le monde réel de « monsieur tout le monde ».

★

Michel me demanda de m'accompagner dans mes week-ends. Première occasion, le Grand Prix du Brésil du 27 mars 1985.

Nous étions quatre à vouloir entrer sur le circuit : Danielle, Tina, Michel et moi, et c'est grâce à mes amis pilotes que j'obtenais quatre accès VIP. Les ennuis arrivèrent toutefois quand survint notre guide local. Charles Giscard d'Estaing, neveu de l'ancien président de la République et ancien serveur au Cottage qui habitait au Brésil depuis 1981, avait en effet choisi de nous accompagner. Tout le monde fut frappé par sa ressemblance avec son oncle : la même voix, les mêmes intonations et le même crâne dégarni. Surprenant aussi de le voir arriver en bermuda et tongs dans le hall de l'hôtel pour saluer nos femmes d'un très respectueux baise-main ! Ayant trouvé inutile que nous louions une voiture, il avait proposé d'utiliser la sienne. Mais en fait de voiture, Charles nous présenta une épave vaguement jaune qui avait sans doute été une Volkswagen quelques décennies plus tôt. La bonne humeur régnant, nous nous engouffrâmes dans l'engin. Lorsque notre guide mit le moteur en route, la pauvre coccinelle s'affaissa sous le poids jusqu'à toucher le sol, l'absence de pot d'échappement se remarquant en outre bruyamment. La conduite au Brésil était pour le moins spéciale et c'est en opérant de petits va-et-vient à gauche et à droite de la rue que nous visitâmes la ville : nous étions bien au Brésil puisque même la voiture semblait danser la samba !

Ne possédant aucun laisser-passer pour approcher le circuit en voiture à moins de deux kilomètres, Charles décida néanmoins de tenter le coup. À notre arrivée à la hauteur de la grille, il présenta nos pass et palabra avec le gardien dans un brésilien impeccable, expliquant que nous étions des Français amis de Tambay et Arnoux. Le ton persuasif et la pratique des mœurs brésiliennes firent merveille et nous permirent d'entrer dans le périmètre de sécurité.

Dans le paddock je profitai du temps restant avant le début des essais pour faire les présentations. Les journalistes sportifs français furent surpris de voir Michel Noir en grande discussion avec Patrick Tambay, René Arnoux ou Alain Prost, des liens semblant s'être noués presque instantanément entre expatriés et supporters d'un même pays. Les pilotes entreprirent alors une visite guidée de leurs écuries respectives pour le député du Rhône, lequel jouait parfaitement son rôle.

Le lendemain, pour la deuxième journée d'essais, nous nous présentâmes à la grille face au même gardien. Les consignes semblaient cette fois beaucoup plus draconiennes et les explications de Charles moins efficaces. Il essayait de faire comprendre au cerbère que Michel était un personnage très important en France. Au point d'oser lancer, à court d'arguments, qu'il était « membre du gouvernement et ministre du Commerce extérieur ». Seul hic : le gouvernement était alors socialiste et Michel plutôt RPR ! Mais qu'importe, notre homme n'y connaissait rien. Pour étayer l'affirmation de Charles, Michel brandit alors sa carte tricolore de parlementaire. Le gardien obtempéra et plia sagement devant celui qu'on lui présentait comme une éminence de la patrie des droits de l'homme. La situation ne manquant assurément pas de piquant puisque, quasiment un an jour pour jour après cette aventure, Michel deviendra effectivement ministre du Commerce extérieur.

★

Après ce Grand Prix le député gaulliste prit goût à ces voyages. Lors de l'instruction qui surviendra des années plus tard, Michel Noir avança que le paiement de ces séjours relevait du financement politique puisque selon lui ces activités étaient en relation, certes indirecte, avec sa fonction de président de la commission industrie du RPR. L'argument ne fit pas mouche, les magistrats n'apprécièrent guère et écrivirent dans leur compte rendu :

« Attendu d'une part que ni les affirmations de Michel Noir lors des débats, ni les éléments recueillis au cours de l'information n'établissent, comme il le soutient, que certaines dépenses engagées à son profit seraient liées au financement de ses campagnes électorales ou des partis et des groupements politiques : qu'il en est ainsi des voyages au Brésil, à Monaco... »

★

Monaco justement : mai 1985. Pour l'occasion, j'avais loué à Cannes un bateau afin de me rendre dans la principauté accueillir mes amis pilotes. Le *Jaminos*, de fabrication italienne, mesurait vingt-trois mètres. Je sentais que ce week-end serait inoubliable quand, en abordant le port monégasque, le capitaine me prévint que nous pourrions trouver une place dans le port à condition de payer. En apprenant que cet emplacement en période de Grand Prix coûtait près de 10 000 F par jour, je tombai des nues. Je refusai d'entrer dans ce jeu-là. Dès les essais terminés, j'appelai René Arnoux, qui devait venir dormir à bord, pour lui expliquer la situation et lui dire que je retournais à Cannes le soir-même. Serein, il me lança alors :

« Mais Pierre, Monaco c'est comme ça ! Viens me chercher à Fontvieille [1] avec ton bateau. »

Une fois à bord, le pilote demanda au capitaine de rebrousser chemin et d'entrer à nouveau dans le port principal. À l'entrée de celui-ci régnait une cohue indescriptible, un véritable embouteillage de yachts de luxe. La circulation et le placement étaient organisés par le capitaine du port qui, depuis un petit canot blanc à moteur, donnait des ordres aux gros navires à l'aide d'un mégaphone. Chacun cherchait à prendre la meilleure place pour mieux voir la course, une partie de la piste longeant le quai. Dès lors, je compris que mon *Jaminos* serait un poids plus qu'un plaisir. René prit alors les choses en main.

1. Fontvieille est le deuxième port de la principauté de Monaco

Lentement, nous avançâmes tandis que le pilote Ferrari se plaçait debout sur le côté du bateau, afin d'être bien visible. Notre petite embarcation se fraya un passage jusqu'à hauteur du canot du capitaine. Lequel, en découvrant la modestie de l'engin, se mit sur-le-champ à vociférer et à nous ordonner de rebrousser chemin. Mais quand il aperçut René, sa voix se brisa. Il hésitait. Comment un pilote pouvait-il loger sur une embarcation de tourisme aussi petite ? Finalement, le capitaine se lança dans de grandes manœuvres pour faire déplacer des yatchs déjà à quai et il nous indiqua une place : l'une des meilleures, presque au pied du phare d'entrée. À notre droite se trouvait *l'Atlantis*, propriété de l'armateur grec Niarchos, un navire cinq fois plus grand que le nôtre avec quatre ponts ! Et finalement, ce qui aurait dû coûter des sommes folles fut facturé au prix légal, c'est-à-dire moins de 500 F la journée !

★

Sur l'énorme yacht amarré à notre côté, je remarquai les allers et venues d'un barbu à la mise inoubliable. Un chapeau vissé sur la tête, entièrement vêtu de blanc, affichant une distinction naturelle, l'homme se présentait à intervalles réguliers à l'interphone de *l'Atlantis*. Mes amis l'identifièrent comme étant David Thieme, un grand ponte, inconnu du public qui avait été à la tête d'une des plus grosses compagnies pétrolières mondiales, Essex, avait racheté l'écurie Lotus et était considéré comme l'homme ayant donné ses lettres de noblesses à la Formule 1 en la faisant connaître. D'une grande générosité, il s'était consacré corps et âme à ce sport, avait été adulé, reconnu et sollicité par les plus grandes fortunes du monde, avant pour des raisons méconnues de devenir un paria. Car durant tout le week-end, je vis ce chapeau blanc se présenter au pied de la passerelle de *l'Atlantis* sans que jamais la porte ne lui soit ouverte. Une leçon sur les revers de fortune que j'aurais dû méditer.

*

L'autre enseignement que j'aurais dû tirer de ce séjour, si je n'avais pas été grisé par le tourbillon des illusions qui illuminait ma vie, mit en jeu la vie de mon copain Patrick Tambay. Durant les préparatifs et les séances d'essais, les pilotes se voyaient adulés comme de vraies stars. Tous étaient recherchés et sollicités, pour une photo, un entretien, un autographe ou simplement quelques minutes de leur temps par une foule de gens. Les caméras du monde entier étaient braquées sur ceux qui seraient les héros de quelques heures.

Pourtant, au départ de ce Grand Prix de Monaco, tout aurait pu basculer pour Patrick. Dans un vrombissement de moteur infernal, toute la principauté vibrait sous les coups d'accélérateur de la vingtaine de pilotes. Dès les feux éteints, les monoplaces s'élancèrent dans les rues étroites, chacun essayant dès la sortie de la première ligne droite de prendre l'avantage dans le fameux virage de Sainte-Dévotte. Suivant les conseils de mes amis, je m'étais placé en haut de la première montée, à la sortie du fameux tournant et voyais les F1 défiler devant moi. Toutes, sauf celle de Patrick. Croyant avoir raté son passage, je compris très vite qu'un événement grave s'était passé quand les haut-parleurs annoncèrent un accident.

Patrick venait de sortir de la route. Dans l'indifférence la plus totale, la voix annonça qu'il était coincé dans la carcasse du véhicule. La peur m'envahit. Immédiatement je me précipitai vers le virage. Approchant du lieu de l'accident, je vis qu'on installait mon ami dans une ambulance. Spontanément, je me rendis à son chevet à l'hôpital. Le silence de l'établissement de soins tranchait avec le vacarme de la course que l'on entendait au loin. Sa réaction me surprit. En quelques secondes Patrick était en effet passé de la lumière à l'indifférence. Ayant conscience que s'il ne courait pas il n'était rien, ma présence le surprenait et même le gênait. Je découvris ce jour-là que contrairement à ce que moi je croyais, je n'étais pour lui qu'une relation. À cet instant précis, je ne faisais plus partie de son monde : avec cette blessure il entrait dans le royaume des ombres jusqu'à ce qu'il prouve qu'il pouvait à nouveau piloter au plus haut niveau. Il s'attendait donc à ce que je reste dans le cirque de la course, mais pas à ce que je vienne m'enquérir de lui jusqu'à l'hôpital. Drôle d'univers que celui où un homme qui vit pour l'amitié n'apparaît aux yeux des autres que comme un élément du décor !

Plus tard, il me confia que pour un pilote, il est primordial de garder secret le plus possible la nature et la gravité de ses blessures, parce que dans cet univers, chacun est aux aguets des ennuis des autres pour obtenir un « baquet ». C'est d'ailleurs pour cela que quelques jours à peine après l'accident, il s'installa au volant de sa F1 en souffrant le martyre et fit prendre des photos : pour préserver son job.

J'aurais dû comprendre que chez chacun, quel que soit le métier, cette limite entre l'ombre et la lumière existe. Une leçon qui m'aurait évité plus tard bien des désillusions et des déboires. Un jour on appartient au monde des poignées de mains, avec des « gens qui vous aiment », vous flattent, veulent vous accompagner partout et assurent qu'ils seront toujours là « quoi qu'il arrive ». Et le lendemain, la réalité saute aux yeux, faite de solitude dans l'épreuve. Mais c'est sans doute parce que dans mon esprit il n'existait pas de séparation, parce que je n'avais que de « vrais amis » et pas de « relations sociales » que j'ai tout mélangé et suis parvenu à une percée aussi rapide sans comprendre que les racines de cette réussite n'étaient pas forcément solides. Mélangeant tout, personne, même pas moi, ne pouvait s'y retrouver. Dommage que, ce 19 mai à Monaco, je n'ai pas su ou pu entendre cette morale.

★

Le 2 octobre 1985, telle une intronisation, je découvris pour la première fois le restaurant Chez Edgard à Paris. Tenu par celui qui deviendra un ami, le regretté Paul Benmussa, c'était le haut lieu de la politique et des médias parisiens. Véritable cantine des parlementaires et des journalistes située à quelques centaines de mètres de TF1 et d'Antenne 2, l'établissement était pris d'assaut les mardis, mercredis et jeudis, jours de présence des députés provinciaux à l'Assemblée nationale. Y déjeuner signait « l'appartenance au milieu », manifestation extérieure de la notoriété politique. Mon parcours initiatique atteignait désormais les hautes sphères.

Ce déjeuner n'était sans doute pas innocent puisqu'il arriva après un « shopping » peu courant. Le député du Rhône et moi sortions en effet de la boutique Smalto, célèbre tailleur de la rue François Ier, où nous venions de refaire la garde-robe de l'homme dont les ambitions médiatiques acquéraient une envergure nationale. Tout avait été étudié par le styliste italien. Ainsi, parce que Michel Noir devait porter des lunettes qu'il glissait dans la poche intérieure de sa veste, provoquant une déformation disgracieuse, une poche spécifique fut créée sous l'aisselle préservant la coupe impeccable du costume. Un petit détail essentiel quand tout n'est qu'affaire d'image !

Cette séance de shopping haut de gamme coûta 15 177 F. Une facture réglée par l'une de mes entreprises.

Le travail du couturier italien emportant tous les suffrages, une nouvelle séance d'essayage fut organisée, cette fois en présence de Danielle Noir qui souhaitait choisir les tissus. Une autre sophistication fut apportée par le tailleur : afin de respecter la peau très sensible de Michel, l'ensemble des costumes choisis allaient être doublés de soie. L'homme politique prenait une autre dimension, les factures du couturier aussi : 30 354 F pour le mois de décembre 1985 !

Une fortune que je n'aurais pas dépensée pour moi. Je le reconnais, je perdais la tête. Dans la droite ligne des bases de notre relation, il estimait ces dépenses nécessaires à sa carrière et moi, aveuglé et complice, je payais.

★

Michel Noir devant considérer mon initiation terminée, je commençais à apparaître en pleine lumière. Ainsi, en novembre 1985, il me demanda de mettre à la disposition d'un « ponte » du parti un hélicoptère. À ma grande surprise, ce fut Jacques Chirac que j'accompagnai ce jour-là. Avec Michel Noir, Jean Besson et Alain Mérieux, je conduisis le patron du mouvement gaulliste dans le Beaujolais puis aux laboratoires de l'industriel lyonnais. Pour être franc, j'étais comme les fans des stars de la Formule 1 à Monaco : les yeux écarquillés, je serrai la main du futur Premier ministre, échange que je vécus comme un moment exceptionnel et qu'il ressentit comme une affreuse banalité insipide. D'autant que ce jour-là, nous dûmes forcer le barrage de voitures de police parce que, sans autorisation, nous tentions d'utiliser l'hélisurface de l'hôpital Saint-Luc de Lyon. Pourtant, dès qu'elles découvrirent l'éminent passager de l'appareil, les forces de l'ordre ne relevèrent aucune infraction. Ce premier contact avec le gratin du monde politique me troubla. Était-il normal en effet, après avoir livré un bras de fer avec les autorités de police, que celles-ci obtempèrent à la simple vue de Jacques Chirac ? Je pénétrais un monde où les règles semblaient ne pas exister.

*

Quelques jours plus tard, je fus initié à la pratique des « fausses factures ».

On me sollicita en effet pour solder une facture pour des affiches d'une vieille campagne électorale. Je fus mis en contact avec l'imprimeur qui me proposa une opération fort simple : il allait modifier sa note initiale pour qu'elle devienne une « facture pour impression de documentation » au nom de la société Vivien, en lui joignant un faux prototype supposé être le modèle exécuté. Ensuite il antidatait différents bons de commande afin de valider la chronologie de l'opération. Dès lors, en quelques manipulations, mon entreprise devenait redevable pour une prestation fournie à un homme politique. Comme dans un film américain de gangsters, on m'avait jugé digne d'être initié aux magouilles ! Ce n'est que bien des années plus tard que je comprendrai qu'il ne s'agissait pas d'un honneur, mais d'un attrape-nigaud ! J'étais en effet entré dans un processus qui me dépassait et me liait les mains, puisque rien ne laissait apparaître l'intervention de l'homme politique. Le système était si ingénieux qu'interrogé par le magistrat, je serais incapable de lui apporter la preuve matérielle que près de quinze millions de francs avaient été dépensés en huit ans au profit de mes complices politiques.

*

Toute l'ambiguïté du système réside dans le double fait que les donneurs d'ordres sont des gens « importants » et que ces méthodes semblent bien exister depuis la nuit des temps. Il est vrai aussi qu'à l'époque, les recommandations des uns et des autres allaient de pair avec un sentiment d'impunité. En fait, je ne ressentais aucun « danger » parce qu'à aucun moment je n'avais l'impression de commettre un délit ou de porter préjudice à qui que ce soit. De plus, des sollicitations de hauts personnages donnaient forcément aux chefs d'entreprise appelés à payer le sentiment d'être à l'abri d'une sanction. Si mon mentor m'avait demandé de casser une vitrine, de tuer quelqu'un ou de voler une voiture, j'aurais refusé parce que ma conscience me disait que c'était mal, mais avec des documents de ce type, je n'avais pas le sentiment de commettre une infraction au code pénal.

Aujourd'hui j'ai compris. Notamment que, comme dans tout système frauduleux, il était conçu pour qu'aucune trace n'existe et ne permette d'établir un lien avec le donneur d'ordre. C'est du reste ma qualité de novice et mon « incompétence » en la matière qui permirent à la justice de mettre à jour les faits concernant Michel Noir alors que beaucoup passèrent à travers les mailles. En effet, dans la mesure où je ne trouvais rien d'anormal au procédé, je n'avais pas cherché à cacher ou à maquiller la moindre dépense : toutes apparaissaient noir sur blanc dans la comptabilité de mes sociétés. Ainsi les billets d'avion des uns et des autres étaient inscrits en toutes lettres, accompagnés des noms des passagers, des factures d'hôtel, de dîners débats... À mes yeux, je n'avais rien à cacher.

*

Mais je n'étais informé pour l'instant que d'un seul volet du financement politique. De leur côté, le 15 novembre 1985, Michel Noir et le trésorier de sa campagne des élections législatives de mars 1986, Jean de Cheignon, ouvrirent un compte bancaire au nom du « Comité pour le rassemblement », auprès de la Lyonnaise de Banque à l'agence de Lyon République sous le n° 099 9 43410. De nouvelles structures se mettaient en place, un nouveau palier allait bientôt être franchi.

Inexorablement je m'enfonçais donc dans l'illusion du pouvoir, de la notoriété et de l'impunité. Je ne cessais de travailler dur pour gagner de nombreux clients, faire des kilomètres et gagner un argent que je dépensais en quelques jours. Lentement je perdais pied avec la réalité...

CHAPITRE 7

Muriel

Les courses de F1 se succédaient et à chaque fois, je mettais la barre un peu plus haut. Ayant de moins en moins de temps, je me lançai dans un mélange de genres qui atteignit son paroxysme lors du Grand Prix de France de 1985. Je n'avais en effet pas moins de dix invités venant de tous horizons. Nous logions tous à l'hôtel Byblos de Saint-Tropez.

Au premier soir de notre séjour, marchant le long du port, sous le regard médusé de mes invités, je m'arrête de longues minutes devant un bateau de fabrication italienne. Coup de foudre. À bord se trouvent deux jeunes femmes, une blonde et une brune, la seconde vêtue d'une combinaison rouge, le visage parsemé de petites taches de rousseur, les cheveux longs et noirs, les yeux sombres, la peau mâte. Son attitude est nature : elle m'apparaît immédiatement très vraie, dégageant une énergie impressionnante. Instinctivement, je monte à bord pour converser avec cette étudiante en dentisterie à Bruxelles âgée de vingt et un ans. Soucieux de ne pas perdre le contact tout en préservant mes invités, je convie les deux jeunes femmes et le propriétaire du bateau à nous suivre aux Caves du Roy, la boîte de nuit de l'hôtel.

Alors que je suis avec Tina depuis six ans, je ne l'ai jamais trompée. Je n'avais même pas connu, avant elle, deux femmes. À trente ans, j'avais passé ma vie à me remettre de mes accidents, puis à travailler. Si j'aimais entendre les conseils des femmes et discuter avec elles, mon physique ne m'aidait guère, puisque j'étais terriblement complexé par mon poids, mes lunettes et une timidité que je compensais par le rire et l'argent.

Ce soir-là, alors que nous arrivons dans la boîte de nuit, je tombe sous le charme de Muriel. J'aime tout en elle. Son allure, sa beauté, sa différence, sa force de vie. Pensant que je serais incapable de le lui dire, je décide d'effacer ma satanée timidité en avalant quelques verres. Apercevant un de ces photographes qui traînent dans les lieux de nuit pour prendre des clichés souvenirs, je lui demande d'immortaliser Muriel. Une façon maladroite de lui exprimer ce que je ressens, étant bien incapable de lui dire que j'ai un véritable coup de foudre. Pire, l'alcool, au lieu d'ôter mes inhibitions, m'enlève tous mes moyens.

Dès neuf heures du matin, je file récupérer la photo. La boutique est ouverte mais aucun cliché n'est disponible. Je cours alors vers l'emplacement où se trouvait le bateau, mais il a disparu. Je suis désespéré. Tandis que le premier hélicoptère part pour le circuit, je continue à chercher Muriel à travers tout le port. Et puis, j'aperçois le bateau. Je respire et je monte. Elle n'est plus à bord mais en ville. Je fais partir la deuxième rotation pour le Castellet ; ce qui compte alors pour moi, c'est de revoir ma belle inconnue.

Enfin, je la retrouve. En jean bleu clair, les cheveux noués en arrière, une chemise blanche sur ses épaules, elle est encore plus naturelle, plus vraie, plus forte. Sa démarche à grandes enjambées est inoubliable. Elle est beaucoup plus grande que je ne l'avais vue, beaucoup plus typée aussi. Sous le charme, et alors que je sais que je vais rater le Grand Prix et délaisser mes invités, je lui propose un tour d'hélicoptère. Après beaucoup de réticences, elle accepte. Le tour terminé et tandis que les pales de l'engin ne sont pas encore stoppées, je lui demande comment je peux la joindre. Là encore, avec difficulté, elle me donne un numéro de téléphone que je marque sur un bout de paquet de cigarettes gentiment tendu par mon pilote.

Dès lors, je ne pense plus qu'à Muriel, avec qui je vais vivre huit mois de passion dans une folie permanente.

Muriel étant juive, d'une famille pratiquante ashkénaze de Pologne, je pousse grâce à elle la porte d'un monde encore inconnu pour moi et qui me bouleverse. Parce que je suis catholique, sa famille s'oppose à notre liaison. De fait, chacune de nos rencontres est marquée par sa conviction que notre liaison est vouée à l'échec. Au lieu d'être un échange et un enrichissement, chaque différence devient pour elle la preuve de l'impossibilité de partager les mêmes valeurs. Malgré cette somme de reproches, je vécus avec elle des moments inoubliables.

★

Les élections législatives de mars 1986 approchaient et nous avions de longues conversations sur la politique qui, pour elle, se résumait à un clivage simple. Sioniste ou antisémite. Comme à ses yeux le RPR était le parti de l'antisémitisme, elle penchait à gauche et ne comprenait pas mon engagement. Il me fallait donc lever un nouveau frein. J'espérai y parvenir en participant à un voyage en Israël organisé par M. Hadjenberg alors responsable de Radio J, la radio de la communauté juive, et par Renée Dubeck, proche collaboratrice d'Alain Juppé. Nous accompagnaient dans ce périple Michel Noir et sa femme, Alain Juppé et son épouse d'alors, Patrick Devedjian, le maire d'Antony ainsi qu'Alain Carignon, le futur maire de Grenoble. Mais aussi deux journalistes du *Point*, Michel Colomès responsable de la politique étrangère et animateur de l'émission « Le monde est à vous » sur Europe 1, qui devint un ami, et Catherine Pégard en charge de la politique intérieure.

Pour être honnête, ce séjour ne revêtait pas pour moi la même importance que pour le reste de la délégation. Mais les surprises ne manquèrent pas. Arrivé à l'aéroport Ben Gourion, je fus frappé par l'accueil des militaires en bas de la passerelle de l'avion. Je découvris d'emblée un pays en guerre, effroi que Muriel sentit et qui lui permit de me rappeler notre différence.

Le lendemain, nous partons visiter un kibboutz. Si le confort est sommaire, les informations obtenues sur son mode de fonctionnement se révèlent fort intéressantes. Alors qu'il est prévu d'aller sur le plateau du Golan, Muriel refuse de suivre la troupe, m'expliquant ne guère apprécier l'ambiance pourtant détendue de ce voyage officiel. De ce fait, nous abandonnons la visite, sous les réflexions les regards réprobateurs de nos compagnons, afin d'aller à Eilat lézarder au bord de la mer Rouge.

Notre histoire se poursuivit de façon chaotique, oscillant entre la rupture irrémédiable et la passion irrésistible. Souffrant de ma jambe, je dus me résigner à me faire opérer. Et ce fut sur un lit d'hôpital où j'étais cloué depuis deux semaines que Muriel vint m'apprendre qu'elle avait une liaison et allait me quitter pour épouser un homme qu'on lui avait présenté et qui l'avait séduite. Que pouvais-je faire ?

Mon combat fut acharné, me livrant sans détour pour la récupérer. Mais en vain.

Elle me téléphona le jour de son mariage. Comme cela, à toute vitesse. Elle était en larmes, de bonheur, m'assurait-elle.

*

Lorsque Muriel était venue m'annoncer la fin de notre histoire d'amour sur mon lit d'hôpital, elle avait en fait provoqué, sans que je le sache, un changement dans ma ligne de vie. Comme si un grand aiguilleur avait actionné le levier afin de détourner ma locomotive de la ligne amour vers les voies politique et argent.

En ce printemps 1986, fort de l'adage de mon père qui assurait qu'« il n'y a pas de grande douleur qu'une heure de travail n'apaise », je me mis à travailler d'arrache-pied pour la réussite de Michel Noir. Ayant perdu mes illusions d'enfance, j'allais malgré moi et à cause de moi m'en créer d'autres.

CHAPITRE 8

Monsieur le ministre

La campagne des élections législatives de mars 1986 battait son plein. Le Président Mitterrand avait changé les règles du jeu : contrairement aux scrutins précédents, les Français allaient élire leurs députés à la proportionnelle par l'intermédiaire d'une liste établie au niveau départemental. Un seul tour donc pour ces élections. Dans le Rhône, la division de l'opposition est à son comble et une liste RPR affronte une liste UDF.

La situation politique du moment a son importance. Les prochaines élections présidentielles devant se tenir deux ans plus tard, en gagnant les législatives la droite espérait bien voir s'ouvrir devant elle un boulevard vers l'Élysée. Par conséquent, les relations étaient à couteaux tirés entre les gaullistes, pour lesquels la candidature de Jacques Chirac était d'ores et déjà acquise et l'UDF, qui souhaitait avoir un rôle à jouer et présenter un candidat. Or le leader naturel de cette formation était l'ancien

Premier ministre Raymond Barre, par ailleurs tête de liste UDF dans le Rhône. Un scrutin qui avait donc pour lui un enjeu national.

Michel Noir, en tant que responsable RPR du département, fut de son côté laissé entièrement seul par les instances nationales. Car un autre enjeu se jouait dans la cité des Gaules : si la liste RPR devançait celle de l'UDF, en place depuis des années dans le département, Raymond Barre serait définitivement marginalisé, mais Noir prendrait une envergure nationale et pourrait concurrencer Jacques Chirac. Si, au contraire, Michel Noir échouait, ne l'ayant pas soutenu, on ferait passer sa défaite pour personnelle, ce qui permettrait à Chirac de remettre à sa place à moindre frais ce grand escogriffe qui commençait à lui faire un peu d'ombre.

★

Le quartier général de la soirée électorale avait été installé à l'hôtel Novotel de Gerland. Signe de l'évolution de mes rapports avec Michel Noir, c'est chez lui que je passai le dimanche du scrutin. À douze heures, le novice en technique électorale que j'étais découvrait aux côtés d'un expert les premiers chiffres de participation. Bureau de vote par bureau de vote, la tendance était étudiée et permettait de vérifier si les « sympathisants » s'étaient bien mobilisés. Un chiffre qui autorisait d'ailleurs tellement de supputations que je ne comprenais pas l'ensemble des explications données par Michel Noir.

Le repas familial se déroula dans l'ambiance et le rite habituels, la sonnerie du téléphone venant seule perturber la sérénité coutumière du déjeuner dominical. Après une courte sieste, le candidat repartit pour une tournée des bureaux de vote, achevée vers dix-huit heures.

De retour à la maison, c'est Jérôme Jaffré, à l'époque pape des enquêtes d'opinion, qui lui communiqua ce que l'on appelle en jargon politique un « sondage sortie des urnes ». Celui-ci, réalisé à l'échelle nationale, donnait la droite victorieuse, mais de justesse. Là encore Michel me démontra par A plus B que ces chiffres, obtenus en questionnant les électeurs à la sortie des bureaux de vote, possédaient une réelle fiabilité.

À vingt heures, clôture des bureaux de vote. J'accompagnai Michel jusqu'au QG de la soirée électorale, flatté d'être cette fois-ci admis à l'intérieur de la pièce dont l'accès m'avait été refusé en 1983 lors de la défaite des municipales. L'ambiance était lourde et l'équipe réduite puisque seuls étaient présents son épouse, son attaché parlementaire, le responsable de la permanence de la place des Terreaux, Michel Noir et moi. Nous attendions les résultats tout en regardant les différents plateaux télé organisés par les grandes chaînes nationales qui annonçaient les premiers élus. Michel, tête de liste, était assuré de retrouver son siège, mais l'enjeu se révélait bien plus important : qui, du RPR ou de l'UDF, remporterait le plus grand nombre de voix dans le département du Rhône ? Les commentateurs affirmaient que un député RPR constituerait un échec pour Michel ; que deux élus serait un bon score vite récupéré par les instances nationales ; mais que trois sièges emportés par le mouvement gaulliste représenteraient une victoire inouïe,

Noir devenant alors le tombeur de Barre et prenant une véritable dimension politique.

Dès vingt heures trente, les premiers résultats arrivèrent. Très vite, nous eûmes la certitude d'obtenir deux députés. Un réel exploit dans ce fief UDF ! Michel Noir jubilait. Lorsque le dépouillement des bulletins sur Lyon intra-muros arriva, ce fut un véritable raz de marée. Michel Noir écrasait l'ancien Premier ministre et le RPR gagnait trois députés à Lyon ! Un camouflet pour l'UDF et une victoire pour celui qui, en 1980, avait pris le pari de redresser un parti gaulliste moribond dans la cité des Gaules. En revanche, les résultats nationaux n'étaient pas bons. La victoire de la droite s'avérait très courte et la majorité plutôt faible. Dès lors, Michel Noir apparut comme l'un des rares hommes d'envergure à avoir « gagné ».

Le lendemain, j'assistai à l'analyse du scrutin bureau par bureau à travers laquelle Michel Noir montrait une connaissance exceptionnelle de sa ville. Il tirait seul et immédiatement les leçons de chaque chiffre. Dans tel quartier il estimait qu'il faudrait être plus présent, que tel autre lui semblait totalement acquis ou complètement perdu. Chaque information semblait rejoindre la masse des données qu'il avait accumulées depuis des années pour atteindre son unique objectif : gagner les prochaines municipales. Je compris ce jour-là que l'on ne s'improvise pas homme politique : c'est une fibre que l'on a en soi.

Le même jour, Jacques Chirac fut nommé Premier ministre.

*

Le lendemain alors que je reprenais mes activités industrielles, Anne-Valérie m'appela pour me dire que son père allait être nommé « Ministre ». Elle ne connaissait pas le portefeuille qui lui serait confié puisque les tractations allaient bon train et que l'on parlait du Commerce ou de l'Industrie, mais la nouvelle comblait le père de famille. Sur l'instant, je trouvai surprenant que Michel ne m'en parle pas lui-même, mais sans doute était-il, comme moi, superstitieux !

Je me trouvais à Avignon lorsque Danielle me téléphona à son tour : « Pierre, c'est Danielle. Regarde la télévision, ils vont annoncer les membres du gouvernement. »

Me précipitant sur le premier poste à ma portée, je vois l'image du perron de l'Élysée. Tous les journalistes attendaient quand le commentateur annonça l'arrivée imminente de je ne sais qui chargé de livrer la liste des membres du gouvernement avec les postes qui leur étaient attribués. L'homme arriva enfin et entama sa litanie. Je me sentais fébrile en attendant le nom de mon ami. Alors la voix annonça :

« Michel Noir, ministre délégué auprès du ministre de l'Économie et des Finances, en charge du Commerce extérieur. »

Fantastique. Michel était « ministre ».

Je téléphonai à la maison où Danielle me renvoya sur la permanence en me disant :

— Appelle-le, cela lui fera plaisir.

Immédiatement, je m'exécutai afin de féliciter celui qui se croyait perdu pour la politique voilà seulement trois ans. L'accueil fut chaleureux : Michel était heureux, je l'entendais à sa voix. Il termina la conversation en me demandant de monter à Paris avec lui le lendemain pour son premier Conseil des ministres. Flatté comme un paon qui fait la roue, j'annulai sur-le-champ tous mes rendez-vous.

*

Le lendemain matin, je retrouvai Michel vers sept heures trente à l'aéroport de Lyon-Satolas afin de prendre le vol de huit heures cinq.

Tout avait déjà changé. À notre arrivée au guichet d'enregistrement, une hôtesse nous informa que le chef d'escale allait nous accompagner dans une salle d'attente spéciale et qu'un pré-embarquement serait organisé pour nous. Je ne comprenais pas bien de quoi il s'agissait quand déjà, la personne en question se présenta. Nous passâmes sans vérification le portique d'accès à la salle d'embarquement, salués respectueusement par les policiers en faction. De nombreux passagers présents dans la salle vinrent féliciter Michel, tous usant de la même phrase révérencieuse : « Monsieur le ministre ». De mon côté, je restai en retrait sans rien dire, observant ce manège plutôt comique. On nous fit entrer dans une petite salle en nous proposant un café ou des journaux, notre accompagnateur souhaitant manifestement échanger quelques mots avec le nouveau promu. Après quelques banalités, il nous laissa enfin seuls. J'en profitai pour éclater de rire et me moquer du nouveau surnom de mon copain : « Monsieur le ministre », qui me semblait tellement ridicule ! La réponse de Michel Noir fut éloquente :

— C'est l'usage républicain. Tu ne respectes rien. La République c'est important. De plus, c'est un titre que je garderai jusqu'à la fin de mes jours !

Ah bon.

Le fameux pré-embarquement consistait à nous faire entrer dans l'avion avant tout le monde pour nous installer au premier rang, ce qui devait être considéré comme un privilège, bien que je n'en aie toujours pas compris l'avantage. En fait, tous les passagers défilaient devant nous en nous dévisageant.

Durant le vol, Michel me fit lire les articles qui le concernaient et les portraits que les journaux lui consacraient, heureux d'appartenir à une nouvelle génération qui, pour la première fois, accédait au pouvoir. Entre deux sujets de conversation au cours desquels je me fis remettre en place assez régulièrement, n'étant pas « au fait du séisme politique que la France allait vivre », je demandai au « ministre » si notre arrivée avait été préparée. Comme Jacques Chirac avait convoqué l'ensemble du gouvernement à l'Hôtel de Ville de Paris pour préparer le premier Conseil des ministres de cohabitation, j'estimai qu'il ne fallait pas perdre de temps. Michel me regarda de haut et m'asséna, avec un brin de condescendance goguenarde :

— Mais voyons, tout est prévu par les VO.

— Qu'est-ce que c'est, les VO ?

— À présent je suis ministre et la République met à ma disposition ses structures. Or VO, c'est une abréviation pour le service des Voyages officiels. Ce sont eux qui prennent en charge l'ensemble des déplacements des personnalités officielles du pays.

— Et comment vont-ils te reconnaître, les VO ?

La réponse fut un simple haussement d'épaules. Je me tus. Il devait savoir mieux que moi.

Logiquement, nous débarquâmes les premiers de l'appareil. Et Michel marcha d'un pas décidé pour rejoindre le hall d'arrivée au plus vite. Là, il jeta un rapide regard alentour pour trouver la personne censée l'attendre. Mais il ne vit rien. Le gros des occupants de l'avion nous dépassa pour se ruer sur les taxis tandis que nous attendions.

— Vous vous êtes donné un point de ralliement ?, risquai-je.

— Ils devaient être à la sortie de l'appareil. Mais à Paris, il y a beaucoup d'embouteillages. Ils ont dû avoir du retard, conclu Michel, péremptoire mais déjà beaucoup moins sûr de lui.

— Tu sais, lui dis-je, si nous devons prendre un taxi, on ferait mieux d'y aller maintenant parce que comme tout l'avion a débarqué, il doit y avoir une queue terrible.

Michel haussa les épaules, ne pouvant imaginer que les fameux VO aient laissé sur le carreau un nouveau représentant de l'État. À la fois amusé et ennuyé car je ne voulais pas qu'il arrive en retard, je lui proposai de faire quelques pas. Peut-être les VO attendaient-ils à la sortie de l'aérogare ? Têtu, il préféra patienter dans le hall. Sortis à toute vitesse, nous avions désormais l'air franchement ridicules.

Comprenant enfin que quelque chose ne tournait pas rond, le ministre m'envoya en éclaireur chercher les fameux VO.

— Quelle voiture dois-je chercher ?

— Je ne sais pas. Il doit y avoir un chauffeur et une cocarde.

Je cherchai donc en haut, en bas, aux arrivées, aux départs : il n'y avait évidemment pas plus de voiture de ministre que de char d'assaut. Je rejoignis Michel et lui demandai :

— Tu as un numéro de téléphone où nous pourrions appeler ? Parce que je te signale que la queue aux taxis est terrible et que tu vas finir par être en retard.

— Ce n'est pas possible, ils sont certainement là. Il doit y avoir un endroit bien précis où les attendre et nous ne le connaissons pas, c'est tout, asséna-t-il, de plus en plus énervé.

Nous nous dirigeâmes jusqu'à la sortie de l'aérogare quand Michel aperçut une R25 bleue munie d'une cocarde et d'un chauffeur. Sa réaction fut alors immédiate et agacée :

— Tu n'as pas regardé, s'énerva-t-il. Tu étais tellement persuadé qu'ils n'étaient pas là que tu ne les as même pas vus.

Alors, sous son regard accusateur et pesant, je m'avançai vers le véhicule et interrogeai le chauffeur.

— Pardon, êtes-vous le chauffeur qui doit récupérer Michel Noir ?

— Qui ?

— Michel Noir, le nouveau ministre du Commerce extérieur ?

— Non, pas du tout. Je suis le chauffeur d'un sénateur

et je ne connais pas le nom que vous venez de me donner.

Rapportant à Michel ces propos et commençant à me demander pourquoi il était si sûr d'avoir un comité d'accueil, il sortit un fax émanant du service des « Voyages officiels » où il était précisé qu'une voiture l'attendrait avec son chauffeur et l'officier de police chargé de sa sécurité. À la lecture du texte, je ne pus m'empêcher d'ironiser sur le caractère peu utile du « garde du corps » quand on connaît la carrure de Noir, ainsi que sur le fait qu'apparemment, la sécurité d'un ministre ne commence qu'à l'intérieur de la capitale ! Je lui suggérai de contacter le numéro figurant sur l'en-tête, mais Michel me demanda de le faire à sa place. Je lui fis remarquer que, n'ayant aucune fonction officielle, le service en question risquait de m'envoyer promener. Il me dit alors de me présenter comme son « conseiller personnel ». Ce titre, né en cet instant précis, évolua par la suite pour d'autres missions délicates en « conseiller spécial ». Aucune carte, aucun texte, aucune parution au journal officiel ne vint jamais asseoir cette « nomination », seulement accréditée pour l'entourage comme pour mes interlocuteurs par ma proximité évidente avec le ministre.

Mon correspondant aux fameux Voyages officiels, surpris que le jeune ministre ait déjà un « conseiller personnel », se confondit en excuses. Lorsque le chauffeur et l'officier de police étaient allés chercher la voiture au ministère du Commerce extérieur, le prédécesseur de Michel Noir, Édith Cresson, avait refusé de la leur rendre ! Il avait donc fallu dénicher un nouveau véhicule qui était pris dans les bouchons ! Sans demander son avis à Michel, j'expliquai que nous nous chargerions de rallier l'Hôtel de Ville, mais qu'il fallait impérativement que le véhicule soit présent au sortir de la réunion.

Mon premier avis sur les us et coutumes de la République était forgé : beaucoup de grands mots, mais peu d'efficacité.

Après de longues minutes d'attente dans la file des taxis, nous montâmes enfin dans une Mercedes grise et demandâmes au chauffeur de nous conduire à l'Hôtel de Ville de Paris. Mais dès l'entrée sur l'autoroute, celui-ci ne dépassait pas le soixante kilomètres à l'heure. N'y tenant plus, Michel Noir me demanda d'intervenir, comme si lui-même n'avait plus sa langue ! Je tentai alors d'expliquer au conducteur que nous devions être rapidement à une réunion très importante. Mais avec beaucoup de calme et ne semblant pas comprendre le français, il me montra un voyant jaune au tableau de bord : sa Mercedes chauffait et il ne pouvait aller plus vite. À cette allure, il était évident que le nouveau ministre serait en retard pour son premier rendez-vous avec la République.

Comme si tout cela ne suffisait pas, le destin fit une nouvelle fois des siennes quand, quelques kilomètres plus loin, le taxi s'immobilisa sur la bande d'arrêt d'urgence. Le chauffeur sortit du véhicule, ouvrit le capot et farfouilla dans le moteur. Michel Noir, resté à l'intérieur, suivait les opérations par la fenêtre ouverte. Notre chauffeur ne parlait plus, mais nous fit signe de sortir de la voiture. Panne générale. Pire, borné, l'homme refusa d'appeler un autre taxi par la radio.

Voilà donc le nouveau ministre et son conseiller personnel arpentant à pied la bretelle d'autoroute en tentant de faire du stop ! J'ironisai sur la situation, ne trouvant rien d'autre à faire que de rire de tout cela en dissertant sur les ministres qui partent avec leur voiture et l'efficacité des VO. Mais Michel, lui, n'était plus d'humeur à plaisanter. Devant sa mine renfrognée et trouvant le temps long, je finis par le tenir pour responsable et lui demandai de trouver une solution. Alors il eut cette phrase fantastique empruntée à Louis de Funès dans *La Folie des grandeurs* :

— Mais je suis ministre, je ne sais rien faire !

Finalement dans tous ces déboires nous eûmes de la chance, puisqu'un taxi s'arrêta et nous conduisit à temps à l'Hôtel de Ville. Mais son ministère, pour un début, commençait vraiment avec de sérieux ratés !

⋆

Après la réunion, Michel m'emmena dans sa voiture officielle, enfin retrouvée, visiter son ministère et prendre possession de son nouveau bureau. Chauffeur, garde du corps, cocarde et gyrophare amovible sur le toit, j'étais sincèrement impressionné par son nouveau statut. Arrivés devant l'immeuble du quai Branly, l'officier de police nous fit entrer par une porte dérobée munie d'un digicode. Le ministre me demanda d'en noter le numéro et me conseilla de toujours passer par là lorsque je viendrais le voir. J'avoue que j'étais fier de compter parmi les quelques personnes connaissant cette entrée. D'autant que ce simple geste suffit à informer tout le personnel du ministère de mon degré d'intimité avec le nouveau patron. Petit détail qui, accumulé à d'autres, m'ont permis sans avoir le moindre titre officiel et n'étant dans aucun organigramme d'assumer officiellement la position d'un titre officieux.

Simplement spacieux et muni de grandes fenêtres ouvrant sur la Seine, le bureau du ministre n'avait rien d'extraordinaire. Une petite porte donnait toutefois sur un accès direct à la secrétaire, laquelle, dans les premières semaines, se révéla être un véritable cerbère refusant à toute autre personne qu'elle-même l'accès à l'agenda du ministre. Elle était assistée de deux autres personnes faisant office de premier filtre. De filtre en filtre, je m'aperçus rapidement qu'aucune information importante ne parvenait jusqu'au ministre. Or pour Michel, il ne fallait surtout pas couper les ponts avec la base électorale lyonnaise. Sans m'en rendre compte, tout ce que je représentais, mon amitié avec le ministre, notre connivence affichée et mon étrange statut, gênait l'ensemble des membres du cabinet. Sans fonction officielle, je bénéficiais pourtant d'un contact direct, immédiat et franc avec le ministre. En outre, mon attitude naturelle, mes tenues vestimentaires, mon langage et ma volonté de servir la carrière de Michel Noir plutôt que sa fonction, déplaisaient fortement. Beaucoup ne comprenaient pas qu'un homme comme moi, jeune et n'ayant pas fait d'études supérieures, puisse peser d'un quelconque poids sur celui qu'ils envisageaient déjà comme leur pion. Je reconnais d'ailleurs volontiers que notre intimité déréglait le fonctionnement de la machine bien rodée qu'est un ministère et que son agenda échappait souvent à son secrétariat, pourtant formé tout exprès à cette fonction.

Certaines figures imposées ne plaisaient pas. Ainsi,

tous les mercredis, après le Conseil des ministres, nous déjeunions ensemble. Alors que le ministère disposait d'une salle à manger, je préférais un restaurant que nous choisissions au dernier moment, ne permettant pas à la voiture et aux services de sécurité d'étudier l'itinéraire. Souvent aussi, j'emmenais l'homme politique dans mon propre véhicule, sans officier de police ou chauffeur et sans en informer quiconque. Or un ministère est une structure entièrement dédiée à l'occupation du ministre. Les hommes passent, mais les structures, elles, perdurent. Il convient donc de distraire le ministre pendant que la structure prend l'ensemble des décisions pour lui et en son nom, sans que jamais il ne s'en aperçoive ! Ainsi l'agenda est-il un enjeu considérable et rempli d'un mois sur l'autre de rendez-vous non pas accordés par le ministre, mais décidés pour lui par les services. M'expliquant l'animosité que certains de ses collaborateurs me témoignaient sans vergogne, Michel Noir me dit un jour :

— Tu sais, Pierre, en agissant ainsi tu me sors de la bulle qui est censée tout diriger et tout savoir pour moi. Or il faut que tu saches que l'information c'est le pouvoir.

Mais à l'époque ces notions étaient bien éloignées de mes préoccupations. À vrai dire, tout cela me dépassait un peu.

*

Le 8 mai 1986, me trouvant à Cannes avec une bande de joyeux drilles, je reçus un coup de fil de Michel Noir. Au ministère, attendant les cérémonies de commémoration, il s'ennuyait. Il voulait aller déjeuner chez Lipp, une de ses tables préférées, et réclamait vivement que je l'accompagne. J'eus beau lui expliquer être sur la Côte d'Azur, il n'en démordait pas : je devais être avec lui. Tous les avions étant complets, j'assortis ma venue à la nécessité pour lui de me trouver une place pour redescendre à Nice le soir même. Heureux de voir son vœu exaucé, il m'assura que ce serait fait sans problème. Comme un amoureux fidèle à qui sa belle demande un service, je laissai donc là tous mes amis et sautai dans un avion pour aller déjeuner avec lui. À mon arrivée, sa voiture officielle m'attendait à l'aéroport pour me conduire au ministère. N'ayant pas pris le temps de me changer, j'arrivai en jean et baskets, vêtu d'un tee-shirt blanc frappé du slogan « dirty girl ». Le personnel de permanence écarquilla les yeux et n'en revint pas.

Alors que le secrétariat cherchait ma place d'avion, le ministre choisit de profiter de l'absence de ses conseillers pour me faire visiter les bureaux des uns et des autres. Je découvris alors les noms et fonctions de tous ceux qui travaillaient avec lui. De retour dans le bureau du secrétariat particulier, Noir regarda le bac contenant les courriers auxquels il fallait répondre. Quelle ne fut pas sa surprise de trouver des missives remontant à sa nomination écrites par des électeurs de sa circonscription qui n'avaient toujours pas reçu de réponse. La secrétaire fut « mutée » et remplacée par la jeune femme de permanence en ce jour férié, laquelle accompagna ensuite l'homme politique jusqu'à son dernier mandat de maire de Lyon. À quoi tient une situation !

Après notre déjeuner, Michel Noir ayant besoin de sa voiture, c'est son officier de police judiciaire qui, se mettant au milieu de la rue devant le ministère, brandit une carte bleu blanc rouge et arrêta un taxi auquel il somma de m'emmener à Orly. Tous les sièges ayant été attribués, la collaboratrice avait demandé à Air France la liste des passagers vers Nice. Elle s'aperçut que Claude Malhuret, secrétaire d'État aux Droits de l'homme, était sur le vol avec son officier de police judiciaire. De secrétaire à secrétaire, puis de chef de cabinet à chef de cabinet et enfin de ministre à ministre, il fut décidé que je prendrais la place du garde du corps. J'appris tout cela au pied de l'avion, de la bouche même de ce membre du gouvernement qui se demandait qui pouvait être cette importante personne pour laquelle on remuait ciel et terre.

Je rentrais doucement dans un monde où tout était autorisé, surtout les choses interdites ou impossible au commun des mortels !

Lors de notre déjeuner chez Lipp, j'avais raconté au ministre l'ambiance cannoise. Évidemment, je lui avais donné envie de venir sur la Côte d'Azur. Immédiatement, il voulut s'y rendre, « en visite privée » dès la semaine suivante, pour ce qui serait notre premier festival de Cannes.

★

Nous partîmes en hélicoptère de l'aéroport de Lyon-Bron pour le Sud, enchantés par avance des moments que nous allions vivre. Mais de discussion sur le cinéma en palabres sur la politique, nous nous perdîmes, erreurs qui arrivent beaucoup plus souvent qu'on ne le croit avec ce type d'engin. Pour s'en sortir, une seule solution : essayer de trouver un point de repère. Or il fallait faire vite car à deux cents kilomètres à l'heure, l'erreur pouvait se transformer en véritable catastrophe ! En désespoir de cause, nous diminuâmes notre altitude pour aller scruter... les panneaux routiers.

À l'approche de l'aéroport de Cannes-Mandelieu, il voulut éviter les bouchons du festival en demandant l'autorisation de nous poser à la pointe de la Croisette sur l'hélistation du Palm Beach, opération toutefois rarement permise. Le pilote me laissa entamer les négociations avec la tour de contrôle et à ma grande surprise, l'accord fut presque instantanément donné. Dans la foulée, je demandai que notre voiture de location nous attende là-bas.

Du ciel nous aperçûmes un attroupement de véhicules, de képis et d'autorités diverses cernant la zone d'atterrissage. Visiblement on attendait une star ou une sommité. Par radio, je signalai notre intention de nous poser et demandai si nous n'allions pas gêner l'arrivée de la personnalité. Le contrôleur m'assura que tout allait bien et que « nous étions attendus », sans plus de précisions. Je me tournai alors vers Michel Noir :

— Tu as prévenu quelqu'un de ta venue ici ?

— Non, j'ai juste informé ma secrétaire et mon chef de cabinet au cas où ils voudraient me joindre pour une urgence.

Soit.

Quand nous nous posâmes, alors que les pales de l'hélicoptère tournaient encore, je descendis à toute vitesse pour régler les formalités avec la société de location de la voiture, une petite Opel blanche sans prétention ayant été réservée. Tout à mon affaire, je ne m'aperçus pas que le sous-préfet s'approchait de moi.

— Excusez-moi, monsieur, le ministre est bien à bord ? me demanda-t-il.

Pensant que le haut fonctionnaire attendait François Léotard, alors ministre de la Communication venu pour la soirée de gala, je répondis que non. Surpris, mon interlocuteur me dit alors :

— Mais... vous êtes bien Pierre Botton ?

— Oui.

— J'attends l'hélicoptère immatriculé F.BLTS. Michel Noir, ministre du Commerce extérieur est à bord, Lyon-Bron m'a confirmé son départ.

— Je m'excuse, mais je pensais que vous attendiez le ministre de la Culture. Michel Noir est bien à bord. Je vais le prévenir que vous êtes là.

Je filai vers l'appareil où Michel prétexta devoir ranger ses affaires éparpillées dans le cockpit et me demanda d'expliquer aux autorités qu'il était en visite privée, n'avait rien demandé à personne et souhaitait qu'on le laisse tranquille. Délicate mission. Je retournai alors voir le sous-préfet afin de lui expliquer la situation. Hélas, celui-ci ne voulut rien entendre : le chef de cabinet ayant prévenu de la présence du ministre dans la région, la République s'était mise en mouvement. Comme tout membre du gouvernement devait être protégé et que la circulation était dense, son devoir lui imposait de fournir ce qui était prévu par les procédures. Je refis alors un aller-retour vers Noir à qui je suggérai de résoudre lui-même le problème. Pas vraiment content, il déplia sa grande taille en direction du sous-préfet et montrant l'Opel blanche, lui expliqua que tout était déjà prévu. Mais le représentant de l'État déploya des trésors de civilités pour lui faire comprendre qu'au cas où un accident surviendrait, il serait désigné comme unique responsable et qu'il ne tenait pas à courir ce risque. Il proposa donc de discuter sereinement de tout cela à l'hôtel dont il connaissait déjà le nom et ouvrit la portière arrière de sa voiture de fonction pour laisser passer le ministre. Tête de mule, celui-ci refusa de s'installer dans le véhicule officiel et m'aida à charger les bagages dans l'Opel. Un cortège pour le moins cocasse se mit donc en branle. Avec un véhicule prévu pour le ministre et le sous-préfet, un autre banalisé dit « voiture suiveuse », un troisième pour les bagages et les « accompagnateurs », deux motards de la gendarmerie ouvrant la route, une voiture de police en tête d'escorte et... la minuscule Opel de location où Michel s'installa avec son épouse ! Et c'est toutes sirènes hurlantes que nous longeâmes la Croisette !

Comme toute personne à qui cela arrive pour la première fois, je trouvai plutôt amusant d'être au milieu de ce cortège et de griller les feux, une sensation qui pourtant se changera en répulsion lorsque, quelques années plus tard, c'est en fourgon cellulaire que je serai escorté de la sorte.

Même si Michel Noir ne le montrait pas, il appréciait tout autant que moi de filer à vive allure et d'éviter les bouchons en passant devant une rangée de policier répartis tout au long du parcours afin d'écarter les voitures récalcitrantes. Mais quand nous arrivâmes à hauteur d'un gros carrefour, l'un des policiers en faction décida avec autorité de faire stopper l'intrus en Opel blanche qui avait osé s'infiltrer sans vergogne dans le cortège. Méprisant le danger, il se planta alors sur mon flanc et, de plusieurs coups de sifflets très rapides, m'ordonna de me ranger sur le côté. J'essayai de lui faire comprendre que nous appartenions au défilé, mais sûr de son fait, il refusait de comprendre mes gestes. Le ministre, voyant les risques que ce fonctionnaire prenait, me suggéra d'obtempérer. Et logiquement, nous imitant, tous les véhicules du cortège s'arrêtèrent au milieu du carrefour ! La voiture suiveuse se rangea sur le côté tous gyrophares allumés, comme dans les films américains. Le policier zélé se trouva alors entouré d'une foule de fonctionnaires tentant de lui faire comprendre à mi-voix qu'il venait d'arrêter le ministre en personne. Lorsqu'il comprit sa méprise, avec la même énergie, il décida de remettre en route le cortège. En un instant, de suspect prêt à se faire verbaliser, nous étions devenus ceux qui pouvaient tout se permettre. Comme dit le proverbe « suivant que tu seras puissant ou misérable... ».

Ce fut donc un cortège impressionnant qui arriva sous le porche du palace. Le temps de remplir les formalités à la réception, Michel Noir eut même l'occasion de signer un autographe.

— La notoriété arrive ! Tu es devenu une star, lui dis-je en souriant.

— Elle m'a confondu avec Christopher Reeve, monsieur Superman ! rit-il. Mais je le lui ai signé pour ne pas la décevoir.

Le sous-préfet et le responsable des RG locaux montèrent avec nous dans l'ascenseur et profitèrent de la promiscuité pour essayer de convaincre le ministre d'accepter des gardes du corps. Tous les arguments étaient bons : la volonté de respecter les us et coutumes, les reproches que ne manquerait pas de leur faire le ministre de l'Intérieur en cas de problème, la présence de la foule qui permettait toutes les suspicions, la facilité pour accéder aux soirées et permettre le passage, mais Michel Noir ne cédait pas. Arrivé sur le palier de notre chambre, il renouvela avec fermeté son désir d'être laissé tranquille. Devant ce énième refus, les deux officiels me demandèrent de les rejoindre dans le hall dès notre installation terminée. N'ayant toujours aucune fonction ni aucun titre, c'était sans doute mon côté « gentil organisateur » qui les incitait à me faire prendre en charge ces problèmes !

Compte tenu de notre réservation tardive, nous n'avions pas eu le choix : la chambre réservée était en fait une suite au dernier étage du palace, sur le côté gauche de l'hôtel. Elle possédait un vaste salon donnant de part et d'autre sur deux chambres, l'une avec vue sur la mer en pleine face que je laissais à Michel Noir et son épouse, l'autre sur rue. Lentement, insidieusement j'acceptais donc de plus en plus d'être celui qui payait, organisait, accompagnait, me mettant sans qu'on me le demande dans une position d'infériorité et de dépendance affective.

Une fois les valises déballées, endossant parfaitement le rôle de conseiller personnel, je descendis parlementer avec les autorités. En fait tout était déjà ficelé : un garde du corps stationnait devant la porte et deux officiers de police devaient servir d'escorte dès que nous sortirions de l'hôtel. Là encore, au lieu de laisser les uns et les autres se débrouiller entre eux, on me demanda de « vendre » au ministre le dispositif. On me demanda d'assurer au membre du gouvernement que les policiers seraient discrets et qu'une voiture officielle resterait à sa disposition durant tout son séjour. Au cas où un problème grave surviendrait, je me vis même confier le numéro d'une ligne rouge. De retour dans la chambre, je vis Michel Noir en train d'enfiler le magnifique smoking noir qu'il avait fait confectionner chez le tailleur italien de la rue François Ier. Le rythme des achats chez Smalto s'était d'ailleurs accéléré avec ses nouvelles fonctions, puisque entre le 7 mars et le 14 mai 1986, soit en deux mois, j'acquittai pour 71 177 F de costumes. Mais après tout, je n'ai qu'à m'en prendre à moi-même, Michel Noir ne m'ayant jamais contraint par la force à signer ces chèques.

Je lui expliquai donc sommairement les desiderata des autorités. Comme souvent, il me reprocha d'avoir cédé. Néanmoins, déguisés en pingouins pour accéder aux prestigieuses marches du palais des Festivals, il était évident que l'appui d'une voiture officielle était indispensable pour tenir les délais. Le ministre et son épouse prirent donc place dans une limousine noire avec chauffeur et officier de police, tandis que je montai dans la voiture suiveuse avec les « gros bras ». Un court déplacement qui me permit d'entendre la radio qui répercutait les propos des motards ouvrant la route et d'apprendre ainsi que le ministre est surnommé « autorité », que les motards quand ils veulent faire avancer la voiture disaient qu'ils la « tirent » et que leurs messages passent de « renard » à « épervier ».

À notre arrivée en bas des marches, ce fut le branle-bas de combat. Tout était magique et irréel : le tapis rouge, les flashs des photographes, la montée sous les cris de la foule. Dans la salle même, nous côtoyâmes des stars. Michel Noir fut placé au premier rang, dans la loge officielle. À la fin de la projection, une nouvelle surprise cocasse nous attendait. Parmi les policiers chargés de la protection de « l'autorité », se trouvait une jeune femme minuscule dont la taille surprenait à côté de Michel : il y avait plus de quarante centimètres d'écart entre eux ! De bonne humeur, le ministre lui demanda :

— C'est vous qui me protégez ou l'inverse ?

— Je suis ceinture noire de judo, quatrième dan et championne de tir au pistolet, lui rétorqua-t-elle en souriant.

Refusant la voiture, le ministre souhaita revenir à l'hôtel, distant de quelques centaines de mètres, à pied, l'équipe de protection nous suivant avec une discrétion à toute épreuve. Michel exprima ensuite le souhait de se changer puis d'aller manger une pizza. Nous dûmes user d'un stratagème pour déjouer le protocole de surveillance. Après avoir fait croire que nous allions nous coucher, suivant un scénario établi, nous éteignîmes les lumières, quittâmes nos smokings pour revêtir des tenues décontractées et vérifiâmes à plat ventre sur le balcon que la voie était libre. Puis, nous descendîmes par l'escalier de service et sortîmes par l'arrière de l'hôtel. Alors que nous riions de notre bonne blague et des incapacités des services officiels, une main me tapa doucement sur l'épaule :

— Monsieur Botton, si vous avez besoin de quoi que ce soit, nous sommes là.

Et nous nous retrouvâmes nez à nez avec les officiers de police !

Le lendemain, sur ordre du ministre, je pris contact avec les RG et la préfecture pour demander que le service soit allégé et adapté à la demande du ministre. Au téléphone, il me semblait que l'on avait compris ma demande. Dans un esprit de collaboration, je prévins de notre intention d'aller déjeuner dans un restaurant à Antibes. Vers treize heures, nous sortîmes de l'hôtel pour trouver les mêmes hommes et le même nombre de voitures ! Une modification tout de même : les voitures étaient banalisées, les officiers de police et les motards en tenue décontractée : blousons de jean, baskets, chemises ouvertes. Michel et moi éclatâmes de rire.

De ce week-end cannois nous retînmes une leçon : le ministre n'aviserait plus jamais son cabinet ou sa secrétaire de nos déplacements privés.

⋆

Dans la foulée du festival, Michel rejoignit Paris en réalisant pour la première fois un « bord à bord ». Parti à six heures du matin pour prendre l'avion de six heures trente, l'hélicoptère se posa à l'aéroport de Nice sur le poste de stationnement le plus proche possible de l'avion de ligne. Les passagers médusés assistèrent à ce transfert hors du commun. C'est tout un système qui était alors complice : les autorités, les rouages... Par griserie, nous acceptâmes, pensant que tout cela était habituel. Je ne suis pas sûr que tous les complices de cette époque folle en aient retenu la leçon. En vérité beaucoup de ceux alors en place et qui y sont toujours, pensent que nous avons été bien sots de nous faire prendre.

*

Le mélange des genres associant détente, politique, amitié, travail, cadeaux continua. Chaque semaine Michel Noir construisait lentement sa stratégie pour acquérir tous les atouts en vue de l'élection municipale lyonnaise. À ses côtés j'apprenais. Alors qu'il devait utiliser au maximum sa nomination pour asseoir sa crédibilité sur la capitale des Gaules, il devait toutefois affronter un problème majeur : l'incompréhension totale existant entre les cabinets parisien et lyonnais. Il régnait en effet une guerre larvée entre les deux. Les collaborateurs parisiens avaient le sentiment d'être supérieurs aux autres, d'avoir une légitimité plus grande et ne comprenaient pas les multiples demandes d'intervention des Lyonnais qui désiraient profiter de l'ascension de leur élu. Conscient du hiatus, Michel Noir eut alors l'idée d'organiser une rencontre des deux staffs à Lyon. Au programme : tennis, réunion et bonne bouffe, chez Paul Bocuse évidemment. Le 26 juillet 1986, tout le monde se retrouva à Lyon. Je ne participais à aucune activité, faisant juste un rapide passage au restaurant pour régler l'addition : 12 839 F. Un geste qui me valut un mot manuscrit de mon « idole ». Sur la page de garde du menu, il avait écrit :

Pour Pierrot, ami fidèle et ils sont rares.
Très fidèlement.
Michel Noir.

Fort de ce petit bout de papier dont j'étais si fier, je pouvais continuer la route aux côtés de ma « star ». Comme un message d'amour, le précieux écrit ne quitta pas mon portefeuille jusqu'au 12 novembre 1992, date de ma première garde à vue.

CHAPITRE 9

Coluche : tu me manques

Un week-end du printemps 1986, mon ami Éric Courly décida de descendre dans le Midi rejoindre à Roquefort-les-Pins un de ses intimes : Michel Colucci. Avalant le temps à toute allure pour oublier la fin de mon aventure avec Muriel et m'étant plongé avec encore plus d'excès que de coutume dans le travail, je choisis de me joindre à lui.

Accompagnés d'une amie, nous arrivâmes à l'aéroport de Cannes-Mandelieu. Là, nous prîmes un hélicoptère pour faire le chemin qui nous séparait de la maison de Coluche. C'est au beau milieu d'un champ d'herbes hautes jouxtant la villa que nous nous posâmes. Un groupe d'hommes nous accueillit à la descente, tous en tenues estivales, look baroudeur façon Harley Davidson avec un côté un peu hippie. Le contact s'établit instantanément. Les plaisanteries un peu vachardes fusaient, un humour sarcastique toujours un peu moqueur, bref une véritable ambiance de « mecs ». L'amie nous accompagnant, jeune fille de bonne famille il est vrai, était surprise. Vêtu d'un maillot de bain bleu et blanc qui mettait en valeur sa bedaine, d'un « Marcel » blanc, d'un bandana rose et de lunettes de soleil cachant la moitié de son visage, Coluche était resté en retrait, observant ce nouveau venu. Les premiers mots qu'il prononça, s'ils s'adressaient à son copain Éric, me visaient directement :

— Si c'est pour foutre le bordel, c'est gagné !

Regardant ma compagne, il ajouta :

— Bon, maintenant que vous avez amené la fille, vous pouvez vous barrer, on n'a plus besoin de vous.

Je riais jaune, étant particulièrement sensible et passablement jaloux. Coluche sembla le voir.

— Elle, elle est d'accord, mais le monsieur, là, il a pas l'air prêteur.

Ni elle, ni moi, n'eûmes le temps de réagir.

— On va vous garder quand même un peu. Avec l'hélicoptère, en le retournant on pourra toujours tondre. C'est un peu bruyant, mais les propriétaires n'ont pas laissé de tondeuse.

La glace était rompue.

*

L'entourage de la star lui servait d'écran protecteur et n'obéissait qu'à lui. Il y avait là des piliers : Ludo, Aldo, Didier et celle que nous surnommions « la petite Fred ». Très gentille, elle semblait un peu perdue dans cet univers. Coluche était très amoureux, mais faisait tout pour le cacher. Pourtant, je me souviens de sa jalousie affichée lorsque, Fred l'avait abandonné quelques heures pour aller faire du shopping avec ma compagne et moi à Saint-Tropez.

Dans cette maison, je découvris l'amitié rêvée. Sans doute ma mémoire enjolive-t-elle ce que j'ai réellement vécu, mais je veux seulement garder le souvenir merveilleux des moments partagés avec un être unique. En ce lieu, les rapports humains étaient sincères et spontanés, personne ne semblait chercher à défendre un quelconque rôle social, bien au contraire. Il est vrai que Coluche incarnait la vraie notoriété et qu'à l'époque, tout un chacun, aussi bien dans le show-business qu'en politique, souhaitait approcher l'artiste.

Le soir même, Michel me proposa de dormir sur place, mais je déclinai l'invitation, préférant me retrouver en tête à tête avec mon amie.

*

Ce fut le premier week-end d'une longue série durant laquelle la complicité entre Coluche et moi s'accentua, s'affermit et grandit. Louant chaque semaine un bateau, le choix de l'embarcation donnait lieu à des scènes mémorables. Nous arrêtions ensemble le choix du navire pour le week-end suivant. Pourtant, un jour où nous nous livrions à cette activité au bord de la piscine, Michel me dit :

— Bon, dis donc, y en a marre que tu payes toujours, ça va maintenant.

Peu habitué à ce genre de récrimination avec mes autres complices, je répondis :

— Chacun donne ce qu'il peut. Moi j'ai de l'argent, je paye. Toi, tu me donnes quelque chose de rare : l'amitié..

Il insista néanmoins pour partager les dépenses. Tout en refusant, j'appréciai le geste à sa juste valeur.

★

La joyeuse troupe se complaisait dans un rythme de vie assez linéaire. Peu d'activités, beaucoup de soleil et de sieste, la semaine défilait doucement. Jusqu'à mon arrivée pour le week-end puisque, ne pouvant rester inactif au-delà de quelques minutes, je traitais mes journées de détente comme mes heures de travail : en faire le maximum en un minimum de temps. Alors je cherchais constamment de nouvelles occupations pour tout le monde. Ce qui poussait Coluche à dire : « Avec Pierrot, les vacances, c'est du boulot. » Et le dimanche soir, il concluait : « Enfin ! Les vacances vont pouvoir commencer, Pierrot va partir. » Pourtant cela ne l'empêchait pas d'être le premier à me demander chaque jour, au téléphone, ce que j'avais prévu pour les jours à venir !

Une fois, pour me faire plaisir, il accepta de venir déjeuner à la fameuse plage du Club 55. Passionnés de bouffe et de fête, nous partagions nos bonnes adresses. Je savais pour ma part que le vin rosé servi sur cette plage promettait un fabuleux moment et un retour en bateau des plus agités. Mais la clientèle fort chic du lieu observait bizarrement l'artiste et ni l'un ni l'autre ne nous sentions à l'aise. J'avais commis là comme l'on dit une « erreur de casting ». La table était triste et personne ne se laissait aller aux blagues habituelles. Tout d'un coup Coluche me lança :

— Bon. Pierrot, tu as voulu m'emmener dans le cimetière du show-business et maintenant tout Saint-Tropez est en train de penser que je suis chiant. Alors je vais me mettre au boulot.

En à peine un instant et quelques mots, tous les convives se mirent à rire aux éclats. Percevant l'émerveillement dans mon regard, Michel me dit alors :

— C'est mon métier.

*

Comme il ne cessait de me parler de moto et de vouloir me persuader de reprendre le guidon, le poids de l'amitié devint plus fort que ma raison. Je décidai donc avec Éric, pilote de grand prix de moto, d'acquérir une Honda 350. Sa petite cylindrée faisait pâle figure devant les monstres qui ornaient le garage de Michel, lequel ne pouvait s'empêcher de se moquer de la « mobylette » que je venais d'acheter. Avant de renouer avec le plaisir de partir en bande sur les petites routes de l'arrière-pays niçois, je décidai toutefois de m'entraîner seul dans la propriété. Jusqu'au jour où, un peu plus aguerri, j'acceptai de participer à ma première virée. Avec quatre motos, tous en file, nous sortîmes de la propriété. Au premier virage rejoignant la route nationale et à l'arrêt... je fis ma première chute, sous les rires de mes copains. Aucune casse heureusement. Avec beaucoup de gentillesse, de sensibilité et de patience, Michel parvint à me convaincre de me remettre en selle.

Coluche me proposant toujours de dormir chez lui, un week-end où j'étais venu seul j'acceptai enfin. N'ayant plus de chambre libre, il installa un lit de camp à côté du sien. Nous partagions la pièce avec Tutur, son chien ressemblant un peu à un bouledogue miniature, blanc à taches noires. Principal défaut de l'animal : les ronflements. Le lendemain matin, habitué à me lever très tôt, je fus toutefois surpris de voir Coluche déjà debout et emmitouflé dans un peignoir de boxeur vert pâle et rose.

— Bien dormi ?, lui demandai-je.

— Ne m'en parle pas ! Entre Tutur et toi, je ne sais pas quel est celui qui ronfle le plus.

Je lui proposai d'aller à l'hôtel la nuit suivante, mais il refusa fermement et s'imposa une nouvelle nuit blanche.

*

Parfois Michel décidait sur un coup de tête d'organiser une fête. Une fois l'ordre donné, tout s'agitait. Il n'y avait pas d'invitation officielle, juste les joyeux drilles de la bande qui allaient en ville drainer des invités de tous genres. Il est vrai que pour une « fête chez Coluche », peu de gens se faisaient tirer l'oreille. Un soir, la simple vision de cette masse d'invités me poussa à quitter la maison. Alors que je m'en ouvrais à mon ami, j'eus la surprise de l'entendre me dire : « Je pars avec toi ». Durant notre tête-à-tête, je lui demandai pourquoi il avait organisé cette réception s'il ne l'aimait pas quand il m'expliqua que, régulièrement, il s'y résignait pour faire plaisir aux garçons de la bande.

*

Coluche a toujours aimé participer à des courses de voiture ou de moto. Avec pour guide dans ce monde mon ami Éric. Un jour, ils décidèrent de participer à une course de stock-car sur le circuit de Montlhéry. À cette occasion, Michel fit spécialement préparer une Lada rose, par M. Dupieux, responsable de toutes les voitures de l'artiste. Après avoir fait quelques tours de piste, Éric prit le volant. Sans doute bon pilote, il eut cependant du mal à résister à l'envie d'accélérer toujours plus. Et ce qui devait arriver arriva. Sous nos yeux, la Lada dérapa et alla s'encastrer dans un rail de sécurité. Heureusement, Éric était indemne. En revanche, le véhicule rejoignit le stand tracté par une dépanneuse. Le verdict fut sans appel : elle ne repartirait pas. Coluche tourna alors les talons en jetant :

— Allez, il a cassé le jouet, on se barre.

Au volant d'une vieille DS, Michel vit, à l'entrée de Paris, un contrôle de police. Devant nous, une voiture en bien triste état conduite par un gitan se fit arrêter. Sans dire un mot, Michel suivit le véhicule et se rangea sur le bas-côté, juste derrière. Les policiers procédèrent avec une minutie laborieuse à la vérification des papiers du tas de ferraille et de ses occupants. Michel, lui, ne disait rien, observant la scène en attendant son heure. L'un des policiers entreprit alors de faire le tour du véhicule épave et l'on sentait bien que les choses allaient se gâter pour ces inconnus. Levant la tête, l'un des agents reconnut la « star » au volant de la DS, il appela ses collègues pour leur signaler la présence du comique. Michel interpella le gendarme qui auscultait la première voiture et lui dit calmement :

— C'est la mienne. T'as pas fini de nous emmerder ? On n'a pas que ça à foutre.

Le policier rendit les papiers aux gitans et s'approcha de la portière pour serrer la main du clown. Profitant de cette diversion, les occupants de la première voiture embrayèrent et partirent. Après avoir satisfait toutes les attentes des policiers, nous reprîmes notre route. Quelques centaines de mètres plus loin, les gitans attendaient pour, d'un petit coup de klaxon, remercier leur sauveur.

★

Je vivais avec Michel une amitié forte, empreinte d'un véritable échange affectif. Avec lui je découvrais un nouveau monde et de nouveaux horizons. Je goûtais un peu de cette insouciance adolescente que la vie et la moto m'avaient volée. Michel était un complice, un vrai.

La vie et la route décidèrent de nous l'enlever. Comme beaucoup de Français j'ai trouvé sa disparition injuste. Sur l'instant je n'ai pas compris ce qui venait de lui arriver. Bien que je n'aie pas partagé très longtemps ces moments de vie, les souvenirs que j'ai conservés de cette amitié d'une intensité exceptionnelle sont immenses.

Dans le laps de temps précédant l'enterrement, nous vivions tous sur un îlot de souffrance et d'incrédulité. Chacun abordait à sa façon ce drame imposé par la vie. La réaction du public ne nous parvenait pas encore. En revenant rue Gazan, devant le cercueil de Michel, je choisis de partager cette dernière nuit avec lui. Et comme au temps du lit de camp installé dans sa chambre, je dormis sur une table devant sa dépouille. Peut être était-ce ma façon de lui montrer que notre amitié allait au-delà des seuls instants de rigolade partagée.

J'étais là, effondré au pied d'un cercueil que j'avais dû choisir. Durant la nuit, Fanfan, une ancienne *cocogirl* que Michel abritait, vint me recouvrir d'une couverture et poser sa main sur mon épaule afin de soulager ma peine. Une fois de plus j'étais choqué par la dureté de la vie.

Au petit matin, une queue immense s'était constituée devant la maison de la rue Gazan. Un cordon séparait la file des personnes voulant rendre un dernier hommage à sa dépouille. Sur chaque visage qui défilait devant le cercueil, on pouvait lire la douleur. Certains avaient même des comportements surréalistes : l'un souhaitait lui donner la seule chose qu'il possédait et à laquelle il tenait, son blouson de cuir noir. Un autre avait apporté un petit violon miniature, comme celui qu'il utilisait sur scène. À l'extérieur, un gosse profitait de la file d'attente pour vendre des fleurs quand un des policiers en faction crut bon de lui interdire son « commerce ». Éric et moi regardions la scène sans pouvoir réagir, sachant pourtant bien que Coluche aurait laissé faire, trop heureux qu'un gamin en ayant besoin se fasse un peu d'argent de poche sur son enterrement. Mais Michel parti, la vie reprenait ses droits, ses règles, comme ses lois. Les pauvres redevenaient humbles et le gamin dut cesser son manège. Même nous, nous n'étions plus capables de faire survivre son esprit libertaire. Sa mort nous ramenait à notre lâcheté, à notre médiocrité.

Pendant toute cette période, j'apparus à la troupe comme le plus fort, sans doute parce que mon chagrin n'était pas le même que celui des autres. Je ne connaissais pas Michel depuis très longtemps. Je savais ce qu'il m'avait apporté, ce que j'avais vécu, qu'il m'avait ouvert le cœur, la tête et les yeux. Aussi je m'efforçais de consoler les uns les autres et de résoudre les problèmes d'intendance.

Le jour de l'enterrement, je pris place à ses côtés dans le corbillard. René Metge, son beau-frère, était assis avec moi. Le cortège avançait lentement le long du parc Montsouris sous un ciel qui semblait peser une tonne. Tout était triste et silencieux. Sur la route du cimetière de Montrouge, à un carrefour, près de mille motards attendaient qui, phares allumés, firent hurler leurs klaxons, brisant ce silence insoutenable. Ils avaient ôté leurs casques et, au passage du fourgon mortuaire, les levèrent vers le ciel, à bout de bras dans un dernier salut, comme un hommage. C'est alors que je m'effondrai en larmes dans une crise de nerfs incontrôlable.

— Pourquoi maintenant ? me demanda René Metge. Tu as été si fort jusqu'ici.

Je ne sus quoi répondre, mais sans doute venais-je de comprendre que, pour toujours, je devrais me passer de Michel.

Le cercueil fut porté par ses copains, habillés de cuir noir, durs aux cœurs tendres venus se placer sur le côté gauche de l'église. Aucun d'entre nous, Michel compris, n'était féru de ce genre de lieu. Pour masquer avec pudeur les larmes qui nous montaient aux yeux alors que le prêtre tournait autour de la dépouille avec un encensoir fumant, Éric rappela l'un de ses sketchs en disant à voix basse :

— La vieille, il y a ton sac qui prend feu.

Mais cette fois, au lieu des rires, ce furent des pleurs qui gagnèrent nos visages. Nous venions seulement de comprendre qu'il était parti, mort, et que la vie n'allait pas continuer comme avant.

CHAPITRE 10

DoYou-DoYou-Saint-Tropez : Année 1

1986. Pour la première fois depuis que je travaillais à mon compte, je pris un mois entier de vacances. Je louai une résidence en haut d'une des petites collines entourant le village de Saint-Tropez, à proximité de la demeure de Daniel Hechter. La maison était relativement isolée, pourvue d'une magnifique vue sur la mer et la baie des Canoubiers. Elle possédait six chambres, toutes décorées dans le style provençal. La mienne, à l'étage, jouxtait un petit solarium et une salle de bains de la même taille que la pièce principale. La baignoire était tellement grande qu'il fallait plus d'une heure pour espérer la remplir à moitié tout en privant d'eau chaude les autres occupants de la maison. Une des originalités de cette villa, c'était sa piscine qui, collée au bâtiment, entrait de près de deux mètres dans la salle à manger. L'agent immobilier assurant la location fournissait le tout clef en main : personnel, ménage, entretien du jardin et de la piscine. Pour les locations de bateaux, réservations de restaurants et autres menus services, je m'adressais au concierge de l'hôtel Byblos.

Et c'est dans ces conditions presque parfaites, que mon premier été tropézien débuta, emprunt d'un étrange parfum du mélange des genres qui gouverna longtemps ma vie.

*

Comme premier signe d'appartenance au milieu des habitués de Saint-Tropez, j'entrais dans le moule en louant un petit offshore me permettant de rejoindre la villa d'Eddie Barclay, cœur de toutes les animations. Au fil du temps, j'étais en effet devenu un habitué de la maison du Cap. À cette époque, pour pallier mon manque de notoriété, je pensais qu'il m'était indispensable d'arriver au déjeuner en bateau ou en hélicoptère. Syndrome « m'as-tu vu » ou simple manque de confiance en moi, peu importe, le résultat était bel et bien aussi ridicule que coûteux. Souvent, je louais une embarcation uniquement pour me conduire du port de Saint-Tropez à la maison du roi du disque puis me ramener. En tout et pour tout une heure de navigation, sans même profiter de la mer, alors que le trajet en voiture n'aurait pas pris plus de trente minutes. Mais toute ma vie était ancrée sur cette nécessité de paraître et sur l'importance démesurée que j'accordais au « qu'en dira-t-on ». Quel échec !

Les six chambres de la maison ne restèrent pas un seul soir inoccupées. Mes premiers invités furent ceux du cœur : Véronique Colucci accompagnée de ses deux fils, Romain et Marius. Depuis le décès de son mari, j'avais appris à mieux connaître cette femme. Le fait qu'elle accepte de venir chez moi représentait à mes yeux une preuve de confiance et d'amitié.

*

Plutôt simple, le rythme de la vie tropézienne était le même pour tous les habitants de la presqu'île. Le réveil se faisait en général assez tard, puis chacun rejoignait son bateau vers treize heures. Aucun déjeuner avant quinze heures. Après une après-midi consacrée à la bronzette, chacun rentrait à son domicile vers dix-huit heures. Là, tandis que les femmes s'apprêtaient pour le soir, les hommes se rendaient place des Lices pour la traditionnelle partie de pétanque. Vers vingt-deux heures, tout le monde se retrouvait pour dîner avant d'aller danser une bonne partie de la nuit.

Lorsque j'étais enfant, si mon père me demandait de jouer à la pétanque, je refusais. Mais curieusement, là, sous les yeux ébahis des touristes et en compagnie de Jean Lefebvre, Eddy Mitchell, Carlos, Henry Salvador ou Darry Cowl, ce jeu prenait un charme fou. Il est vrai que j'étais fier d'être aux côtés de ces gens célèbres. Mais en même temps, chaque instant m'apportait une angoisse : la peur d'être mis à l'écart et de retourner à l'anonymat de ces badauds regardant des célébrités s'exhiber. Pourquoi ressentais-je ce besoin de côtoyer des gens qui avaient, eux, gagné leur célébrité au fil d'une longue carrière ? Je l'ignore encore aujourd'hui.

Ces vacances à Saint-Tropez ainsi que ma complicité avec Eddie Barclay, Roger Vergé ou Paul Bocuse, me firent accéder au club très fermé des gens connus, riches ou ayant du pouvoir. La plupart des grands repas étaient d'ailleurs organisés par l'un de mes amis chefs. Ils me chaperonnaient et me faisaient rencontrer de nombreuses personnalités. Ainsi, on me fit connaître Jacques Martin, Lyonnais comme moi, Michel Legrand le chef d'orchestre et tant d'autres. Et ces présentations prenant souvent place dans un cadre privé et par l'entremise de grands noms, donnaient à cette relation naissante une aura toute particulière. Introduit dans le sérail par d'autres membres, j'appartenais déjà au même monde qu'eux et nos relations s'établissaient avec un naturel impressionnant.

Roger Vergé me convia un jour à dîner avec lui chez son ami le sculpteur César. La maison se situant dans l'arrière-pays niçois, nous nous y rendîmes en hélicoptère. Sur place, je fus présenté à notre hôte ainsi qu'à ses invités parmi lesquels Philippe Bouvard, son épouse Colette et les deux muses du sculpteur. L'ambiance était particulièrement détendue et empreinte d'une vraie amitié, m'incitant à me demander ce que je faisais là, ayant l'impression furtive d'être un peu comme le vilain petit canard au milieu de tant de personnages célèbres. Le repas fut immortalisé par une photo que chaque invité reçut quelques jours plus tard. À la fin du dîner, je proposai évidemment de raccompagner chacun des convives avec mon hélicoptère, tentant là encore de me mettre au niveau.

Pour moi, c'était donc cela Saint-Tropez : un accès simple et sans fard au cénacle des gens célèbres.

⋆

Un matin, le journal local fit sa une sur le « plus gros bateau privé du monde », appartenant à Adnan Kasshogi, qui mouillait dans la baie de Cannes. Le propriétaire défrayait régulièrement la chronique méditerranéenne par ses frasques et les noms prestigieux de ses invités, tel le roi Juan Carlos d'Espagne. Mon ami Pierre, un familier d'Adnan Kasshogi, m'avait à plusieurs reprises fait inviter sur ce navire où j'avais découvert, émerveillé, aussi bien l'homme que son jouet.

Intriguée par l'article, ma compagne émit le souhait de voir le bateau. Je contactai donc le secrétaire d'Adnan qui me rappela dans l'heure pour m'inviter à déjeuner. Sans le vouloir et sans le savoir, il fit partie de ces complices qui contribuèrent à me faire perdre mes repères. D'autant que les bruits sur le milliardaire allaient bon train. On racontait que l'homme d'affaires, qualifié d'« homme le plus riche du monde » à l'epoque, vivait sous la menace permanente d'une agression et qu'il avait engagé un sosie chargé de faire croire qu'il était ailleurs. Des marins nous accueillirent à l'échelle donnant accès au navire, en vérifiant que nous étions bien attendus. En haut de la passerelle, légèrement en retrait, Adnan nous salua, tout de blanc vêtu. L'homme avait une taille moyenne, des formes arrondies, le haut du crâne légèrement dégarni et une fine moustache. Sa peau mate faisait ressortir ses petits yeux noirs pétillants d'intelligence et de vivacité. Un sourire ornait en permanence son visage et il avait une façon très personnelle de bouger sans cesse le torse de gauche à droite en suivant une conversation. Il nous invita à visiter le bateau avec lui. Dans l'entrée, il marqua une première halte, appuya sur un bouton et se tourna vers nous, un air satisfait sur le visage pour contempler notre réaction : d'une niche surgit alors vers nous une cage de verre enfermant un livre. Il s'agissait d'un exemplaire exceptionnel du Coran. Satisfait de son effet, il poursuivit la visite, nous faisant découvrir les somptueuses chambres et même le dressing de sa fille, Nabila, impressionnant par le nombre faramineux de paires de chaussures ! La chambre d'Adnan ressemblait quant à elle à un magasin de matériel audiovisuel : un écran géant descendait du plafond et une télévision se levait automatiquement au pied du lit. Les rideaux et les volets étaient électriques et il y avait même un bar. Le propriétaire nous fit aussi pénétrer dans un bloc opératoire prêt à l'usage. Un luxe qui dépassait l'entendement !

À l'arrière du bateau, une table ronde de quatre mètres de diamètre avait été installée. Un buffet pantagruélique était prêt à rassasier les huit convives du déjeuner. Quant à moi, je ne me sentais pas vraiment à l'aise, méconnaissant les « bonnes manières » ayant cours en société. J'hésitais en effet sur l'assiette à pain à droite ou à gauche, ayant peur en outre de confondre les verres à vin blanc, rouge ou à eau. Chaque geste pouvait révéler mon inexpérience. Chaque femme eut aussi la joie de découvrir, en dépliant sa serviette de table, un petit bijou griffé d'un des joailliers de la Croisette. Ma gêne allait grandissant.

Adnan donna ordre à son capitaine de faire avancer le bateau jusqu'à la pointe du cap d'Antibes afin que les invités puissent jouir de la vue de ce site exceptionnel. Après une bonne demi-heure de préparatifs, le mastodonte se mit en mouvement, sans un bruit et sans que la moindre vibration soit ressentie à la table. Pourtant Adnan, estimant que son bateau tanguait trop, nous apprit qu'il avait décidé d'en faire construire un plus grand et plus silencieux encore. Une réflexion typique du nouveau riche, comme je l'ai été, que cette insatisfaction permanente due au simple fait que les choses achetées ne l'étaient pas pour lui, mais uniquement pour épater les autres.

Après le déjeuner, nous assistâmes à l'arrivée d'un invité… en hélicoptère. Car le summum du navire était là : les deux cheminées ayant été placées presque parallèle à la surface de l'eau et le bloc d'antennes de communication s'effaçant sur le côté, il y avait une véritable piste d'atterrissage. Les producteurs hollywoodiens ne s'y étaient d'ailleurs pas trompés puisque le *Nabila* fut utilisé pour figurer le yacht d'un « méchant » dans un James Bond. Mais au-delà de cette débauche de luxe, ce que je retins de cette visite fut l'attitude de notre hôte : alors qu'il n'ignorait pas l'effet produit par une invitation sur son navire, il donnait le sentiment que c'était nous qui lui faisions honneur en acceptant son invitation !

⋆

Je revis Adnan Kasshogi à d'autres occasions, dont l'une des dernières lors du gala de la Croix-Rouge à Monaco. Là, le milliardaire se comportait différemment, un revers de fortune lui ayant fait perdre beaucoup de sa superbe. Les journaux croulaient sous les rumeurs scandaleuses et avançaient que le roi d'Arabie Saoudite l'avait disgracié. En outre, les prémisses de l'Irangate, dans lequel son nom sera prononcé, débutaient. Dans cette salle bondée de personnes en smoking et en robe du soir, il vivait l'ostracisme de cette « bonne société » qui, quelques mois auparavant, était à ses pieds, profitant de lui comme de ses dollars. Alors qu'auparavant une photo à ses côtés servait de caution, à la sortie de ce gala, posté avec son épouse, il ne recevait plus aucunes félicitations et devait affronter le rejet. Les regards se détournaient et les seuls yeux qu'il parvenait à croiser traduisaient de la morgue et du dédain. Parvenu à sa hauteur, je vins vers lui, n'oubliant pas les moments passés sur son fabuleux navire. Même déchu, Adnan était un grand personnage qui m'avait ébloui. Comme il me serra la main sans sembler me reconnaître, je me sentis idiot, tel un fan croyant avoir passé suffisamment de temps avec sa vedette pour espérer être reconnu. Ma main ne lui apportait sans doute pas la reconnaissance qu'il attendait. De cette soirée, je n'ai de mon côté pas retenu la leçon. Hélas !

*

Mes fréquentations et ce luxe ostentatoire introduisirent la folie dans ma vie. Doucement, sournoisement, je croyais que plus rien n'était impossible pour moi et souhaitais atteindre le niveau de ces hommes envers qui je nourrissais une réelle admiration. De complicités en circonstances, j'y parvins. Pris dans ce tourbillon qui bousculait les lois, les interdits, la morale et les valeurs, beaucoup d'entre nous, dont Adnan, allaient toutefois bientôt subir le contrecoup des excès. J'étais entré dans un autre monde, je n'écoutais ni mes amis d'enfance que je pensais « inaptes » à comprendre ou à juger mon ascension fulgurante, ni ma famille, tant mon désir de me démarquer d'eux était fort. J'avais détruit les garde-fous naturels qui doivent guider un homme. Même les proches dont le travail consistait à me conseiller couraient le risque de la disgrâce s'ils tentaient de me dire une vérité que je refusais d'entendre. Dès lors, beaucoup choisissaient de se taire, seulement guidés par leur intérêt financier.

*

J'avais désormais table ouverte chez Eddie Barclay où nos parties de ping-pong acharnées réjouissaient les visiteurs de la maison du Cap. Je faisais partie de du paysage, même si j'avais encore la politesse de toujours prévenir de mon arrivée. C'est donc tout naturellement que je fus convié à la mi-août 1986 à une soirée donnée sur les terrasses de l'hôtel Byblos pour l'anniversaire de Thierry Le Luron. C'était une des fameuses « fêtes blanches ». Malheureusement, ce fut la dernière apparition en public de l'imitateur. Le parterre d'invités impressionnait : il y avait la « bande à Barclay » évidemment, mais aussi toutes les vedettes présentes sur la Côte d'Azur à ce moment-là. Peu habitué à ce genre de manifestation, je suivais Eddie pas à pas. Tout le monde connaissait tout le monde. Chaque tablée accueillait son lot de personnages connus, riches et autres héritiers prestigieux. Saint-Tropez l'été étant un petit monde où la « jet-set » parisienne se retrouve pour reproduire la vie de la capitale, dans ce genre de dîner les potins allaient bon train. Et les sujets des conversations tournaient toujours autour des mêmes thèmes : les « people ». Chaque invité y allait de son opinion sur le caractère d'un tel ou les coucheries de tel autre. Ces « happy-few » vivant en vase clos dans leurs villas luxueuses, tout le monde finissait par tout savoir sur les autres. Et les secrets de polichinelle n'avaient d'égale que l'hypocrisie avec laquelle ils étaient rapportés !

★

Un jour, Gérard Longuet, que je ne connaissais pourtant guère, me contacta. Il voulait que je le sorte des bouchons de Saint-Tropez à l'aide de mon hélicoptère pour l'amener récupérer sa voiture, son chauffeur et son officier de police au Muy. C'était un lundi matin, il se recommandait d'un ami commun et était ministre du gouvernement de Jacques Chirac. Bêtement fier de compter un nouveau ministre parmi mes relations, j'acceptai. Cependant, je lui demandai de me préciser où il avait l'intention de se poser, car à ma connaissance, la ville du Muy n'était équipée d'aucune structure à cet effet. Après s'être renseigné, il me rappela pour me dire que nous atterririons sur le terrain de football situé en bordure d'autoroute.

Malgré les pluies diluviennes s'abattant sur Saint-Tropez, je retrouvai le ministre et mon pilote sur l'héliport. Je prévins les passagers qu'en raison de la météo, pour reprendre l'expression consacrée en aéronautique, « cela allait tabasser ». En d'autres termes, le vol allait être mouvementé puisque les contraintes de l'emploi du temps ministériel ne permettaient pas d'attendre un ciel plus clément.

Les orages ne tardèrent pas à éclater et la pluie battante à frapper le pare-brise de l'appareil. Le vent accompagnant les orages méditerranéens bousculait l'hélicoptère tandis que les trous d'air donnaient le sentiment que l'engin allait s'écraser. L'appréhension gagnait les visages quand déjà nous atteignîmes le Muy et le terrain de foot. Hélas, l'état de ce dernier ne permettait pas de poser l'hélicoptère sous peine de l'enliser définitivement. Même les voitures ministérielles ne pouvaient approcher. Après avoir fait comprendre aux collaborateurs du ministre que nous ne pouvions nous poser, nous reprîmes de l'altitude.

L'officier de police attendant le ministre eut alors l'idée de nous faire atterrir sur la bretelle de l'autoroute. À hauteur de la cabine de péage, ayant revêtu un brassard orange signalant son appartenance aux forces de l'ordre, il nous avertit par la radio que la place était libre. Mais vue du ciel, la situation n'était pas la même et de nombreuses voitures arrivaient. Le survol à si basse altitude poussait certains à s'arrêter alors que d'autres souhaitaient franchir le barrage coûte que coûte. La sécurité ne semblant pas assurée, je me tournai vers le ministre pour connaître ses directives. Aucune autorisation ne nous ayant été délivrée, ma licence de pilote était en jeu. Gérard Longuet, prenant un casque pour communiquer avec l'officier de police au sol, donna l'ordre d'atterrissage. Ce fut donc sous les yeux ahuris des automobilistes que nous déposâmes le ministre et sa suite sur le goudron mouillé de la bretelle d'accès à l'autoroute. Sans perdre une minute, nous remîmes les gaz pour redécoller. Du ciel, nous suivîmes le cortège ministériel qui s'évanouit à vive allure sur l'autoroute.

Mais à notre arrivée, les gendarmes en charge de la sécurité sur l'autoroute qui avaient obtenu l'immatriculation de l'appareil nous cherchaient. Les ennuis commençaient ! Soucieux d'aplanir les choses, je pris immédiatement contact avec eux. Mais le climat n'était pas à l'apaisement et mon interlocuteur ne semblait vraiment pas se satisfaire de mes excuses. Il me demanda mon numéro de licence, entendit dresser un procès-verbal et lancer une procédure de radiation auprès de l'aviation civile. Affolé par le tour que l'affaire prenait, je contactai le secrétariat particulier du ministre. Son cabinet confirma aux autorités que c'était bien un ministre que l'on avait déposé et tout rentra dans l'ordre. J'en fus heureux, mais... cherchez l'erreur.

Quelques jours plus tard, je reçus un appel du commandant du peloton de gendarmerie de l'autoroute qui me reprocha notamment de ne pas l'avoir informé de notre manœuvre. Il me conseilla, dans l'hypothèse d'un autre déplacement du ministre, de le solliciter personnellement afin qu'il puisse couper la circulation sur l'autoroute avant notre atterrissage.

Comment n'aurais-je pas disjoncté en découvrant de telles pratiques ? Comment n'aurais-je pas cru que tout était possible dans ce monde où les limites de ce qui était autorisé semblaient si mal définies ? À la façon de gamins capricieux à qui l'on passe tout, chaque nouvelle excentricité repoussait les limites de la légalité. Et il y avait toujours des complices, révérencieux de l'autorité représentée, pour trouver une justification.

CHAPITRE 11

Journaliste politique… un beau métier

Parce que le travail d'un homme politique consiste à accumuler les bulletins de vote, il lui est indispensable de se faire connaître. Pour cela une seule solution : les médias. Il devient alors vital d'obtenir des articles dans les journaux ou des invitations à des émissions télévisées. Si le meilleur moyen pour être connu de ses électeurs reste de parcourir sa circonscription, il n'est bien évidemment pas imaginable de serrer la main de chacun. Une circonscription étant constituée en moyenne de soixante mille électeurs, à raison de soixante personnes par jour, ce qui est déjà énorme, il faudrait mille jours, soit trois ans, pour parler à tous les administrés. Mais lorsqu'un candidat fait une apparition au journal télévisé, de TF1 par exemple, il touche huit millions de téléspectateurs en à peine quelques secondes de prestation. Par conséquent, les bonnes relations que l'on entretient avec ces « interviewers » se révèlent fondamentales.

C'est dans ce contexte que j'ai été conduit à faire la connaissance de multiples journalistes politiques. À cette époque, je rencontrais uniquement les « grandes signatures », en tout une cinquantaine de « stars », qui fonctionnent en vase clos et font la renommée des élus. Plusieurs émissions faisaient, à l'époque, la pluie et le beau temps. Il y avait « Sept sur sept », présentée par Anne Sinclair, alors épouse du journaliste Yvan Levaï, ce dernier présentant sur Europe1 puis sur France Inter la revue de presse, mais aussi « Questions à domicile » de Pierre-Luc Séguillon, sans oublier bien sûr la grand-messe de « L'Heure de vérité », de François-Henri de Virieu. À ces noms connus, il fallait ajouter Gérard Carreyrou de TF1, Jean-Pierre Elkabbach, tout puissant interviewer d'Europe 1 le matin et du Club de la Presse sur la même radio, Richard Artz de Radio Monte-Carlo ; mais aussi Christine Ockrent, Catherine Nay ou Gilles Leclerc. Tous sont encore en activité pour l'année électorale à venir. Il y avait également le terrible et craint Philippe Alexandre, qui exécutait chaque matin une victime sur l'autel de sa chronique radiodiffusée et apparaissait le dimanche soir sur France 3. Summum du parisianisme, le journal *Le Monde* se plaçait en véritable bible du « bien penser » politique.

À quelques exceptions près, j'ai connu tous ces penseurs du microcosme. À quelques exceptions près, je les ai aussi tous invités. Mais pour en convaincre le lecteur, ma parole ne suffisant pas forcément, le mieux est d'entendre ce que ces journalistes admettent ou reconnaissent, grâce aux procès-verbaux des auditions devant le juge d'instruction car beaucoup furent interrogés sur les relations qu'ils entretenaient avec moi.

*

À tout seigneur tout honneur, il me faut commencer par le récit d'une figure respectée puisque directeur du quotidien *Le Monde*, monsieur Jean-Marie Colombani lui-même.

> « Le 12 novembre 1993, à seize heures trente-cinq.
> Devant nous, juge d'instruction au Tribunal de Grande Instance de Lyon,
> À comparu, séparément et hors de la présence des personnes mises en examen, le témoin ci-après nommé, lequel nous a remis l'avertissement qui le convoque.
> Nous lui avons demandé ses nom, prénoms, âge, état, profession, demeure, s'il est parent ou allié des parties et à quel degré, ou s'il est à leur service.
> Le témoin a répondu :
> "Je me nomme : Jean-Marie Colombani.
> "Je suis né le 7 juillet 1948.
> "Je demeure [...] Paris XVIIe.
> "Je ne suis ni parent ni allié des parties ni à leur service."
>
> Après lui avoir fait prêter serment de dire toute la vérité, rien que la vérité, nous avons reçu ainsi qu'il suit sa déclaration :

“Je suis rédacteur en chef au *Monde*. Je suis rentré dans ce journal en 1977. J’ai été rédacteur au service politique puis chef adjoint et chef de ce service qui regroupe une quinzaine de personnes.

J’ai rencontré pour la première fois Michel Noir entre 1986 et 1988 pendant la première cohabitation. C’est un journaliste, Alexandre Tarta, qui m’a proposé d’avoir cette rencontre avec Michel Noir à l’époque où il était ministre du Commerce extérieur. Je dirigeais le service politique du *Monde* et j’animais ‘Questions à domicile’, une émission télévisée avec Anne Sinclair. Alexandre Tarta m’avait dit que Michel Noir souhaitait rencontrer des journalistes et j’ai donc accepté l’idée de cette rencontre qui m’intéressait. Je me suis rendu un soir à son appartement de la rue de Solférino. Nous avons eu un entretien général sur l’actualité. Je crois que d’autres personnes étaient avec Michel Noir, mais je ne les connaissais pas. Je me souviens que l’un d’entre eux avait une caméra vidéo et qu’il m’a demandé si j’acceptais qu’il filme Michel Noir. Je n’ai pas été particulièrement étonné par la présence de cette caméra. Je n’ai pas refusé car je désirais nouer un dialogue en confiance avec Michel Noir qui, à l’époque, avait des prises de positions intéressantes. J’ai dû revoir une ou deux fois Michel Noir au cours de déjeuners, mais je n’ai jamais eu de relations suivies avec lui. Je tiens à préciser que je n’ai pas invité Michel Noir à participer à l’émission que j’animais ‘Questions à domicile’.

J’ai rencontré Pierre Botton deux ou trois fois lors du festival de Cannes où j’ai été invité par la mairie. J’ai revu également Michel Noir à ces occasions.

Pierre Botton m'a simplement été présenté, probablement par un confrère, mais je ne me souviens plus lequel. Je ne savais rien sur les activités de Pierre Botton. Je connaissais ses liens de parenté avec Michel Noir mais j'ignorais qu'il avait contribué au financement de la campagne électorale de son beau-père. Je me souviens que Michel Noir et Pierre Botton m'avaient invité à Cannes. J'avais refusé cette invitation.

Le juge : Lors de son audition figurant à la côte D482, Michel Noir déclare notamment : "J'ai effectivement suivi pendant deux ou trois ans des séances de training entre 1986 et 1988. C'était Alexandre Tarta et Michel Colomès qui organisaient ces séances... Je sais que Colomès participait à ces séances de façon gratuite et amicale. Il faisait parfois appel à des journalistes extérieurs. On devait remettre à ces journalistes de l'argent en liquide. Le prix de la séance devait être de l'ordre de 3 000 F environ. Ont dû intervenir notamment : Pierre Tchernia, Jean-Marie Colombani, Pierre-Luc Séguillon, Olivier de Rincquesen.

Jean-Marie Colombani : Il n'y a eu qu'une rencontre au domicile de Michel Noir au cours de laquelle il y avait une caméra vidéo. Selon moi il ne s'agissait pas de séance de média training à proprement parler. C'était simplement une conversation dont une partie a été filmée. J'ai moi-même participé à des séances de média training avant d'animer des émissions sur TF1. Le procédé est complètement différent. Il s'agit d'un réel travail complètement différent d'une conversation informelle.

Je ne comprends pas pour quelles raisons Michel Noir vous a cité mon nom au sujet de ces séances de training. Je pense que son système de défense consiste à citer le plus de noms possibles et qu'à travers le mien il cherchait à faire pression sur le journal *Le Monde*. Je n'ai pas été rémunéré après cette rencontre. Je n'ai pas perçu d'argent liquide et je n'ai pas l'habitude d'en percevoir.

J'ai eu l'occasion de revoir une fois Michel Noir à son domicile à Lyon car j'ai réalisé un portrait de lui dans un livre consacré à la nouvelle génération politique : *Les Héritiers*."

Lecture faite, persiste et signe avec Nous et le Greffier. »

Quel dommage, nous ne saurons jamais qui du journaliste ou du ministre disait la vérité ! Pourtant j'avais apprécié ma rencontre avec Jean-Marie Colombani lorsque celui-ci avait répondu à une invitation du maire de Cannes à l'occasion d'un Festival. Arrivé le 9 mai 1991 pour la soirée d'ouverture en compagnie de son épouse, Catherine, par le vol IT 5055 parti de Paris à 15 h 55 et atterri à Cannes à 17 h 15, il avait rejoint l'hôtel Carlton où il avait été logé. Le lendemain, c'est par le vol IT 3246 de 9 h 05 qu'il était reparti, pour se poser à 10 h 25 à Paris Orly. Des détails précis que j'ai retrouvés sur un bordereau de facture adressé par Air France en date du 29 avril 1991 portant la référence LYS.SS92096, pièce qui montre l'attrait qu'exerçait le célèbre festival de Cannes sur les responsables des services politiques de nos médias.

Comment ce document se trouve-t-il entre mes mains ? Tout simplement parce que c'est sur mes deniers personnels, et non sur les fonds de l'une des sociétés que je dirigeais, que fut réglée la facture des voyages de tout ce petit monde pour une somme de 46 568 F.

★

Rencontres pour un dîner, voyages aux frais de la princesse... la collusion et la connivence entre les grands noms des médias et les hommes politiques étaient alors incontournables. Cela a-t-il changé ? J'en doute. Il y avait alors une autre pratique, intéressante et méconnue du grand public : les « trainings ». L'image et les prestations télévisées des élus étant devenues essentielles, les hommes politiques avaient été amenés à s'entraîner dans de vrais studios, avec de vraies caméras et face à de vrais journalistes pour préparer leurs interventions. De fausses interviews dans des conditions réelles qui, bien souvent, servaient de prémices à de vraies émissions. De fausses interviews évidemment rémunérées !

J'ai personnellement découvert cette technique en entrant dans l'entourage de Michel Noir et par l'intermédiaire d'une facture, émise par la société Vidéo 5. Datée du 2 décembre 1986, on me demanda de la régler pour le compte du ministre. Ce fut chose faite par le biais de la société Vivien SA. De fait, la cote D1301 du dossier d'instruction fait apparaître le nom d'Alexandre Tartakovsky, plus connu sous le nom d'Alexandre Tarta, auditionné sur le sujet par le juge d'instruction le 10 janvier 1994 à quatorze heures quarante. Objet : des « séances de formation » dispensées par sa société, Vidéo 5, à Michel Noir. Le réalisateur affirmait avoir retrouvé des « documents comptables [1] » relatifs à ces trainings qui faisaient apparaître le noms d'autres entreprises prestataires.

Pour les journalistes eux-mêmes, il s'agit souvent de bien plus qu'une simple préparation à un marathon télévisuel, l'homme politique devenant une sorte de « gagne-pain ». L'instruction m'apprit ainsi qu'il s'agissait d'un système bien rodé. Les comptes de l'entreprise de communication Enfin, qu'Yves Mourousi m'avait cédée, furent décortiqués sur la période antérieure à mon rachat et les pratiques, légales bien que souvent en décalage avec une certaine déontologie journalistique, mises en lumière. Pour en savoir plus sur ce métier de « trainer », le juge d'instruction convoqua [2] le présentateur du 13 heures de TF1.

> « Le juge : Je vous donne connaissance du rapport d'expertise concernant la société Enfin, cote D1043. Les produits d'exploitation pour 1988 enregistrent notamment des factures correspondant à des prestations pour "l'Association pour l'élection de Jacques Chirac" pour un montant de 230 000 F. À quoi correspondent ces facturations ?
>
> Yves Mourousi : Je ne vois absolument pas à quoi correspondent ces factures correspondant à des prestations pour « l'Association pour l'élection de Jacques Chirac ». Je pense que c'est Francis Mouton

1. Côte n° D 1402 du dossier d'instruction.
2. Audition en date du 12 janvier 1994 à 14 h 30.

> qui était le gérant de la société et qui travaille à la mairie de Paris qui a dû suivre cette opération. Il ne m'en a pas parlé.

Le juge, relevant deux factures aux sociétés Cofreth et Sita pour 300 000 F chacune, interrogea le journaliste :

> **Sur interrogation**. Yves Mourousi : J'ignorais que les sociétés Cofreth et Sita étaient des filiales de la Société lyonnaise des eaux. Cependant, je crois me souvenir que Botton m'avait parlé au moment des élections municipales de 1989, d'une rencontre qu'il devait avoir avec Jérôme Monod au sujet de contrats portant sur la récupération de déchets ou de chauffage. Cette question ne m'intéressait absolument pas et il m'a juste mentionné cela dans une conversation.

En fin d'audition, le juge revient sur la question et le journaliste précise :

> **Sur interrogation**. Yves Mourousi : J'ai effectivement su que Pierre Botton organisait des séances de training, je ne sais pas pour qui, ni avec qui. »

Toujours est-il que les différentes factures montrent l'existence d'échanges de bons procédés entre les journalistes et les hommes politiques. On s'entraîne, on se paie, on s'invite sur les plateaux. Je sais que de telles passerelles existent toujours, ma condamnation n'y a rien changé.

★

Cette complicité atteint son paroxysme lorsque les « séances de formation » sont faites avec ceux-là même qui vous interrogeront lors d'un prochain passage télé ou radio. Une méthode idéale pour connaître à l'avance les questions posées, découvrir comment y répondre, se prémunir d'une éventuelle agressivité de l'interviewer. L'une des sociétés pratiquant alors ce type de service était celle d'Alexandre Tarta, voilà quelques années metteur en scène du défilé du 14 juillet, mais aussi l'entreprise CCV, située au 37 rue des Acacias, maison qui avait la particularité de facturer des « séances de training » sous le terme anodin de « frais d'études ». Il suffit de voir le bordereau n° 86036/NB en date du 7 mai 1986 réglée par une des sociétés de mon groupe pour comprendre. Beaucoup de journalistes passaient par l'entreprise Plateforme, toujours en activité, pour se faire payer leurs prestations, comme l'atteste la facture de 14 825 F n° 3633 du 9 avril 1990 relative au travail d'Olivier de Rincquesen, ancien journaliste d'Europe n° 1, effectué le 6 avril de la même année dans les studios de la SECOGEST. Certains interviewers n'avaient toutefois guère envie de laisser leur nom sur une facture et encore moins d'acquitter un impôt ou de payer des cotisations. Dans ce cas, quelques billets discrètement glissés dans une enveloppe faisaient l'affaire, comme dans d'autres secteurs d'activités, le liquide était monnaie courante. Pierre-Luc Séguillon[1], devant le magis-

1. Ancien partenaire d'Anne Sinclair sur l'émission « Questions à domicile », aujourd'hui éditorialiste et interviewer sur La Chaîne Info LCI.

trat[1], reconnaissait l'existence de cette entorse aux règles.

« Je me nomme Pierre-Luc Séguillon.

Je suis né le 13 septembre 1940 à Nancy.

Je ne suis ni parent ni allié des parties ni à leur service.

Après lui avoir fait dire toute la vérité, rien que la vérité nous avons reçu ainsi qu'il suit sa déclaration :

M. Séguillon : Je suis actuellement pigiste sur deux chaînes câblées parisiennes, Paris Première et Canal J. Auparavant j'étais chroniqueur politique sur la 5e chaîne de juillet 1987 à 1992. J'étais entré en novembre 1983 sur TF1 que j'ai quitté en 1987 pour la Cinq. J'occupais les fonctions de responsable du département France de la politique et de l'économie.

J'ai rencontré Pierre Botton pour la première fois le 26 mai 1987. Notre rencontre s'est déroulée tout à fait par hasard à l'inauguration du Gymnase Club de la rue Frémincourt dans le XVe arrondissement. Pierre Botton que je ne connaissais pas m'a abordé pour me demander ce que je pensais de Michel Noir, de son avenir politique et de son expression. Pierre Botton s'est présenté comme un conseiller de Michel Noir qui à l'époque était ministre du Commerce extérieur. C'est Pierre Botton qui m'a proposé une rencontre avec Michel Noir en vue de discuter avec lui de l'amélioration de son expression politique. Quelque

1. Procès-verbal d'audition du 22 juillet 1993 à 9 h 05.

temps plus tard j'ai été contacté par le secrétariat de Michel Noir afin de fixer une rencontre. Le 30 juin 1987 je suis allé dîner rue de Berri au domicile de Pierre Botton où j'ai rencontré Michel Noir. Était également présente la fille de ce dernier, Anne-Valérie. C'est la première fois que je rencontrais Michel Noir dans un cadre informel. J'avais dû le rencontrer auparavant à l'Assemblée nationale ou lors de conférences de presse mais c'est la première fois que j'avais une relation personnalisée avec lui.

Au cours de ce dîner j'ai pu constater que Pierre Botton était très proche de Michel Noir. À mon sens il semblait jouer à ses côtés le rôle de conseiller officieux. Au cours de ce dîner il y eut une grande liberté d'expression. Nous avons discuté de politique générale et de communication. Chacun donnait son point de vue. Michel Noir semblait très à l'écoute des opinions de Pierre Botton surtout en ce qui concernait le marketing politique et les conseils en communication. Au cours de ce dîner Michel Noir m'a demandé si j'accepterais de participer à des séances de training destinées à lui faire travailler la forme et le fond de son expression. J'ai accepté le principe. Ce soir-là nous n'avons absolument pas discuté du coût de ces séances, ni de la modalité de leur règlement.

Le première séance s'est déroulée le 26 juillet 1987 au domicile de Michel Noir. Chacune de ces séances durait deux heures et demie à trois heures. Je préparais un thème puis je demandais à Michel Noir de l'exposer comme s'il s'adressait à différents publics. Pierre Botton assistait à cette première séance. C'est lui qui m'en a réglé le prix à la fin soit 5 000 F en liquide dans une enveloppe. Les autres séances se sont déroulées le 28 septembre, le 1er octobre, le 3 novembre, le 24 novembre, le 22 décembre 87 et le 5 janvier, le 28 septembre, le 12 octobre et le 2 novembre 1988. Je vous donne ces dates à partir de mon agenda. Il est possible qu'une séance n'ait pas été portée. Pierre Botton n'assistait pas à ces neuf séances qui se sont déroulées au domicile de Michel Noir rue de Solférino. Nous avons travaillé sur magnétophone ou à l'aide d'une caméra ou d'un écran. Pour chacune de ces séances de training j'ai également reçu 5 000 F en liquide. À chaque fois c'est un collaborateur de Pierre Botton prénommé Alain qui me remettait ces sommes à mon bureau à la Cinq. [...]

En ce qui le concerne, Michel Noir ne m'a jamais remis d'argent à la suite de ces séances de training. À deux reprises j'ai rencontré Pierre Botton pour faire le point sur ces séances d'entraînement. La première fois c'était le 21 janvier 1988 au domicile de Pierre Botton rue de Berri et la deuxième le 30 novembre 1988 au Méridien qui se trouve juste à côté des bureaux de la Cinq. Au cours de ces deux rencontres j'ai pu constater que Pierre Botton suivait ces séances avec beaucoup d'intérêt. Il m'a demandé si Michel Noir avait progressé. Selon moi Pierre Botton jouait un peu le rôle d'entraîneur vis-à-vis de Michel Noir.

Nous avons arrêté ces séances car selon moi, je ne pouvais plus apporter grand-chose. Je ne sais pas si

Michel Noir a eu recours à d'autres journalistes pour des entraînements du même type.

Sur interrogation : Je ne sais pas si Alexandre Tarta ou Michel Colomès ont eux-mêmes organisé des séances de training. En tout cas en ce qui me concerne mon intervention a été purement privée. [...]

Au cours des conversations privées que j'ai pu avoir avec Pierre Botton, j'ai eu l'impression d'un homme convaincu, passionné et authentique. Apparemment, il avait énormément misé sur Michel Noir. Il était totalement fasciné par sa personnalité. Pierre Botton donnait l'impression qu'il avait besoin de s'investir dans un personnage. »

★

À le lire, aux yeux de Pierre-Luc Séguillon, il n'y avait rien d'anormal au fait que les journalistes donnent des cours de communication aux individus qu'ils allaient interroger par la suite. Ayant découvert ce mode relationnel, il suffisait donc de créer les conditions nécessaires pour que les interviews de Michel Noir, les vraies, celles diffusées sur les ondes, se passent le mieux possible. D'où l'idée de nouer des relations personnelles durables avec les personnalités médiatiques qui l'acceptaient. Nombre de ceux qui, aujourd'hui encore, s'épanchent sur nos écrans furent donc invités.

★

Mais il y a aussi dans ce monde des purs et durs de la gâchette journalistique qui se veulent plus « moraux » que leurs collègues. À l'époque, l'un d'eux s'appelait Philippe Alexandre, éditorialiste coriace qui se faisait le pourfendeur attitré des hommes publics. Chaque matin, dans sa chronique sur RTL, il attaquait avec virulence et ironie une personnalité du monde politique. Je crois n'avoir jamais entendu un éditorial positif. Son truc, son fonds de commerce peut-on dire, c'était de dénoncer les travers, sous-entendant qu'il n'appartenait pas, lui, à ce système.

Soit dit en passant, Philippe Alexandre, ce qu'il oublia de révéler dans sa chronique, avait bénéficié de ma folie des grandeurs.

C'était en 1987 au temps ou Michel Noir, alors ministre du Commerce extérieur, voulait profiter des vacances pour rencontrer le plus de journalistes possibles. Alors en vacances à Cannes avec sa famille, Philippe Alexandre fut donc invité à passer une journée dans la maison que nous louions à Ramatuelle. Pensant qu'il aimerait l'idée, je lui proposai d'utiliser mon hélicoptère. Ayant obtenu son accord, lui-même, sa famille et leur chien firent partie du voyage.

Je ne sais d'ailleurs toujours pas ce qui a poussé le chroniqueur à venir nous rejoindre. La curiosité ? Sans doute plutôt le fait que ces hommes des médias étaient intrigués par les amitiés que nous avions avec de grandes vedettes de la télévision.

⋆

Il ne s'agit pas pour moi de dresser un catalogue de ceux qui ont honoré de leur présence mes dîners, mes invitations à Cannes ou à Courchevel, ou qui ont accepté de participer aux trainings de certains hommes politiques par l'intermédiaire de sociétés facturant des « frais d'études » ou en échange d'enveloppes garnies, mais d'informer. L'auditeur et le téléspectateur doivent détenir les clefs de ce système bien en place et toujours d'actualité dont profitent nombre de ceux qui se présentent aux suffrages ou qui se posent en juges de la moralité des élus.

Je souhaite aussi donner un contre-exemple en évoquant la personnalité de Michel Colomès, aujourd'hui directeur de la rédaction de l'hebdomadaire *Le Point* et à l'époque rédacteur en chef de la section Monde du même journal. Car avec ce Michel-là, j'ai découvert un « complice », au sens noble du terme. Rencontré lors de mon voyage en Israël, notre histoire a été jalonnée de coups de gueule, de silences, de lettres, de ruptures et de réconciliations, tant il est difficile aujourd'hui pour moi d'avoir une relation normale avec un journaliste. Pourtant son comportement me montre que tout n'est pas gangrené dans l'univers de ce quatrième pouvoir. En songeant à son courage, sa loyauté et sa franchise, je peux oublier la lâcheté et l'hypocrisie de nombre de ses confrères. Interrogé par le juge durant de longues heures, son nom apparaissant sous la plume « bienveillante » de quelques-uns, congédié sans raison d'Europe 1 à la même époque, il ne m'oublia pas, vint me voir en prison et ne laissa pas une semaine passer sans m'envoyer un mot de soutien. Le juge d'instruction ne se trompait pas à son sujet quand il me dit un jour : « Avec lui vous avez un ami, un vrai. »

*

Les pratiques que je dissèque ici doivent à mon sens être portées à la connaissance du public. Dans la presse comme ailleurs, il existe des dérives que seuls ceux qui y ont participé sont à même de dénoncer. Des dérives dans lesquels tous ne sont pas tombés. Alain Genestar, par exemple, aujourd'hui patron de *Paris-Match*, avait su à l'époque rester dans le cadre de sa profession en refusant de manière systématique toute sollicitation ambiguë prouvant par là, comme il en convint plus tard avec moi, qu'il était possible de refuser, contrairement à ce que nombre de ses collègues ont voulu faire croire. D'autres aussi ont suivi cette voie, comme l'atteste une lettre à en-tête de *L'Express* signée Dominique de Montvalon, responsable du service politique, datée du 27 mai 1993 et adressée au juge d'instruction :

> « *Monsieur le juge,*
> *Une "bonne âme" extérieure à* L'Express *m'indique au téléphone, sans me révéler ses sources, que mon nom figurerait par deux fois dans le dossier d'instruction de l'affaire Botton-Noir au titre de bénéficiaire de deux "allers-retours" à Cannes, à l'occasion du traditionnel Festival de cinéma, le tout ayant été payé par l'une des sociétés de M. Botton.*
>
> *Si ce qui m'a été dit est sans fondement, vous voudrez bien considérer cette lettre comme nulle et non avenue.*

Dans le cas contraire, je me tiens, naturellement, à votre disposition pour tous renseignements et toutes précisions que vous souhaiteriez me demander.

Sans attendre, je tiens à vous indiquer ce qui suit : deux années de suite, effectivement, au titre des relations publiques de la mairie de Cannes, je me suis vu proposer par le maire de la ville un aller-retour chez lui à l'occasion du Festival, le tout étant de donner lieu à cette occasion à des échanges politiques. J'avais, par deux fois, accepté le principe de cette invitation. Lorsque, chaque fois, je me suis aperçu que le billet d'avion qui m'était adressé à L'Express *provenait, carte de visite à l'appui, de M. Botton sis avenue Paul Doumer, j'ai renvoyé immédiatement à l'intéressé, par coursier, les billets en question.*

Je m'interdis de porter un jugement sur ceux de mes confrères, qui par naïveté, auraient pu tomber dans le piège. Comme il se trouve que, par flair, ce n'est pas mon cas, je tiens à ce que les faits soient établis. Et non pas déformés par des personnes intéressées à entretenir à mes dépens l'ambiguïté.

Je vous prie de croire, monsieur le juge, à l'assurance de ma haute considération. »

Un homme prudent et un courrier qui en dit long sur le climat de règlement de comptes qui régnait à l'époque dans les rédactions parisiennes ! Certains acceptent d'être complices, d'autres non, malheureusement les deux catégories de journalistes restent en place. Mais que les moins vertueux prennent garde : dans un arrêt de vingt-trois pages rendu au mois de novembre 2001, par la cour d'appel de Montpellier, trois journalistes de France 3 furent condamnés à des peines de prison avec sursis pour le chef de « corruption passive, acceptation et sollicitation d'avantages par personne dépositaire d'une mission de service public ». In extenso, voici l'analyse de maître Tour, alors avocat de France 3, contre ces journalistes : « Pour la première fois, des journalistes sont sanctionnés par la justice pour avoir usé de leur statut à des fins personnelles, comme peuvent l'être les élus, les fonctionnaires et les magistrats. Pour la première fois aussi, la justice considère que l'information est une mission de service public[1]. » Que dirait-on de magistrats qui, au cours de séances rémunérées, prépareraient aux interrogatoires, ceux qu'ils seraient susceptibles de mettre en examen dès le lendemain ?

1. *Libération*, 9 novembre 2001.

CHAPITRE 12

Derrière l'écran, l'image

Progressivement, le cocktail show-business, journalistes politiques et médias devint de plus en plus enivrant, et nous incita à lancer une nouvelle communication afin de faire de « la politique autrement », comme aimait à le dire Yves Mourousi.

Or, la réussite de Michel Noir fut l'exemple parfait des performances de cette machine à gagner formidable inventée pour promouvoir une image. Avec le credo de l'élu « différent », il fit de plus en plus la une des journaux. Un exemple déclinable à d'autres personnalités tant la recette se révéla efficace. Car à partir de sa nomination comme ministre du Commerce extérieur, il conquit Lyon haut la main, dans une période pourtant difficile, et aboutit dans un sondage *Figaro*-Sofres d'avril 1989, en tête de toutes les « cotes d'avenir ». Autrement dit, son avenir se dessinait avec brio et il pouvait même rêver de se présenter à la prochaine élection présidentielle.

★

Pour être franc, Michel Noir était déjà doué dans l'art de gérer la communication. Un séjour aux USA, durant lequel il avait participé à la campagne d'un sénateur, puis un livre sur le marketing politique avaient démontré son intérêt pour le sujet. En outre, dès sa première campagne législative de 1978, en avance sur son époque, il avait choisi d'appliquer ces nouvelles méthodes. L'une de ses affiches le montrait ainsi avec dans les bras le dernier de ses enfants, François-Noël, au-dessus d'un message fort clair : « Pour Lyon, le cœur ».

Ces propositions se heurtèrent toutefois rapidement à un manque de relais dans les journaux. Résultat de cette carence, s'il n'y apportait pas remède, il ne parviendrait pas à faire perdurer et fructifier au-delà de la campagne son impact naissant. Dès lors, un premier objectif s'imposa tout naturellement : séduire les journalistes politiques. Ce qui ne fut guère difficile, comme nous l'avons vu. D'autant que Michel Noir excellait en ce domaine. Il avait élaboré une technique infaillible. Lors d'un entretien avec un journaliste, il répondait d'abord de façon évasive aux questions. Ensuite, il essayait de faire parler son interlocuteur, souvent mieux informé que lui sur le sujet. Au cœur de la discussion, le député sortait ensuite de sa poche des fiches cartonnées, prenait son stylo et demandait naïvement :

— Vous permettez que je note ceci. Votre point de vue est très intéressant.

Généralement, ce « point de vue » correspondait à l'expression du « bien pensé », du politiquement correct en vogue dans le microcosme parisien, mais le journaliste flatté pensait être parvenu à mettre dans la bouche d'un ministre ses propres idées. Il en découlait un article fatalement positif !

★

Hélas, le rayonnement d'un seul article sur l'électorat étant plus que faible, il s'avérait nécessaire que les propos du politique soient repris par de nombreux quotidiens et plus particulièrement la « PQR », la presse quotidienne régionale, qui avec la télévision, constitue le média bénéficiant du plus fort impact sur la masse électorale. Mais surtout de passer sur les écrans. Si le summum était déjà d'être convié dans l'un des deux journaux télévisés de TF1 ou de France 2, invitation très difficile à obtenir lorsque l'on n'est pas dans l'actualité ou un personnage influent, il fallait trouver une autre tribune. L'idée vint alors à Michel Noir de s'immiscer, avec mon concours, dans des émissions de divertissement à forte audience.

Ce fut donc une grande première qui eut lieu le 16 décembre 1986. Une soirée caritative était ce jour-là organisée dans plusieurs villes de France pour soutenir l'association Cent familles, de Jean-Luc Lahaye, dédiée aux enfants de la DDASS. Rencontré lors des obsèques de Coluche, je tissais, au fil des années, une amitié solide avec le chanteur. Le programme était diffusé en direct sur la deuxième chaîne avec des relais dans les citées donatrices. Du pur direct, assuré par Jean-Luc et Yves Mourousi, pourtant présentateur du JT sur la chaîne concurrente. Tous deux comptant parmi mes amis, je pus suggérer que Michel Noir soit le seul membre du gouvernement invité sur le plateau. L'alchimie était parfaite : Dominique Cantien, reine des émissions à succès, était la grande coordinatrice du programme ; Yves Mourousi, avec plus de treize années d'ancienneté comme présentateur du Journal de 13 heures, symbolisait le trublion attitré de la télévision ; et Jean-Luc Lahaye représentait la star proche du public en plein succès grâce à son tube *Papa chanteur* et à son livre *Cent familles*, vendu à plus d'un million d'exemplaires où il racontait son enfance meurtrie. Enfin, l'œuvre caritative elle-même était belle. Dès lors, tous les ingrédients étaient rassemblés pour que l'émission batte des records d'audience.

Ce soir-là, la salle parisienne, lieu principal de la soirée, débordait de vedettes et de personnalités. Depuis plusieurs jours, je ne quittais pas mon ami chanteur afin de suivre au plus près la préparation du programme. Un tour de France des villes était organisé pour que chacun puisse annoncer le montant des fonds recueillis, dans cette sorte de Téléthon avant l'heure. À Lyon, nous avions même réussi à éviter que le maire en place, concurrent direct de Michel Noir, prenne la parole. L'annonce serait donc faite par... Danielle Noir, la femme du ministre du Commerce extérieur. Et pour faire bonne figure et parfaire l'image, la ville devait apparaître comme l'une des principales donatrices. Le futur candidat à la mairie avait donc mis en branle tous ses réseaux pour remporter haut la main ce challenge. Le décor était planté, tout avait été prévu.

Une émission de ce type se déroule toujours suivant un plan préétabli détaillé dans ce que l'on appelle un « conducteur ». Nous avions donc prévu l'intervention de Michel Noir quelques minutes seulement après le début du show, profitant ainsi de la meilleure audience. Je suis installé au septième rang de l'orchestre à côté du ministre, Yves Mourousi devait annoncer l'interview de Michel Noir par Jean-Luc Lahaye juste après un reportage consacré aux travaux effectués dans le local de l'association à Clichy, en région parisienne. Durant la diffusion du sujet, Jean-Luc s'approcha de moi et me demanda comment il devait s'adresser à l'interviewé. Ce dernier étant le seul membre du gouvernement, je lui expliquai qu'il convenait de respecter le protocole et de lui donner du « monsieur le ministre ». Le chanteur enregistra et obtempéra :

— Je suis heureux de recevoir Michel Noir, ministre du Commerce extérieur, qui représente le gouvernement, commence-t-il. Alors monsieur le ministre...

— Non, Jean-Luc, l'interrompt Michel Noir, nous sommes amis dans le privé. Ce soir ce n'est pas « le ministre » qui est présent, mais ton ami. Alors par de « vous », pas de « monsieur le ministre », tutoyons-nous comme nous le faisons lorsque tu viens à la maison et appelons-nous par nos prénoms.

Le regard vif du chanteur, ayant saisi l'impact des mots qui venaient d'être prononcés, croisa le mien. Dans ces yeux noirs, je lus à la fois une réprimande et des félicitations. Car durant toute la soirée, en direct sur une chaîne nationale, ce jeune ministre encore peu connu du grand public ne cessa de tutoyer Yves Mourousi et Jean-Luc Lahaye, donnant de lui l'image d'un homme simple et accessible.

L'émission captiva 41 % des téléspectateurs, l'un des plus gros scores de l'année. L'impact se mesura dès le lendemain puisque tous ceux qui croisaient le ministre lui donnèrent du « Michel » et le félicitèrent pour sa prestation. Alors que ses collègues du gouvernement s'échinaient à essayer de passer dans des émissions politiques, lui, en une seule soirée, avait fait plus pour sa notoriété et son image que s'il avait participé dix fois au Club de la Presse, répondu à dix interviews sur les ondes et obtenu quatre pages dans *Libération* ou *Le Figaro*. Mieux, il avait touché le grand public, celui qui ignore les analyses politiques et délaisse les prises de bec sémantiques des hommes politiques et des journalistes. En somme, il avait tapé dans le mille.

La manœuvre avait en fait été entièrement préméditée. Il est vrai que l'aspirant maire de Lyon n'en était pas à son coup d'essai. En effet, grand connaisseur des médias et de leur intérêt pour les événements sortant de l'ordinaire, Michel Noir s'était déjà distingué. Interpellé sur les marches de l'Élysée, la presse lui avait demandé comment s'était déroulé le premier Conseil de cohabitation auquel il avait assisté, François Mitterrand étant président de la République et Jacques Chirac Premier ministre. Loin des querelles partisanes, il avait raconté l'arrivée et le départ du chef de l'État :

— Le Président est entré, ne nous a pas dit bonjour

et s'est assis. Puis à la fin du Conseil, il s'en est allé de la même façon.

Une petite phrase anodine reprise sur toutes les antennes, qui lui valut d'être salué personnellement par le Président lors du Conseil suivant. Le microcosme fit alors des gorges chaudes du fameux « Bonjour, monsieur Noir » que François Mitterrand lui lança. Sa stratégie de communication était lancée : faire de l'image, se différencier et être aimé des Français. En route pour la gloire.

Je retins la leçon et, sous le contrôle du maître, traçai le sillon.

★

Nouvel artifice de cette construction d'image du présidentiable, mes relations dans le show-business furent mises à profit afin de servir la cause. Or les acteurs, chanteurs et autres artistes, jusque-là seulement courtisés lors des scrutins, furent heureux de participer à une opération qui les amusait et leur permettait d'entrer en politique par la grande porte.

Dès lors, nos déplacements et nos heures de détente prirent une autre tournure. Tout devenait prétexte à communiquer. La Formule 1, mes liens avec Jean-Luc Lahaye et la bande de Coluche, mes amis grands chefs de cuisine, Paul Bocuse et Roger Vergé, mais aussi Yves Mourousi, Eddie Barclay, Stéphane Collaro, Jacques Martin, Michel Legrand furent enrôlés malgré eux dans cette campagne qui ne disait pas son nom. Michel m'encourageait vivement à utiliser ces relations pour construire de l'image. Et comme d'ordinaire, je ne fis pas dans le détail, me mettant à dos l'ensemble du cabinet du ministre irrité de voir que le trublion que j'étais ne respectait pas leurs diktats. Ce qui, durant l'instruction, conduisit à cette déposition de Claude Blot, chef de cabinet du ministre du Commerce extérieur.

> « [...] Je pense que Botton a fait rencontrer pas mal de journalistes ou des personnes du show-business à Michel Noir, expliqua-t-il le 7 décembre 1993. Nous avons su également que Pierre Botton avait emmené Michel Noir sur des Grands Prix de Formule 1, au festival de Cannes. Il va de soi que ce n'est pas le ministère du Commerce extérieur qui a pris en charge ces dépenses. Il est exact que Michel Noir se prêtait volontiers à des reportages lors de ces manifestations. Je pense que ces reportages étaient inspirés par Pierre Botton. Cela ne correspondait pas à l'image que le cabinet souhaitait donner du ministre du Commerce extérieur qui devait être d'abord un technicien. Très souvent le cabinet était informé a posteriori de ces reportages. Il y en a notamment à Saint-Tropez où un journal a publié des photos du ministre jouant aux boules sur la place des Lices. De même Michel Noir a participé à une émission de variétés animée par Jean-Luc Lahaye. Ce n'était pas une initiative du cabinet. [...] »

*

Pour asseoir la communication des personnages publics, il existe un autre atout : les photographies. Certaines agences stockant les photos de personnalités, lorsque les journaux désirent illustrer un article, ils peuvent faire appel à ces banques d'images sans solliciter directement l'homme public. Encore faut-il que ce dernier fournisse aux agences des photos utilisables. Dès lors, souvent il se prête à des séances de prises de vue véhiculant son bon profil. Suite à l'émission « Cent familles », Michel Noir intensifia sa présence dans la presse dite « people », martelant son credo du bon père de famille. Mais comme cette nouvelle stratégie et la mise en route de la machine à vaincre ne pouvaient être perturbées par de vieux clichés pas toujours à son avantage, il fallut effectuer un travail en profondeur. Toutes les agences furent donc contactées pour leurs proposer de réaliser de nouveaux reportages contre la garantie de ne plus diffuser les anciens. Au rebut les photos de Noir en veste étriquée battant la campagne, le regard sombre, ou derrière un pupitre portant l'étiquette RPR. Bonjour, les clichés en pull-over de couleurs, au milieu des enfants et dans le salon de la maison familiale en train de jouer aux échecs ou au Trivial Pursuit. Quant à la classique image du député serrant des mains sur un marché, elle fut revue et corrigée pour une autre le montrant en polo décontracté, le journal *L'Équipe* à la main, des sandales aux pieds, tout sourire, en train de regarder l'étalage d'un marché de Saint-Tropez avec son épouse Danielle en bermuda. Avec de telles photographies, chaque lecteur de magazine pouvait s'identifier à lui.

Toutefois, comme ces mises en scène ne faisaient pas très « ministre », il fallut aussi d'autres images lui donnant l'occasion de maintenir son rang. Une nouvelle série fut donc imaginée, le montrant pilotant un hélicoptère ou travaillant d'arrache-pied dans l'un des magnifiques costumes taillés sur mesure par Francesco Smalto.

★

Je l'ai dit, cette nouvelle communication ne cadrait pas avec ce que souhaitaient les fonctionnaires du ministère du Commerce extérieur. Or, Michel Noir avait la lourde tâche de communiquer tous les mois sur les chiffres de la balance commerciale du pays. Lourde parce qu'à chaque fois le ministre avait l'insigne privilège de rendre public un déficit catastrophique. Difficile donc dans ce contexte de mettre sur pied une image positive. Parfois un petit coin de ciel bleu apparaissait quand Airbus vendait quelques avions, mais l'annonce de ces gros contrats était réservée au ministre de l'Économie et des Finances, Édouard Balladur !

Un jour de l'automne 1986 lors de mon déjeuner hebdomadaire avec le ministre, Michel me dit que les chiffres du mois devaient arriver d'un instant à l'autre et qu'ils seraient cette fois positifs. Grande nouvelle. Nous discutâmes pendant un bon moment dans la salle à manger du quai Branly sur la façon de tirer profit de ce bénéfice vraiment tombé du ciel. Alors que notre stratégie prenait enfin forme, le directeur de cabinet entra et confia les précieux résultats à son supérieur. Le visage de Michel se ferma en un quart de seconde. Son regard s'assombrit, ses sourcils se crispèrent, sa mâchoire se durcit. Les chiffres étaient catastrophiques. Alors, il entra dans une colère terrible, furieux de constater qu'il lui était impossible de gérer une stratégie de communication si aucuns chiffres fiables ne pouvaient être connus quelques heures avant l'annonce officielle. Une fois son calme revenu, il décida d'abandonner définitivement les statistiques pour recentrer son discours sur un axe moins économique et plus populaire montrant les nécessités de multiplier les actions à l'étranger pour soutenir l'image de la France.

★

À près d'un an de l'élection présidentielle de 1988, si le poids médiatique de Michel Noir augmentait, son influence politique, en revanche, semblait suivre une courbe opposée. Il fallait donc inverser la tendance. Régulièrement, le ministre réunissait dans son bureau Michel Colomès, le patron du service Monde du *Point* et Bernard Billère, responsable de l'agence de publicité RSCG de Lyon, pour discuter de l'évolution de son « image » et de sa communication. Ce fut à l'occasion d'une de ces rencontres que je découvris un autre acteur incontournable de la vie médiatique : le sondage.

Les instituts d'enquêtes d'opinion, en dépit de leur discrétion, jouent un rôle décisif dans la vie politique du pays. À l'aide de questions précises, ils déterminent quelle couche de la population est sensible au discours de tel ou tel personnage, quelle autre apprécie ou déteste un homme politique, quelles sont les qualités qui ont fait mouche auprès du public ou au contraire les lacunes mises en avant. Et ce à partir de questions simples, du type : « Parmi ces qualificatifs, quels sont ceux qui s'appliquent bien à "M. X" : dynamique, proche des préoccupations des gens, honnête, fait trop de politique, moderne, arriviste, sincère, plein d'avenir, compétent, connaît bien ses dossiers, efficace. » En outre, on demande au sondé son âge, sa profession, son statut marital, son lieu de résidence, le nombre de ses enfants, ses affinités politiques, les journaux qu'il lit ou les émissions qu'il regarde pour déterminer avec précision la catégorie sociale à laquelle il appartient, ainsi que ses préoccupations. Ensuite, des recoupements permettent d'établir une cartographie assez précise de l'électorat, données qui, bien exploitées, permettent d'ajuster le discours de l'homme politique selon la cible qu'il vise ou les lacunes qu'il a à combler.

Un exemple simple : si lors d'un sondage, les chiffres nous apprennent que l'élu en question est pratiquement inconnu des 18-24 ans, lesquels ne le trouvent pas dynamique et pas proche des gens, il conviendra d'obtenir un entretien dans un magazine très lu par les jeunes ou sur une chaîne comme M6 au moment de la fête de la Musique. Évidemment, se montrer en compagnie de l'un de ses enfants qui passe le bac cette année-là augmentera les chances de séduire un tel électorat. Évidemment, la tenue devra être adaptée, sans pour autant choquer.

Pour le reste quelques notions de base sont à connaître, notamment le fait que sur une grande chaîne généraliste, à une heure de grande écoute, le politique doit privilégier les sujets dits « fédérateurs » tels que la famille, les enfants, la morale, le respect de l'autre, la joie de vivre ou l'aide aux anciens. En somme, avec de tels instruments bien employés, on peut gagner un poste de député !

★

Grâce à ces sondages et à la collaboration de l'équipe de communication, nous avons pu monter tout un ensemble d'opérations, destinées à redresser l'influence politique de notre « poulain ».

Première technique, classique certes mais efficace, distribuer des hochets et des récompenses toujours appréciées. La Légion d'honneur, ordre honorifique de la République, est l'un des outils mis à la disposition des membres du gouvernement pour attirer la sympathie de grandes personnalités françaises ou se faire un « coup de pub » en distinguant une célébrité étrangère. Le ministre du Commerce extérieur eut l'occasion de remettre une médaille à Paul Bocuse et d'élever au grade de chevalier Roger Vergé, autre grand chef hexagonal. Autant d'occasions de poser devant les photographes et de faire passer quelques messages. Durant la remise de rosette à Paul Bocuse, Michel en profita pour montrer publiquement que ses relations avec Jacques Chirac étaient au beau fixe, contrairement à ce qu'avançaient certains. Des visages détendus, des rires, une certaine complicité en compagnie de bons vivants représentants de la gastronomie française, tout cela affiché sur des clichés largement diffusés, et les rumeurs de tension entre le Premier ministre et son délégué au Commerce extérieur furent envolées. Et lors de la deuxième cérémonie, il s'afficha avec les artistes contemporains les plus en vogue, Armand, Folon ou César, amis de Vergé, posant pour la postérité avec lui devant un immense gâteau. Une image comme il se doit publiée dans tous les magazines sur papier glacé.

★

Dans l'ensemble la campagne de promotion de Michel Noir se révéla payante. Sondage après sondage, on vit sa cote d'avenir grimper. Il fit même son entrée dans les palmarès officiels des quotidiens montrant les personnalités du gouvernement « connues » du grand public. Tout semblait parfait alors qu'en vérité, cette popularité naissante constitua le début de ses difficultés. Être un homme d'avenir, c'était entrer en concurrence avec les poids lourds du gouvernement, le patron du RPR et Premier ministre en tête. D'autant que le député de Lyon avait décidé de faire entendre un langage différent.

En effet, tandis que Jacques Chirac relevait « les odeurs » qui accompagnaient le voisinage des étrangers dans les cités et choisissait la ligne de Charles Pasqua en matière de politique d'immigration et de rapprochement avec le Front national, les prises de position anti-Le Pen de Michel Noir avaient eu un profond retentissement auprès du grand public. Si sa notoriété s'en voyait du coup accrue, il apparut dangereux aux gaullistes et fut considéré comme un trublion plein d'ambition qu'il serait bon de stopper par les instances du RPR. Une fragilité au sein du parti qui s'accrut lorsqu'un sondage lui donna plus d'opinions favorables qu'au ministre d'État dont il dépendait, Édouard Balladur. Dès lors les coups tordus commencèrent à pleuvoir.

Pour ne pas être étouffé et marginalisé, il était indispensable à Michel Noir de marquer un grand coup et de se positionner d'urgence comme une référence nouvelle sur la scène politique française. Pour cela une seule solution : être l'invité vedette d'une grande émission politique, diffusée en prime time pour s'expliquer et asseoir sa crédibilité. À l'époque il en existait deux : « L'Heure de vérité » et « Sept sur sept ». Mais comment décrocher un tel passage ?

Tout le monde y alla de son coup de fil et de ses relations. Paul Bocuse me mit ainsi en contact avec le journaliste Jean Lanzi, qui fut le co-présentateur de « Sept sur sept », lui-même me transféra sur Anne Sinclair. Elle écouta patiemment ma demande, puis m'annonça que le planning des invités était bouclé jusqu'à la fin de la saison. J'avertis mon mentor qui ne voulait rien entendre. Sous sa pression, j'appelai sans relâche la journaliste, espérant un désistement ou une faveur. Finalement, Anne Sinclair prit le temps de m'expliquer que cela ne servait à rien de la poursuivre. L'année comptant cinquante-deux semaines, si l'on ôte les vacances et les Grands Prix de F1 qui empêchent la diffusion de certaines émissions, il restait juste trente-six plateaux. Le principe de « Sept sur sept » étant d'alterner une personnalité politique et un membre éminent de la société civile, acteur, chef d'entreprise ou chanteur, cela laissait dix-huit invités politiques répartis à parts égales entre la droite et la gauche, soit neuf plateaux chacun. Ensuite, au sein de ce nombre restreint, il y avait bien les invités prioritaires ou obligatoires tels que le Premier ministre, les principaux ministres (Affaires étrangères, Intérieur ou Finances), mais aussi des figures importantes à qui il fallait donner la parole, à savoir les leaders des autres formations de la droite, Valéry Giscard d'Estaing et Raymond Barre pour l'UDF, sans parler du responsable du CDS. Au bout du compte, il restait, pour toute l'année, seulement deux émissions encore libres avec des dizaines de postulants. Donc une chance de voir Michel Noir invité proche de zéro.

Pourtant, un lundi, la journaliste vedette de TF1 m'avertit que Michel Giraud, alors ministre de la Défense, venait de se décommander et que l'émission de fin de semaine pouvait accueillir Michel Noir. L'occasion était trop belle et mon accord fut évidemment immédiat. Le délai de préparation était extrêmement court pour un passage de cette importance, mais nous n'avions pas le choix. Fier de cette réussite, je me rendis au ministère annoncer la bonne nouvelle à mon ami. La conversation fut brève :

— Michel, j'ai une grande nouvelle pour toi.

— Laquelle ?

— Tu passes à « Sept sur sept » dimanche prochain.

— Ce dimanche ?

— Oui, je te demanderai seulement de passer un petit coup de fil à Paul, sans qui rien n'aurait été possible.

— J'espère que tu as les questions qu'ils vont me poser.

Ma surprise fit rapidement place à la colère. Loin de me remercier, le ministre me demandait si l'interview était « préparée » !

Les préparatifs de l'émission bouleversèrent son emploi du temps, m'attirant une fois de plus les foudres des membres du cabinet. Pourtant ce dimanche soir marqua un tournant important dans sa carrière politique : Michel Noir accédait à un autre niveau et son poids politique augmentait. Désormais, il comptait parmi les quelques hommes importants de la nation. Anne Sinclair prit soin de le mettre en valeur.

Le 5 avril 1987, le lancement de la journaliste récapitulait l'ensemble du travail d'image effectué depuis trois ans. Dans ses premières phrases, aucune référence à son positionnement politique, mais uniquement à son âge, son physique et sa famille. Bingo ! Le tour était joué.

« Bonsoir, il est jeune, dynamique, courageux et en plus c'est un très grand ministre. Il mesure 1,97 mètre. Michel Noir bonsoir et pardon pour ce clin d'œil à votre grande taille. Puisqu'on en est aux chiffres quelques autres. Quarante-deux ans, six enfants, dont l'un d'entre eux mesure près de deux mètres, ce qui fait dire avec humour à votre femme Danielle j'ai fait plus de onze mètres d'enfants et près de 386 kilos. »

En quelques secondes et devant des millions de téléspectateurs, l'image était passée.

★

Pour attirer l'attention des médias, il fallait aussi proposer des reportages toujours plus nouveaux et inhabituels. Du week-end Formule 1, organisé sur le circuit de La Châtre pour un petit nombre de journalistes, à la location de la piste du Castellet pour permettre un reportage télé, on mettait tout en œuvre pour que Michel Noir se démarque des hommes politiques traditionnels.

3 avril 87, Michel Noir passe à « 7 sur 7 » sur TF1. Moins d'un mois après, le lundi de pentecôte c'est sur la même chaîne que notre ministre attire de nouveau l'at-

tention du public dans le journal de l'un de nos fidèles « complices » Yves Mourousi. Surtout aucun discours politique, seulement de l'image. Mise à profit des festivals de Cannes, des relations avec le show-business, des dîners privés et autres défis lancés entre hommes célèbres, tout se retrouve dans la présentation par Marie-Laure Augry et son invité Alain Souchon, du reportage concernant l'élu :

— Vous êtes-vous essayé à la formule 1 demande-t-elle au chanteur ?

— Ah non.

— Vous n'êtes pas tenté de vous lancer avec Laffite, Tambay ou autre pour essayer, vous êtes un homme de pari comme cela ?

— Ah non, répond le chanteur, cela va trop vite.

— Vous allez voir il y a Michel Noir, le ministre du Commerce extérieur, qui lui s'est lancé.

Alain Souchon interrompt la journaliste :

— Michel Blanc ?

— Non Blanc, c'est à Cannes et Noir au Castellet, je crois d'ailleurs qu'ils avaient plus ou moins fait un pari à Cannes de se saluer et de se rencontrer, Michel Blanc et Michel Noir à Cannes sous les objectifs des photographes. Noir, le ministre a voulu s'initier à la formule 1 une façon comme une autre pour lui d'éviter les dérapages, du Commerce extérieur. Alors regardez Alex Panzani était là. »

Oubliez les chiffres du Commerce extérieur, la politique et le RPR ! Place à l'image.

Michel Noir incarnait l'homme neuf, jeune et dynamique. Et ses concurrents, à chacune de ses nouvelles apparitions, semblaient prendre dix ans.

★

Nous n'avions pas oublié non plus la force des émissions grand public. Depuis « Cent familles », nous savions le pouvoir de ce type de programmes. Profitant de mes relations avec des personnalités du show-business, Michel participa donc à la première de « Lahaye d'honneur », confiée à Jean-Luc Lahaye sur TF1 suite au succès précédent. Le concept était simple : une émission en direct, alliant variétés et actions caritatives. Chaque semaine, Jean-Luc recevait une association dont il assurait la promotion avec pour objectif de récolter des fonds. La première fut organisée autour des fameux Emmaüs de l'abbé Pierre mais Jean-Luc, connaissant bien Michel, accepta de l'inviter seulement s'il se présentait sous un jour plus personnel. Mais que faire ? Tout le monde convint que le ministre jouerait en direct et en public un petit morceau de violoncelle, instrument qu'il pratiquait de manière assidue en privée. Hélas, malgré les répétitions et des cours réguliers durant près d'un mois, à quelques jours du direct le numéro n'était toujours pas au point. Et lors des répétitions, il apparut évident que Michel Noir n'avait pas le niveau requis. Pourtant, son passage étant annoncé dans la presse, nous n'avions d'autre choix que de le faire apparaître sur le plateau. En catastrophe, j'appelai un violoncelliste professionnel, lui expliquai la situation et lui demandai de nous aider. Le ministre apparut donc comme prévu, jouant en direct, mais en play-back, le vrai violoncelliste interprétant l'air à ses côtés ! Malgré un couac de Michel qui toucha quand même les cordes, l'interprétation se déroula parfaitement. Ainsi que l'interview qui suivit, la complicité entre le chanteur et le ministre faisant merveille.

À petites touches, d'articles en émissions, de photos en interviews se modelait pas à pas l'image du futur candidat à la mairie de Lyon.

★

Comme dans les sports de haut niveau, il existe pour l'homme politique des « figures imposées », auxquelles il ne peut couper s'il veut fonder sa crédibilité. La publication d'un livre en fait partie. Après la défaite de Jacques Chirac à la présidentielle de 1988, Michel Noir décida de publier un nouvel ouvrage. Avec des objectifs clairement définis : consolider sa stature nationale et internationale, pour qu'il puisse affronter Raymond Barre, ancien Premier ministre, aux prochaines municipales de Lyon. Le sujet importait peu, tout comme le nombre d'exemplaires vendus, l'essentiel étant de continuer à exister, de posséder un support écrit pour les campagnes à venir ainsi qu'une raison pour solliciter les télévisions, montrer sa tête et ne pas être oublié. Les exemples d'hommes politiques devenant « écrivains » au moment où ils traversent une période difficile sont légion, tant l'oubli est le pire drame qui puisse leur arriver, sauf lorsqu'ils sont aux prises avec des affaires judiciaires où l'absence de la scène publique devient une arme redoutable.

Très occupé à gérer la stratégie politique, l'ancien ministre arrêta son choix sur un livre d'entretiens avec des personnalités des sphères économique, politique et internationale. Avantage selon lui, l'écriture en serait rapide. Inconvénients vite apparus, une réflexion personnelle peu importante et un véritable défi pour l'organisation matérielle du projet et le choix des personnalités lui donnant la réplique. Pour faire bon poids, il avait été convenu de mettre au milieu de l'ouvrage un cahier de photos représentant Michel Noir avec le maximum d'intervenants. L'image, toujours l'image.

L'aspirant maire avait choisi de balayer tous les sujets en vogue à l'époque : les droits de l'homme en discutant avec Andreï Sakharov, prix Nobel de la Paix ; l'URSS en parlant avec Zbijniew Brzezinski, ancien conseiller pour la défense du président des États-Unis ; l'Europe en affrontant Jacques Delors, président de la Commission de la communauté européenne. Mais il y avait aussi des entretiens prévus sur l'emploi avec François Dalle, président de L'Oréal, l'éducation avec le journaliste François de Closets, l'image et les médias avec Philippe Labro, journaliste lui aussi, la religion avec monseigneur Albert Decourtray, archevêque de Lyon et enfin les arts avec Mstislav Rostropovitch, violoncelliste de renom. Un programme de prestige, alléchant, mais qui ressemblait à un vrai parcours du combattant dans sa mise en place. Heureusement ponctué de moments d'humour.

Ainsi, Michel Noir encore ministre ne connaissait pas François Dalle, ancien compagnon de chambre de François Mitterrand, patron de L'Oréal, groupe de cosmétiques aux dimensions mondiales et auteur de rapports sur l'emploi. De mon côté par le biais de mes activités économiques, je rencontrais très régulièrement à son domicile Patrick Blanque, propriétaire du Groupe Moniteur, et ami de longue date dudit François Dalle. Saisissant l'opportunité, je lui demandai d'organiser une rencontre avec le ministre. Rendez-vous fut pris pour un déjeuner au domicile de Patrick Blanque. Ce dernier, homme d'un certain âge, cheveux blancs, très grand, célibataire endurci et ayant fière allure, habitait au dernier étage d'un immeuble de l'avenue Victor Hugo. Issu d'une famille aisée, il résumait son parcours en disant : « J'ai poursuivi mes études, puis j'ai profité de la vie et ensuite, lorsque je me suis ennuyé, j'ai décidé de faire fortune ». Un CV qui semblait d'une grande simplicité dans sa bouche !

Le jour venu, j'accompagnai l'homme politique dans ce lieu où j'étais déjà venu tant de fois. Arrivés avec la plus grande ponctualité, nous sommes conduits dans un salon où nous attendons que le maître de maison nous reçoive. L'homme partageait sa vie avec des chats qui s'en prenaient aux tapisseries et aux coussins de canapés plutôt élimés. Michel Noir me fit remarquer l'état du salon et me demanda :

— Ça fait longtemps que tu viens ici ?

— Trois ans peut-être...

— C'est comme cela depuis trois ans ?

— Oui, je crois. Tu sais, monsieur Blanque vit seul. Il ne doit pas attacher beaucoup d'importance à tout cela.

— Pas du tout, il est radin, ton bonhomme !

Un jugement sévère sur quelqu'un qu'il ne connaissait pas.

Après trente minutes d'attente, un domestique vint nous chercher. Nous nous engageâmes dans un interminable couloir menant au bureau exigu de l'homme d'affaires, alors que je m'attendais à ce que l'on nous entraîne vers la salle à manger. Mais ce fut bien dans le bureau d'à peine deux mètres sur trois que nous entrâmes. Or le secrétaire nous abandonna, sans un mot ! Le mobilier était réduit au strict minimum : un canapé, une petite table de travail et quatre chaises. Un plateau en aggloméré avait été posé sur le bureau dont on voyait encore le bloc tiroirs, une nappe avait été jetée dessus et quatre couverts dressés. La porte refermée, Michel et moi échangeâmes un regard puis éclatâmes de rire.

Patrick Blanque arriva enfin et nous invita à commencer le déjeuner sans attendre François Dalle, Michel Noir ayant toutefois bien du mal à installer son 1,97 m entre les pieds de la table et le bloc tiroir. À le regarder se tortiller comme il le pouvait pour trouver une position convenable, je frôlai le fou rire. Lorsque enfin il y parvint en forçant un peu, il manqua de renverser le plateau sur lequel la table était mise. N'appréciant toutefois guère d'être reçu de la sorte, il lança : « C'est qu'avec mes grandes jambes, et le bloc tiroir que j'ai juste devant moi, ce n'est pas facile ». L'industriel resta de marbre et entama son repas.

Enfin, on annonça le prestigieux grand patron. Contrairement à ce qu'il avait fait pour Michel Noir, Patrick Blanque se leva pour aller le chercher. Restés seuls, l'ancien ministre me dit : « Je te retiens de m'amener manger trois feuilles de salade chez l'oncle Picsou, sur une table en aggloméré pourri ! Dès que je sors de là je vais me taper un tartare-frites chez Edgard. ». Des mots qui déclenchèrent chez moi le fou rire que je tentai avec peine de retenir. Heureusement François Dalle arriva. C'était un homme de taille moyenne, un peu fort, le dos légèrement voûté, vêtu d'un costume strict de banquier, avec de petites lunettes rondes sur le nez et des cheveux fins mal coiffés. Le ministre essaya de se lever pour le saluer, mais resta coincé sous le bureau, la main tendue vers l'homme d'affaires. D'un coup de rein, il parvint toutefois à se dégager et déplia sa grande carcasse mais déséquilibra le plateau en aggloméré. In extremis, il rattrapa la table mais déjà tous les verres avaient été renversés. Devant une telle « maladresse », François Dalle oublia la main tendue et s'installa.

Michel Noir essaya à de multiples reprises d'entamer la conversation avec le P-DG, mais celui-ci ne semblait pas le moins du monde réceptif à ses propos. Seul sujet qui retint son attention et encore quelques secondes, l'évocation de sa fille que j'avais rencontrée quelques années auparavant et qui pratiquait le ski nautique. Voyant que rien ne semblait passionner l'entrepreneur, le ministre comprit qu'il ne servirait à rien de vouloir faire bonne figure et s'exprima avec franchise, défendant sa politique comme ses idées.

À peine le fruit et le café avalés, le chef d'entreprise annonça qu'il devait partir. De mon côté je conseillai à Noir d'en faire autant. Sur le trottoir de l'avenue Victor Hugo, je tentai une dernière fois de dérider le magnat en lui demandant de but en blanc s'il accepterait de participer au livre du ministre. Et là, à notre grande surprise, il me donna son accord de principe, en me disant qu'il avait passé un « agréable moment » en notre compagnie. Il nous serra la main, et s'en alla. Il tint parole et devint, par la suite, un familier de Michel Noir. Comme quoi...

*

Ce livre permit à Noir d'occuper la scène politique lyonnaise car avec cet ouvrage, la campagne des municipales commençait. Ce fut aussi une des premières fois où, publiquement et par écrit, l'ancien ministre remercia les personnes qui avaient travaillé avec lui :

> *« Ayant conçu et réalisé ce livre en peu de mois, j'ai fait souffrir tous ceux qui m'ont aidé à rendre mon manuscrit en temps et en forme voulus, à l'éditeur.*
>
> *Que Nathalie Germond, Françoise Lagaize aidée d'Anne Beauchesme me pardonnent les heures passées, au-delà du raisonnable, pour tenir les délais. Merci à Pierre Botton d'avoir veillé à la difficile organisation des entretiens. Que mon ami Michel, qui m'a relu, me pardonne avec son épouse Évelyne, les week-end volés.*
>
> *Enfin, je veux ici redire toute mon amitié à Marek Halter qui a souhaité que j'écrive un livre, et que je le publie chez Robert Laffont, auquel je sais gré de m'avoir accueilli avec tant de cordiale spontanéité. »*

Un événement bien utile pour motiver les troupes, avant d'attaquer la pré-campagne. Lentement, l'homme politique élargissait son emprise avec talent.

CHAPITRE 13

Sous le soleil de Saint-Tropez : Années 2 et 3

Simultanément à la croissance de l'aura de Michel Noir, le train de vie général augmentait de façon faramineuse. Cette année-là, le député, conscient de l'importance du tissu relationnel avec les milieux des médias et du show-business, choisit de mettre à profit son été. Après une simple maison louée à Saint-Tropez, en 1987 je louais donc une somptueuse villa de Ramatuelle, à quelques kilomètres à peine du petit port du Var. Une route goudronnée de plusieurs centaines de mètres conduisait à la demeure qui, isolée au milieu d'une forêt sur les hauteurs dominant le sable de Pampelonne, offrait un panorama fantastique sur la campagne, la mer et les plages. Bordant le chemin, des haies de lauriers-roses jaillissaient de petits murets en pierre auxquels, le soir, les spots encastrés allumés donnaient un paysage de magie. La villa étant répartie sur plusieurs niveaux, on se croyait dans un petit village. Dès l'entrée, la grande baie vitrée de la pièce principale ouvrait sur la vue panoramique et la piscine creusée en contrebas. Agrémentée d'une majestueuse cheminée de pierre, elle donnait accès à une grande cuisine au style provençal ainsi qu'à un petit salon tout en rond. À l'étage se trouvait la chambre de maître, pourvue d'une salle de bains à la baignoire aussi grande qu'un jacuzzi ! Par la terrasse, on accédait grâce à quelques marches à la piscine en forme de haricot qui paraissait taillée à même la montagne, un rocher faisant office de plongeoir. Situées à un niveau intermédiaire, il y avait trois chambres, chacune indépendante et munie de sa salle d'eau. En contournant la maison, un escalier étroit et mal éclairé donnait accès à deux appartements tout équipés, perdus dans la nature. Enfin, un parc de plusieurs hectares entourait la maison, dans lequel avait été aménagée une plate-forme permettant de poser et de stationner un hélicoptère. Un morceau de paradis, théâtre délirant des deux étés de folie qui allaient emballer ma vie.

Car la plaisanterie avait un coût pharaonique : 240 000 F pour l'été, non compris le personnel, l'hélicoptère à demeure, les locations de voitures, de scooters, de motos ou de bateaux. Tout était en effet prévu afin que mes invités n'aient aucun souci pour se déplacer selon leur bon vouloir. Il y avait la « Chevrolet » de Coluche, ma Mercedes, une R25 Baccarat et une 205 Roland-Garros. La facture des déplacements en hélicoptère de l'été 1988 s'éleva à près de 400 000 F ! Il suffisait qu'un convive me donne son accord pour que l'organisation se mette en branle : une secrétaire, uniquement chargée de gérer ce type de déplacement, prévoyait tout.

Où que l'invité se trouvât, Paris, Nîmes, la Bretagne, le Jura, Lyon, Aix-en-Provence ou Cannes, une voiture le prenait chez lui pour le conduire à l'aéroport le plus proche où un avion privé l'attendait pour le transporter à celui de la Mole desservant Saint-Tropez. De là l'hélicoptère prenait le relais jusqu'à la maison. À son arrivée, chaque invité était guidé vers sa chambre où, de la serviette de toilette à la bouteille de shampooing, tout avait été prévu. Rien d'autre à faire que de se distraire, puisque les divertissements étaient eux aussi organisés. En août, tous les soirs on pouvait aller au festival de théâtre de Ramatuelle, dîner avec le tout-Saint-Tropez, ou terminer la soirée aux Caves du Roy, la boîte branchée du Byblos. Le midi, un déjeuner sur la plage du Club 55 était organisé pour ceux qui le souhaitaient, mais rarement avant quinze heures. Quant à ceux qui préféraient rester au calme et profiter de la maison, ils avaient le choix entre des tournois de boules, de belote, de ping-pong ou de natation.

*

Devenu un habitué remarqué de la presqu'île, le club de boules de Saint-Tropez me proposa de sponsoriser le concours des « Lyonnais de Saint-Tropez », une compétition se tenant le deuxième week-end d'août qui dès sa première année d'existence, fut l'une des mieux dotées du département puisque les finalistes se partageaient 15 000 F ! Avec d'autres, nous avions eu l'idée d'imposer que chaque équipe soit composée d'un Lyonnais, d'un Tropézien et d'une vedette du show-business. De la sorte, je faisais participer grand nombre de mes invités et j'élargissais le cercle de mes relations. Évidemment, de repas en dîners suivis de soirées agitées aux Caves du Roy, ce cercle prenait de l'ampleur et mon amitié avec Barclay et sa nouvelle épouse Caroline grandissait. Eddie, particulièrement conciliant avec moi, m'autorisait même à l'appeler afin de lui suggérer de convier à sa table certains de mes invités. En quelques minutes, fraîchement descendus de Paris, ceux-ci se retrouvaient en maillot de bain à la table la plus « people » de la Côte ou en train de taper la boule en espadrilles avec les têtes célèbres de la presqu'île. Un plongeon dans un Saint-Tropez plus vrai que nature raconté en long comme en large par tous les journaux.

*

Saint-Tropez peut aussi parfois être le théâtre de rencontres insolites, voire incongrues en ces lieux agités. Ainsi, un soir où une grande table avait été dressée, une jeune femme prénommée Isabelle, un peu garçon manqué parfaitement intégré à notre groupe de copains rigolards, vint avec sa meilleure amie, grande, élancée, très mince, les cheveux frisés : elle nous présenta Jacinte. Les apparences n'étaient pas trompeuses : la jeune femme habillée de façon très classique, détonait un peu avec la décontraction et le laisser-aller très à la mode de la presqu'île. Discrète et effacée, il s'agissait de la fille cadette de l'ancien président de la République, Valéry Giscard d'Estaing, qui dans notre monde d'excès et de désinvolture, ne paraissait pas vraiment à sa place.

Pourtant le lendemain, elle nous surprit. La maisonnée s'éveillant vers midi, nous convînmes tous de passer la journée en bateau. Je pris donc la barre d'un hors-bord de dix mètres de long très rapide, pourvu de deux gros moteurs. La chaleur était écrasante quand nous embarquâmes, Jacinte, Isabelle, Éric et moi. Nous étions munis d'une glacière contenant de l'eau et du Pétale de Rose, un rosé surnommé le vin qui « rend heureux » selon le dicton de la presqu'île. Nous mîmes le cap sur Fréjus.

Après trente minutes de mer, un moteur tomba en rade. Qu'à cela ne tienne : il en restait un autre dont la puissance suffirait à nous ramener à bon port. Hélas, quelques minutes plus tard, le second claqua à son tour. Avant de lancer un appel de détresse, je voulus donner une chance à la mécanique en les laissant refroidir. Pour patienter et supporter la canicule, nous débouchâmes une bouteille... puis une autre. À quinze heures, alors que le soleil tapait fort, les moteurs ne voulaient toujours rien savoir. Je mis alors la radio sur le canal 16 pour demander du secours, les plaisanciers passant à nos côtés ne pensant pas à nous aider tant il semblait que, comme tous les autres navires, nous faisions un arrêt pour profiter du soleil. Après deux heures d'attente, on nous avertit qu'un échange de bateaux aurait lieu mais seulement lorsqu'une embarcation serait rentrée au port. Toujours pas d'ombre sur le hors-bord, juste des plaisanciers en panne, cuits par la chaleur autant que par le vin, alternant baignades et siestes arrosées. Enfin, vers dix-huit heures trente, le bateau de secours arriva, délivrant un équipage de « bienheureux ».

Débarqué près de Cannes et voyant l'heure du dîner arriver, j'eus envie de rattraper cette journée un peu gâchée en invitant le groupe à souper au Moulin de

Mougins, le trois étoiles de Roger Vergé. Tous exprimant le désir de prendre une douche auparavant, en gentil organisateur je contactai l'hôtel Carlton pour profiter d'une salle de bains. Après cette petite toilette, nous nous rendîmes au restaurant. À la descente de voiture, nous découvrîmes que tous les autres convives étaient habillés comme pour un grand dîner. Avec stupeur, mes amies réalisèrent que leur tenue n'était absolument pas adaptée, tongs, bermudas, paréos et maillots de bain cadrant mal avec l'ambiance. Jacinte préféra s'éloigner en exprimant le souhait de nous attendre à l'hôtel. Hélas, il était trop tard : Roger Vergé, avec son visage buriné, ses cheveux blancs, sa belle gueule de baroudeur venait déjà nous accueillir. À la vue de notre troupe il s'exclama : « Celle-là, tu ne me l'avais pas encore faite, Pierre ! » Je me confondis en excuses quand il me dit : « On va trouver une solution. » Comprenant la gêne de ces dames, il lança à leur intention, avec un regard charmeur : « Lorsqu'une femme est belle, moins elle est habillée plus elle a de charme. » Il nous installa dans un recoin de la salle de restaurant, mais les regards des clients transpiraient de réprobation. Jacinte se sentait vraiment mal à l'aise et était terrorisée à l'idée d'être reconnue. C'est alors que les serveurs apportèrent un paravent pour nous isoler. Tout le monde respirait ! Cachés de la sorte, nos rires reprirent et se firent de moins en moins discrets. Quant aux clients entrés après notre arrivée ils se demandaient qui étaient ces personnalités, forcément célèbres, cachées ainsi !

*

Invité permanent de la villa du Cap, je voyais à l'œuvre Caroline, la huitième femme d'Eddie Barclay et nouvelle maîtresse de maison. À cette époque, nos relations se limitaient au contact social des fêtes et de la vie du show-business. Contrairement à beaucoup des personnalités évoquées dans ce livre, c'est après ma longue période d'incarcération que nos rapports sont devenus plus étroits et qu'est née une amitié sincère. Il est pourtant paradoxal pour moi, alors que j'ai totalement quitté ce monde de paillettes, de me retrouver aujourd'hui devant l'une des représentantes les plus en vue de ce milieu. Mais Caroline est une jeune personne de qualité, très représentative des femmes de notre époque : pleine de volonté, d'indépendance, de force et d'ambiguïté. Il y a dans les rapports que je souhaite avoir avec elle toute la différence entre ma vie d'avant mes emmerdes et celle d'après.

Mais, en cet été 1987, nous étions évidemment bien loin de tels rapports. Et si je fréquentais assidûment la maison du Cap, c'était pour de folles parties de ping-pong. Un jour, de passage en bateau, je rejoignis la villa en maillot de bain quand Eddie me proposa une partie. J'acceptai bien volontiers, mais je lui demandai quand même de me prêter une paire de chaussettes de sport. Il accepta, en me précisant : « Tu n'oublieras pas de me les rendre. » La partie achevée, je rentrai chez moi. Le soir même, je revis Eddie sur la place des Lices. En pleine partie de boules, dans un point important et devant plus d'une centaine d'estivants très heureux de se faire photographier avec la star, il s'approcha de moi et très sérieusement me dit : « Tu n'oublieras pas ma paire de chaussettes. » Je lui rétorquai que je n'envisageai pas de les lui restituer sales. Et dès le lendemain, piqué au vif, j'envoyai quelqu'un chercher une centaine de ces fameuses chaussettes. Dans l'après-midi, je téléphonai à mon partenaire pour lui dire que je passerais lui rendre son bien. Je montai dans l'hélicoptère avec le pilote, ôtai les portes latérales, et m'envolai vers sa maison. Arrivé à destination, le pilote se plaça en position stationnaire au-dessus de la terrasse, descendit le plus bas possible pour que je puisse lancer les chaussettes une à une qui échouèrent dans la piscine. Au milieu de la manœuvre, Caroline sortit sur la terrasse et me fit de grands signes avec les bras, comme pour me faire coucou. Une fois ma blague effectuée, très fier de moi, je réintégrai mon domicile.

Le téléphone restant silencieux, en fin d'après-midi, n'y tenant plus, j'allai chez Eddie et Caroline afin de savoir si ma plaisanterie avait été appréciée. Mais il n'y avait aucun signe de vie à l'intérieur de la maison, j'attendis donc le retour des habitants. Quand David Thieme, l'industriel américain, à qui Eddie avait gardé son amitié malgré ses déboires, survint, nous commençâmes à jouer au ping-pong. Ce ne fut qu'au cours de la deuxième partie qu'Eddie arriva. En me voyant, il me fixa du regard et quand je lui demandai :

— Tu as reçu mes chaussettes ? Tu en as eu assez ?

Il me répondit :

— Toi, je ne veux plus te voir dans cette maison et je te demande de partir tout de suite.

Interloqué et choqué par son ton vindicatif, je pris ma raquette et filai vers la sortie. Tout aussi surpris que moi, David Thieme s'immisça dans la conversation :

— Eddie, c'est ton ami, tu ne peux pas lui parler comme cela.

L'imprésario piqué au vif, répliqua :

— Toi, tu es aussi con que lui, alors tu n'as qu'à le suivre.

Je n'entendis pas la suite du dialogue. Le roi du microsillon avait-il si peu le sens de l'humour ? Comment ma cargaison de chaussettes avait-elle pu provoquer une telle colère ? Je me perdais en conjectures.

Marchant au bord de la route, je vis un Renault Espace s'arrêter à ma hauteur. David Thieme, lui aussi victime des invectives du roi du disque, me proposa de me reconduire chez moi, m'expliquant qu'il arrivait parfois à Eddie d'en avoir assez du monde occupant sa maison et de renvoyer ses invités sans aucune formalité. Quelques heures plus tard, nous nous retrouvâmes tous les deux place des Lices où Stéphane Collaro leva un verre à ma santé en me demandant si j'avais revu Barclay. Je lui racontai la scène et avec sa verve habituelle, il me relata l'arrivée des chaussettes vue de la maison. En fait, alors que chacun se prélassait aux abords de la piscine et dans le salon, les pales de l'appareil avaient fait s'engouffrer de l'air et de la poussière par les baies largement ouvertes et tout avait été soufflé dans la maison. Les photos d'Eddie avec ses amis célèbres avaient terminé dans la piscine, les documents posés sur le bureau s'étaient envolés et les bibelots projetés au sol. Aucun verre, aucune bouteille n'avait survécu à l'ouragan. Les coussins, les chaises et même certains tableaux n'avaient pas résisté. En fait, Caroline était sortie non pour me faire un signe, mais pour m'avertir du cataclysme que je provoquais. Abasourdi, je compris mieux la colère de Barclay. Stéphane conclut : « L'idée était bonne, mais la réalisation laissait à désirer. »

Dès le lendemain, j'envoyai à Eddie un mot accompagné d'un présent : « Désolé pour ma maladresse. Tu voudras bien me dire combien je te dois pour les ravages causés involontairement dans ta maison. Je suis très ennuyé de perdre ton amitié. » La réponse ne se fit pas attendre : « Il y en a pour dix-huit millions, mais si tu ne peux pas payer tout de suite j'attendrai. Reviens quand tu veux. » La réconciliation fut scellée le soir même autour d'une table de restaurant et Stéphane Collaro mit un point final à la plaisanterie ayant mal tourné en disant à Eddie : « Tu es toujours en train de te plaindre, tu imagines si tu lui avais prêté une paire de boules ? »

★

Le petit théâtre de Saint-Tropez donnait aussi lieu à des scènes imprévisibles. Ainsi, un jour, Yves Mourousi me demanda de venir le chercher avec mon hélico chez un de ses amis producteur de théâtre et de cinéma qui présentait la particularité, pour un propriétaire de Saint-Tropez, d'être communiste. Nous nous mîmes en route, Michel Noir prenant le manche pour parfaire sa formation au pilotage. Le survol des maisons étant de plus en plus difficile parce que nos va-et-vient provoquaient à juste raison des plaintes pour nuisance sonore, nous réduisîmes au maximum le temps de stationnement et embarquâmes les passagers à toute vitesse, moteur en route. Michel, tout occupé à son pilotage ne remarqua pas qu'Yves était accompagné de... Jack Lang. Michel Noir et lui appartenant à des partis politiques opposés, je n'étais pas très à l'aise et craignais le clash. Mais à ma grande surprise, lorsque l'apprenti pilote reconnut l'ancien ministre de la Culture de François Mitterrand, ils se lancèrent dans une discussion très courtoise, heureux de se retrouver entre « gens du même monde ». Une histoire qui montre bien à quel point les étiquettes n'ont d'importance que face au grand public. N'est-ce pas cela, la grande comédie du pouvoir ? Une caste dont les critères sont la notoriété, le pouvoir et l'argent. Si pour y entrer il faut montrer patte blanche, une fois introduit aucun clivage n'existe et les oppositions se révèlent des leurres pour non-initiés.

*

Mais l'effervescence du climat de fête que je raconte ici ne doit pas faire oublier que ces vacances étaient pour moi un travail permanent. Et que les structures mises en place servaient aussi à quelqu'un d'autre que moi, un homme installé à demeure dans cette maison durant tout l'été : Michel Noir. Avec des objectifs inchangés : acquérir de la notoriété, rencontrer des personnalités et des journalistes pour devenir incontournable. Un mélange des genres qui me semblait tellement naturel.

Pendant ces vacances, en plus de l'hélicoptère à disposition qui décollait, il y avait aussi pour Michel Noir la présence d'un professeur de violoncelle. L'enseignant s'appelait Frédéric Masson.

« Durant l'été 1988 et l'été 1989, a-t-il raconté aux enquêteurs, alors que je me trouvais en vacances à Nice, M. Pierre Botton m'a demandé si je voulais venir en vacances à Saint-Tropez pour donner des cours à M. Noir qui se trouvait en vacances à Ramatuelle. J'ai accepté et j'y suis allé une dizaine de jours aussi bien en 1988 qu'en 1989. Chaque jour je me rendais à Ramatuelle pour donner des cours à M. Noir. Durant ces deux étés, j'ai été logé dans trois hôtels, l'hôtel Hélios, l'hôtel des Lices et l'hôtel de l'Hermitage, tous trois situés à Saint-Tropez. C'est M. Botton qui avait fait réserver une chambre pour moi dans ces hôtels, ce n'est pas moi qui ai payé les notes d'hôtel, je suppose que c'est M. Botton. Je déjeunais et souvent dînais à la villa à Ramatuelle en compagnie de MM. Noir et Botton et de leurs invités. »

La présence du professeur de violoncelle participait comme un fait exprès à l'image d'homme « sympathique et différent » que Michel Noir se forgeait. Car dès qu'un invité était annoncé ou que l'un d'eux passait la nuit à la maison, le « grand homme » prévoyait une leçon, afin que tout le monde puisse le voir à l'œuvre. Chacun avait alors droit au couplet sur « la sérénité procurée par la pratique assidue d'un instrument ». Un discours bien rodé.

*

Ces séjours tropéziens servaient aussi à Michel Noir de point de chute pour attirer et recevoir tout ce qui pouvait servir la cause de sa candidature aux prochaines municipales de Lyon. Ainsi, durant l'été 1987, nous accueillîmes diverses personnalités. De Patrick Poivre d'Arvor à François de Closets, des journalistes déjà reçus à Paris à l'occasion de dîners étaient invités, comme si une sorte de « service après-vente » était nécessaire. Mais aussi une autre catégorie puisant dans le festival très en vogue de Ramatuelle. Presque chaque soir, Michel Noir et son épouse se rendaient en effet aux représentations suivies généralement d'un dîner où il rencontrait des artistes et des estivants célèbres comme Jean-Claude Brialy présidant la manifestation, Michel Legrand, Michel Galabru ou bien d'autres acteurs venus jouer. Sans parler, en 1988, d'une troisième catégorie, les Lyonnais conviés en vue des municipales.

*

Dans un autre style, le ministre décida un jour de recevoir son homologue allemand pour un déjeuner aux couleurs de la France. Une rencontre permettant évidemment un reportage offert en exclusivité au journal de TF1. Martin Bengman, ministre du Commerce extérieur allemand, fut donc convié à Saint-Tropez. Ce que nous n'avions pas prévu, c'est que cette rencontre et sa médiatisation potentielle créeraient quelques jalousies, puisque l'homme était en outre ministre des Finances ! On s'en doute, aucune aide de la République ne fut dès lors apportée à cet entretien qu'Édouard Balladur et l'entourage du Premier ministre, Jacques Chirac, voyaient d'un très mauvais œil ! J'assumai donc seul l'organisation et les frais afférents à cette rencontre au sommet.

Les rondeurs du ministre allemand laissant à penser qu'il n'était pas indifférent à la bonne chère, le dîner fut organisé par Paul Bocuse, qui dépêcha sur place l'un de ses chefs, venu avec assiettes, couverts, serveurs, et plats. La réception d'un ministre de cette importance n'étant pas aisée, la préfecture et les cabinets respectifs des deux ministres s'en mêlèrent. La demeure fut transformée en camp retranché, entourée par un cordon de gendarmes. Michel Noir voulant que la maison soit vidée de ses occupants habituels pour l'occasion, je me pliai à son diktat et expédiai le reste de la famille à l'hôtel. Michel céda même sa propre chambre à son collègue, deux autres étant attribuées à ses gardes du corps.

L'arrivée se déroula fort bien. Michel Noir, se comportant en maître de maison, fit visiter la propriété à son « collègue et ami » et les pourparlers commencèrent par... une partie de baby-foot ! Bien entendu, les caméras de la première chaîne de télévision n'en perdaient pas une miette. Ensuite arriva le repas en tête à tête, scène irréelle que de voir les deux hommes installés sur une petite table à quelques mètres de la piscine alors qu'à l'étage supérieur, une grande tablée accueillait le chef et son assistant, le maître d'hôtel, les deux gardes du corps du ministre allemand, celui du son homologue français, le pilote de l'hélicoptère, la journaliste, le preneur de son, le cameraman et moi. Deux personnes sous les projecteurs et dix dans les coulisses ! Voilà la vraie réalité des « rencontres intimes » entre nos grands hommes rapportées chaque jour par les médias.

Le lendemain matin, à six heures, toute la maison fut réveillée par un plongeon mémorable : les cent cinquante kilos du ministre allemand venaient d'entrer en contact avec la surface tranquille de l'eau de la piscine. Par plaisir ou par devoir, les deux gardes du corps le suivirent.

Je n'ai jamais su si cette rencontre « informelle » avait été utile à notre pays. En revanche, l'impact médiatique pour Michel Noir fut certain : huit millions de téléspectateurs virent le reportage du ministre en vacances jouant au baby-foot et négociant pour le bien de la France. De l'image pure et simple. Seul hic, parmi les téléspectateurs, se trouvaient aussi le Premier ministre et son cabinet, furieux que la rencontre n'ait pas eu lieu à Paris, dans une indifférence totale. Michel Noir avait pour habitude de dire qu'il ressentait l'efficacité d'un passage télévisé au nombre de gens qui lui en parlaient dans la rue et au silence de ses « amis » politiques. Pas de doute, cette fois nous avions mis dans le mille.

*

Michel Noir et moi étant tous les deux au travail durant ces vacances, je profitais aussi des infrastructures mises en place pour faire venir de gros clients et conquérir de nouveaux marchés. Aujourd'hui, lorsque je revois ces anciens invités, ils me confient plutôt avoir été effrayés par l'aisance incongrue que j'affichais. En fait, avec les quelques signatures grappillées de-ci de-là, je me donnais bonne conscience.

Combien de personnes sont-elles passées dans cette maison ? Je suis incapable de le dire. En tout cas énormément. Combien eurent la politesse de me remercier après une invitation ? Pratiquement aucune. Combien, à l'époque, refusèrent ces villégiatures sur un lieu de vacances ? Je me souviens juste de Christine Ockrent. Combien estimaient alors que je n'étais pas fréquentable ? Aucun. Combien n'auraient pas souhaité être vu en ma compagnie, me parler ou pouvoir dire qu'ils me connaissaient ? Aucun. Bien au contraire même puisque mon nom servait à beaucoup, certains se vantant même de me connaître.

En revanche on le sait, lorsque ma chute est survenue, plus aucun de ceux qui m'avaient connu ou fréquenté ne s'en souvinrent. Et ce n'est que lorsque le juge leur présenta des pièces dans le secret de son cabinet qu'ils reconnurent les faits du bout des lèvres en cherchant une nouvelle lâcheté pour se dédouaner. Ce qui est plus troublant, c'est qu'en lisant aujourd'hui chaque été les pages people de nos magazines, je vois les mêmes hommes ou femmes continuant à agir de la sorte auprès d'autres « stars filantes ». Car pour eux c'est un véritable système de fonctionnement, un mode de pensée. Fort de mon expérience, je ne saurais que trop conseiller aux nouveaux princes de Saint-Tropez si d'aventure ils lisent ces quelques lignes, de garder leur argent pour leur famille. Et toutes les fois où ils se verront entourés, de se poser cette question : pourquoi ces gens sont-ils là ? Et même d'essayer un petit jeu en fin de chaque repas lorsqu'on apporte l'addition au restaurant, après avoir attendu vainement que quelqu'un se propose pour régler la note à leur place, de proposer que chacun paye sa part afin d'observer les réactions des uns ou des autres. C'est fort instructif.

CHAPITRE 14

Acceptez-vous de prendre pour épouse… Michel Noir ?

Est-il possible de parler sincèrement sans paraître lâche ? Est-il souhaitable de dire ma vérité ? Avais-je seulement conscience de ce que je faisais ?

Je croyais atteindre mon but. Lequel ? En fait je l'ignorais, uniquement soucieux de réussir.

Totalement imbriqué dans la vie de mon « ami » Michel Noir, je m'installais dans cette famille comme si elle était mienne.

En acceptant de prendre Anne-Valérie, la fille aînée à mes côtés, dans mon travail en lui confiant tout de mon existence, je ne pensais toutefois jamais que naîtrait chez nous un quelconque sentiment amoureux.

Si Anne-Valérie a raconté dans son propre livre sa vision de notre histoire, il est une scène à laquelle elle n'a pas assisté et que je veux raconter. Celle où je demande sa main.

Nous étions en novembre 1987 et j'avais décidé de me confier à mon meilleur ami, souhaitant lui annoncer moi-même la bonne nouvelle. Je profitai de notre déjeuner hebdomadaire au ministère après le Conseil des ministres. Alors que fébrile, j'attendais dans l'immense salon qui jouxte la salle à manger, Michel Noir arriva à grandes enjambées. Comme d'habitude, il me mit d'entrée la pression : « Dépêchons-nous, je suis très pressé ». Cela commençait mal. Tout en entamant notre déjeuner, impressionné, je choisis d'attendre que la tension baisse et sortis les listes de travail dont j'avais le secret et sur lesquelles figuraient l'ensemble des sujets à étudier. Le repas se déroula à un rythme assez rapide, sans aucune accalmie. Je crus voir arriver une ouverture entre le dessert et le café mais le ministre prit les deux en même temps ! Je devais donc me presser pour faire ma demande. Je dis avoir quelque chose à lui demander. De méchante humeur il fronça les sourcils et s'apprêta à quitter la table. Voyant qu'il me fallait accélérer les choses, je plongeai dans ma mallette, en sortis des gants blancs que j'enfilai un peu puérilement et lui demandai la main d'Anne-Valérie. Je me souviendrai toujours de sa réaction. Au lieu de déceler une trace de joie sur son visage, je vis plutôt apparaître une expression du style : « Les emmerdements commencent ». Alors que son épouse avait à plusieurs reprises et à mots couverts espéré une telle union, je fus choqué de ne lire aucun bonheur en lui : au contraire, je compris que ce n'était pas le père que j'avais devant moi mais l'animal politique. Déçu, je lui posai franchement la question : « Qu'est-ce qui te déplaît dans cette union ? » Silence. Devant ce mutisme, je lui expliquai que son « collaborateur » avait terminé son travail et je quittai la pièce afin de le laisser à ses réflexions. Il me rattrapa par un : « Tu en as parlé à Danielle ? » auquel je rétorquai que compte tenu de nos liens « d'amitié », j'avais voulu lui donner la primeur. Une délicatesse que je regrettais déjà.

★

Nos noces se déroulèrent en l'église Saint-Philippe-du-Roule rue du Faubourg-Saint-Honoré à Paris dans le VIIIe, précédées d'un déjeuner chez Edgard, le restaurant du tout-Paris politique et suivies d'une réception au pavillon Lenôtre sur les Champs-Élysées ! Tous les symboles de la vie politique française et de la frime étaient réunis.

D'ordinaire, dans un mariage, on convie la famille, les amis de longue date des deux mariés puis des deux familles. Dans notre cas, 70 % des invités m'étaient personnellement inconnus trois ans auparavant. Nous avions en fait un vrai casting de stars : étaient présents Véronique et Yves Mourousi (TF1), Anne Sinclair (TF1) et Ivan Levaï (Europe 1), Christian Brincourt et sa femme (grand reporter à TF1), Florent Leclerq (*L'Express*), Évelyne et Michel Colomès (*Le Point*), Jean Lanzi et son épouse (TF1), Patrick Poivre d'Arvor (TF1), Thierry Choupin (France 3), Monique Pivot (épouse de Bernard qui à l'époque s'occupait de la rédaction de *Nous deux*). Voilà pour les principaux journalistes. Puis il y avait les politiques comme Lise et Jacques Toubon (ministre de la Culture), Emmanuel Hamel (le sénateur RPR), Jean-Michel Dubernard (député RPR du Rhône). Sans oublier des figures du show-biz et du marketing politique comme Bernard Billère (RSCG), Eddie Barclay, Stéphane Collaro, le sculpteur César, Pierre Cardin, Éric Blanc (imitateur), René Arnoux, Patrick Abada, (recordman du monde du saut à la perche) montraient mes connexions dans le sport tandis que les présidents Cassier et Jean Brudon (pour l'ordre national des pharmaciens), David Thieme (les pétroles Essex), André Kamel (Dumez international et futur conseiller personnel de Jérôme Monod), représentaient quant à eux le monde des affaires. Sans compter les innombrables somptueux bouquets de fleurs et cadeaux que la majorité des dirigeants des grandes entreprises françaises nous avaient adressés. Pour être sûrs que le bon peuple n'ignore rien de cette fête très « people », nous avions même fait installer un studio photo pour permettre à chacun de se faire photographier. Un véritable délire.

★

En février, Anne-Valérie m'annonça sa grossesse. Tout allait très vite. Je ne comprenais pas vraiment ce qui m'arrivait, mais je ressentais des bouffées d'un immense bonheur : un enfant allait arriver dans la famille.

À trente-deux ans, je m'étais marié, j'allais devenir père et je me retrouvais lié définitivement à mon meilleur ami. Pourtant mon statut changeait dans un sens qui ne me convenait absolument pas. Quand Michel Noir me présentait autrefois dans les dîners ou les entretiens, j'étais l'ami, mais désormais je devenais le gendre. Or nombre de nos nouvelles relations ne connaissant rien de mon passé, elles ignoraient les heures de travail passées à ramer pour grimper dans l'échelle sociale et se disaient que ma situation tenait seulement à mon mariage. Je m'en ouvris à Michel Noir qui me répliqua que tout cela n'avait pas d'importance et que seule comptait la réalité de notre relation. Cette idée de « complicité » vis-à-vis de l'extérieur me plut.

Ma fille vint au monde dans l'hôpital de la Croix-Rousse situé au centre de la circonscription de mon beau-père. J'étais tout à mon bonheur de voir arriver un petit bout de chou dans ma vie. Mes sentiments furent ceux de tous les pères : une sensation immense, extraordinaire, d'exister enfin. Je ne cessais de répéter « ma fille » sans jamais vouloir lâcher notre enfant. L'amour envahissait mon cœur sous la forme d'un bébé de 3,950 kg et 52 cm. Et comme ma seule façon d'exprimer ma joie à l'époque était purement matérielle je couvrais Anne-Valérie de présents et notamment une splendide BMW 5.35 bleu de nuit. Clin d'œil du destin, quelques mois plus tard, la luxueuse berline fut volée et retrouvée désossée. Quatre ans plus tard, je me retrouvai dans un fourgon cellulaire avec... l'auteur du vol !

★

Si mon beau-père avait souhaité que sa première petite-fille naisse dans sa circonscription, c'est que la campagne de Lyon approchait. Il allait être opposé au maire sortant, Francisque Collomb, à qui l'on reprochait d'être un peu âgé même si nombre de Lyonnais disaient que le premier magistrat de la capitale des Gaules mourait toujours dans son fauteuil. En fait on reprochait à l'un ses soixante-dix ans et à l'autre sa jeunesse. Être grand-père et le faire savoir permettait à Michel Noir de donner l'image de cette sagesse dont les commentateurs politiques pensaient qu'il manquait. L'image, toujours l'image.

CHAPITRE 15

Hommes d'affaires…

Médiatisation, carrière, notoriété, campagne, mais comment la vie politique française était-elle financée ? Car, hier comme aujourd'hui et contrairement à ce que l'on veut nous faire croire, la démocratie a un coût bien plus élevé qu'on l'imagine. Dès lors, un système dans lequel chacun tient un rôle précis a été établi. Qu'on ne s'y trompe pas, Michel Noir n'est qu'un cas parmi beaucoup d'autres, certains des noms cités pouvant être interchangés librement avec ceux de multiples représentants du pays.

★

Aux avant-postes du financement de la vie politique, il y a le trésorier. Figurant souvent en bonne place dans l'esprit des enquêteurs et des juges parmi les suspectés et les interrogés, il a vu et voit défiler les montants, a reçu et reçoit les sommes en liquide, ces fameuses « valises » dont tout le monde parle mais que personne n'avoue jamais avoir eu entre les mains. Pourtant, un de ces trésoriers a un jour parlé librement et en toute franchise des pratiques ayant cours en France, ce devant les plus hautes instance de notre pays : la cour de justice de la République. Son nom ? Jean de Cheignon, trésorier de la fédération RPR du Rhône en 1985 quand Michel Noir en était président. Le 25 mai 1998, à 14 heures, il se présente devant les juges :

> « Je me nomme Jean de Cheignon
> né le 25 mars 1937 à Tours (Indre-et-Loire)
> retraité
> demeurant à Paris 75017.
>
> [...] J'ignore tout des questions que la commission souhaite me poser. Disons que je les imagine. Je suppose en effet que vous allez m'entendre sur le financement des campagnes électorales qui se sont échelonnées à compter de ma nomination en qualité de trésorier de la fédération RPR du Rhône dont le président a été Michel Noir à une date que je situerais en 1985.
>
> J'ai donc participé ès qualités à la collecte des fonds en vue du financement des campagnes législative et régionale de 1986 et législative de mai 1988. [...]
>
> **Sur interrogation** : À une date que je situe fin 1985, sur les conseils des dirigeants d'alors de la Société lyonnaise de banque, MM. Jean Carrière aujourd'hui décédé et Henri Moulard, j'ai ouvert, conjointement avec Michel Noir, un compte au sein

des services des "comptes particuliers" dans cette banque, sous l'intitulé "Comité pour le rassemblement".

Ce compte était destiné à recueillir les fonds nécessaires aux financements des campagnes électorales à venir.

Sur interrogation : [...] Dans mon activité de trésorier de fédérations départementales de partis politiques, j'ai connu deux périodes dont la charnière se situe en 1986.

Avant que le RPR ne remporte brillamment les législatives et régionales du printemps 1986, c'était la "misère noire". J'en étais réduit à un rôle de "quêteur" auprès des "sponsors". Dans la seconde période, j'ai découvert une spontanéité de la part des dirigeants de fédérations patronales, des chefs d'entreprises y compris de celles qui étaient nationalisées, voire même de particuliers.

J'ai toujours eu une ligne de conduite – et cela a été reconnu à mon actif – de ne jamais faire de promesses ni de solliciter des faveurs, ni de proposer de marchés.

Sur interrogation : Pendant la période intéressant les activités ministérielles de Michel Noir, c'est-à-dire de mars 1986 à mai 1988, j'ai dû rencontrer, de la même manière que l'ont fait mes collègues des autres partis, les responsables des financements politiques œuvrant dans les entreprises en relation avec le marché de l'eau et de l'assainissement, du BTP, de l'armement ou les grandes banques, et j'avoue avoir été toujours surpris de la facilité avec laquelle ces gens-là pouvaient dégager des fonds en espèces alors que mon expérience de chef de PME m'avait enseigné combien cela était difficile, voire quasiment impossible. [...]

Avant qu'il ne soit ministre, pour sa campagne de mars 1986, il m'avait demandé de rencontrer Alain Gomez, président de Thomson, qui m'a remis au total 1 200 000 F en liquide. [...]

Sur interrogation : Je n'ai pas de souvenir précis d'une remise d'espèces opérée en ma présence entre les mains de Michel Noir. Toutefois, je pense que cela a existé. [...]

Cela ne fait-il pas rêver ? Car que constate-t-on dans ce témoignage qui a le mérite de la franchise ? Tout simplement que les plus grandes entreprises venaient spontanément proposer des valises de billets pour financer les idéaux d'un élu. Bien entendu elles espéraient par là même s'assurer de son soutien, mais ceci n'est qu'accessoire. Et j'insiste, les noms sont interchangeables. Reprenez le texte, remplacez Jean de Cheignon par Jean-Claude Méry et Michel Noir par Jacques Chirac, l'effet sera le même : tout aussi parlant. Car ce système se pérennise d'année en année broyant les hommes, les femmes qui y participent mais épargnant les instigateurs. Comme tout le monde se tient, personne ne parle. Et le processus perdure. Avec, en dénominateurs communs de tous ces scandales, les entreprises nationalisées, celles qui ont un lien avec les marchés de l'eau, celles du bâtiment et de l'armement. Mais aussi les mêmes noms. Celui de M. Gomez, que je ne connais pas, n'est-il pas prononcé dans le sulfureux dossier des frégates de Taiwan ? En fait, dans cette lancinante ronde des affaires, on attrape ce qui tourne autour de la source, mais rarement l'origine elle-même.

*

Soyons clairs : je n'ai aucune estime particulière pour M. de Cheignon, qui me le rend bien, mais nous avons été, chacun à notre niveau et au même moment, des « complices » d'un haut personnage de l'État français. Or ce qui est exceptionnel, c'est que ni lui ni moi n'en avions alors conscience, les hommes politiques appliquant une règle simple qui assure leur impunité : les caissons étanches.

Je m'explique par une anecdote instructive.

L'un de mes amis, nouvellement intégré aux services de la Direction générale des services extérieurs, notre fabrique d'espions nationale, me raconta sa première séance de formation. Le gradé dirigeant le stage entama son propos en disant à l'assemblée : « Je vais vous présenter l'outil indispensable à tout espion. C'est le plus performant. Si vous savez correctement l'utiliser et si vous n'oubliez jamais son mode de fonctionnement, alors vous aurez la vie sauve et serez un excellent agent ». Il tira alors un rideau qui dévoila une grosse masse recouverte d'un drap blanc. Malgré la curiosité des élèves, impossible de deviner ou d'apercevoir de quoi il s'agissait. Tous très attentifs, ils écoutaient les paroles de leur mentor avec le sentiment prenant d'entrer au cœur de l'espionnage et des secrets d'État. En fin d'exposé, le gradé souleva enfin le voile et laissa apparaître... une commode à tiroirs !

Pourquoi cette histoire ? Parce que tout le mode de fonctionnement d'un politique y est résumé : l'étanchéité des hommes et des ressources. Ne jamais ouvrir un tiroir sans avoir fermé le précédent. Ne jamais révéler le contenu d'un seul tiroir à une personne liée à un autre tiroir. Qu'aucune jonction ne puisse jamais être établie entre le contenu et les hommes liés aux différents caissons. Toujours être le seul à détenir les clefs, le décodeur, pour préserver à tout prix une étanchéité absolue.

★

À l'approche de cette campagne dont les dépenses s'annonçaient colossales, je découvris l'impressionnant dispositif de financement des hommes politiques.

Pour bien comprendre la démonstration, il est nécessaire de garder à l'esprit la déposition de Jean de Cheignon, trésorier et en quelque sorte « maillon faible » du financement politique, témoignage qui montre que rien ne peut être fait sans la participation effective, l'instigation et le consentement des seuls vrais bénéficiaires, que sont nos élus. Car soyons directs : le président de Thomson rencontrerait-il M. de Cheignon si un ministre de la République ne le lui avait pas permis ? Et lui aurait-il remis aussi promptement de l'argent si ledit membre du gouvernement ne l'avait pas souhaité ? Je ne fais que poser les questions. Et de la même manière, personne ne m'aurait rencontré sur ma simple qualité d'entrepreneur, étant juste le lien entre le monde économique et un homme politique, un intermédiaire discret permettant d'établir facilement de fausses factures et de bloquer la chaîne des responsabilités pénales dans les diverses opérations réalisées.

★

Devant mon effroi en découvrant les montants des dépenses qu'il allait falloir engager, mon parrain en politique me demanda de lui faire rencontrer tous les chefs d'entreprises susceptibles d'apporter une aide « le moment venu ». Progressivement, il m'introduisit dans les arcanes du financement de la vie politique.

Prototype des modes de financement de notre politique, l'affaire Crasnianski, qui fut jugée en même temps que le dossier relatif à Michel Noir et à moi-même, fut ma première incursion dans cet univers.

Tout commença sur un vol transatlantique avec une rencontre due au hasard. Me rendant à New York en Concorde, je croisai à l'embarquement M. Crasnianski, propriétaire de la société Kis, qui faisait alors la couverture des journaux économiques pour son succès dans les clefs, talons et photos « minute » ainsi que pour son sponsoring d'un bateau censé rivaliser avec les Américains dans la fameuse America Cup. Pensant pouvoir nouer un contact utile pour mes entreprises, je me présentai donc à lui. À ma grande surprise, ce Grenoblois réagit instantanément à mon nom et me confia recourir aux services de la compagnie d'aviation que j'utilisais pour tous les déplacements que j'organisais. Il exprima alors le souhait de rencontrer le membre du gouvernement pour résoudre un problème très technique. N'étant guère habitué aux complexités du ministère du Commerce extérieur, j'écoutai et lui promis d'en parler au ministre.

Dès mon retour à Paris, je rapportai à Noir mon entretien, précisant que je pensais utile pour le ministre de s'afficher avec une entreprise française leader mondiale et très cocardière, le commerce extérieur de notre pays étant alors en période de disette. Mais en fait, l'homme d'affaires souhaitait obtenir une intervention ministérielle : relative à une aide à l'export consistant en une avance de fonds pour un montant de 15 millions que la Direction des relations économiques extérieures, la DREE, avait octroyée au géant du « tout minute ». Hélas, estimant que les termes de l'engagement n'avaient pas été tenus, elle voulait désormais être remboursée.

À la suite d'un rapport détaillé de la situation établi par ses services, Michel Noir m'affirma pouvoir faire quelque chose pour Crasnianski. Il me demanda de le rencontrer et m'invita à solliciter sa participation financière à la campagne électorale.

Une fois l'accord du chef d'entreprise décroché, il restait à organiser le transfert des fonds de l'entreprise Kis vers les comptes des sociétés ponctionnées : les miennes en l'occurrence. Une opération réalisée par le biais de « fausses factures » : je comptabilisais en effet à Kis la réalisation d'études, au prix fort. Grâce à la remise de quelques documents succincts, le tour fut joué. Pour ces faits, M. Crasnianski et moi avons été mis en cause, mais pas le ministre lui-même. Pourquoi ? Examinons comment ont fonctionné les fameux « caissons étanches », montage habituel dans le financement de la vie politique. Et le mieux, pour comprendre, c'est de se reporter aux extraits de l'arrêt de la cour d'appel nous condamnant :

> « Pierre Botton a expliqué qu'en 1987, il avait rencontré Serge Crasnianski lors d'un voyage aux États-Unis, lequel lui avait expliqué que la société Kis qu'il dirigeait avait perçu une subvention de l'État

dans le cadre d'aide à la réalisation d'un programme d'implantation à l'étranger et que faute d'avoir rempli la totalité des engagements, la société Kis qu'il dirigeait se voyait réclamer par le Trésor public le remboursement d'une somme de 15 millions de francs. Que Serge Crasnianski lui a demandé d'intervenir en sa faveur auprès de Michel Noir alors ministre du Commerce extérieur ; que Pierre Botton a accédé à ce vœu et qu'après cette intervention, l'État a limité la demande de remboursement à 5 millions de francs sur les 15 millions versés ; qu'en contrepartie de cette intervention, Serge Crasnianski a réglé le montant de deux factures (l'une de 100 000 F hors taxes du 20 juillet 1987 et une deuxième de 660 000 F hors taxes et réglée le 5 octobre) objets des poursuites, qui avaient été établies par Pierre Botton mais qui ne correspondaient en définitive à aucune prestation réelle. »

La première fausse facture en date du 20 juillet 1987, disait :

« Étude d'aménagement de mobilier Délissimo adapté à la vente du "fast-food français".

Approche relationnelle pour la diffusion dans certains pays :

HT	100 000 F
TVA 18,6 %	18 600 F
TTC	118 600 F. »

La seconde, réglée le 5 octobre 1987, affirmait :

« Étude et réalisation d'un système de franchise.

Document remis mardi 22 septembre 1987 pour présentation lors de votre convention des dimanche et lundi 27, 28 septembre 1987 :

	660 000 F HT
TVA 18,6 %.	122 760 F HT
Total :	782 760 F TTC. »

Chacun aura compris que je n'avais évidemment jamais assisté à la moindre « convention » et que les documents remis étaient particulièrement sommaires. La justice ne s'y est du reste pas trompée qui a clairement qualifié ces documents de « fausses factures ».

Reste qu'à ce stade, rien ne prouve que Michel Noir était au courant des deux factures.

Pourtant au cours de l'instruction, j'ai apporté les éléments relatifs à son implication directe dans ce dossier. L'arrêt de la cour énonce :

> « Que Pierre Botton a également communiqué à ce magistrat, un document intitulé Annexe 2, rédigé de la main de Michel Noir et récapitulant des recettes encaissées par Pierre Botton aux lieu et place de Michel Noir en 1988, totalisant 5 730 000 F, que ce document porte la mention suivante "M. C... de K..., 900 000 F" [...] Mais attendu que Michel Noir a adressé à Serge Crasnianski, le 29 septembre 1987, un courrier ainsi libellé : "Après avoir personnellement étudié votre dossier avec mes services, il est apparu que vos engagements de dépenses étaient très en deçà de

ceux que vous vous étiez engagé à accomplir. Dans ces conditions, mes services étaient fondés à vous réclamer le remboursement du Codex qui vous avait été versé soit 15 millions... Cela étant, prenant en considération les efforts effectués par votre société, il a été décidé de limiter à 5 MF les sommes que vous devez reverser au Trésor public français." »

Malgré ces éléments concordants, la justice n'a toutefois pas condamné Michel Noir sur ce point. Car s'il est certain que le ministre et son administration sont intervenus dans le dossier Kis, rien ne prouve qu'il ait été au courant des factures émises simultanément à l'octroi de la remise des 10 millions. Comme il n'est pas directement prouvé non plus que les paiements de Kis l'avaient été pour « service rendu », les initiales portées de la main du ministre ne se rapportant pas forcément à celles de Serge Crasnianski... D'autant que le montant porté sur le document rédigé par l'homme politique ne correspondait pas exactement aux factures. Une subtilité explicable par le fait que les factures émises étaient établies en mon nom personnel et qu'une troisième avait été émise, elle, sur la société Vivien ! Une opacité caractéristique – d'où l'impossibilité de mettre à jour ces systèmes de financement – que des documents internes aux ministères et administrations concernés éclairent d'un jour plus cru.

Tout d'abord, il y a une note datée du 4 novembre 1987, soit vingt neuf jours après le paiement de la plus grosse facture d'un montant de 782 760 F, qui dit :

RÉPUBLIQUE FRANCAISE

« *CABINET*
DU MINISTRE DÉLÉGUÉ
CHARGÉ DU COMMERCE EXTÉRIEUR

Le conseiller technique, Paris, le 4 novembre 1987
CAB/13

NOTE POUR MONSIEUR LE MINISTRE

Objet : Investissement étranger en France : projet de création de la société Noritsu France.

La société Noritsu France a déposé un dossier d'investissement étranger en France pour la création d'une filiale commerciale de diffusion d'équipements pour laboratoires de développement photographique rapide.

Noritsu France est le principal concurrent du groupe français Kis qui se redresse après une période de difficultés en 1985 et 1986.

La DREE a fait connaître son avis négatif sur ce projet d'investissement (voir note ci-jointe).

Je me propose, si vous en étiez d'accord, d'appuyer cette démarche en mettant à votre signature une note en ce sens pour M. Balladur.

Jean-Luc Piton »

Un document instructif portant comme note manuscrite du ministre :

« *Tout à fait, ce sont ceux qui ont monté la cabale aux USA contre Kis.*

Ce sont des "tueurs" il faut les stopper net / Le 4 novembre 87.

Daniel George[1] veiller auprès de de Croisset[2] que la réponse soit négative. »

Neuf jours plus tard, le 13 novembre 1987, une nouvelle note émanant du cabinet du ministre du Commerce extérieur apporte donc la réponse tant attendue :

« *CABINET*
DU MINISTRE DÉLÉGUÉ
CHARGÉ DU COMMERCE EXTÉRIEUR

Le conseiller technique.
CAB/13

Lecture de M. le ministre
Conformément à votre demande, le ministre d'État a décidé d'ajourner l'autorisation. (Ce qui revient à un refus dans la procédure de contrôle des investissements étrangers en France.)
Jean-Luc Piton »

En somme, il y avait eu fausses factures d'un côté, demande et obtention d'un avantage de l'autre. Reste que Serge Crasnianski et moi avons été condamnés dans ce dossier mais pas Michel Noir puisque aucun lien direct ou relation de cause à effet ne purent être prouvés.

1. Directeur de cabinet du ministre du Commerce extérieur, Michel Noir.
2. Directeur de cabinet du ministre de l'Économie et des Finances, Édouard Balladur.

★

Pour bien comprendre ces systèmes complexes et reprendre le cours de cette plongée dans le monde de l'argent caché, il faut évoquer une note de Michel Noir, ministre, rédigée sur un papier à son en-tête. Un document qui constitue pour l'instant la seule pièce manuscrite rédigée par un homme politique qui établit l'existence d'un système occulte de financement :

Annexe 2
Recettes encaissées par Pierre Botton
aux lieu et place de Michel Noir en 1988.

Monsieur C... de K	900 000
Monsieur J de S	1 000 000
Monsieur M de B	1 000 000
Monsieur K de D	1 700 000
Monsieur F	330 000
Monsieur M. de CS	400 000
Monsieur M1 de B	200 000
Monsieur M2 de	200 000
Total	5 730 000 F

Les frais de « transformation d'une partie » sont évalués à 5 % : soit 298 000 F.

Paradoxalement, si mon interprétation des initiales « C de K » apparaissant sur cette note n'est pas suffisamment étayée pour démontrer un rapprochement possible avec Serge Crasnianski de la société Kis, la justice n'est pas passée loin dans bien des autres cas. C'est donc par pure coïncidence que je souhaite dévoiler aussi la déposition d'un homme dont le nom de famille commence par J et qui dirigeait à l'époque une entreprise ayant pour initiale un S, qui pourrait correspondre à la deuxième ligne de cette fameuse Annexe 2 : Jean-Claude James de la société SAE, Société auxiliaire d'entreprise, un géant du bâtiment.

L'homme a été interrogé par la police judiciaire le 2 avril 1996 à 10 h 30, alors que le jugement en appel de mon affaire était déjà intervenu le 10 janvier de cette même année et que j'avais fait l'objet d'un mandat d'arrêt à la barre. À cette date, j'étais donc incarcéré à la maison d'arrêt de la Santé, à Paris. Le procès-verbal dans lequel il répond aux questions est le suivant :

> « Je suis devenu président du directoire du groupe SAE en 1974 et le suis resté jusqu'en 1990, date à laquelle nous sommes revenus à une direction d'entreprise par conseil d'administration dont j'ai été nommé président. Cette situation a duré jusqu'en 1992, date à laquelle, à la suite du rapprochement avec l'entreprise Fougerolles, les deux entreprises SAE et Fougerolles se sont regroupées sous le nom de Eiffage qui est le holding de tête coté en Bourse. (...)
>
> J'ai rencontré Pierre Botton pour la première fois dans le bureau de M. Noir à l'époque où ce dernier était ministre du Commerce extérieur. En ma qualité de président d'une entreprise exportatrice, j'avais sollicité une entrevue avec M. Noir à son arri-

vée au ministère comme cela se fait auprès de chaque nouveau ministre du Commerce extérieur. M. Botton a assisté à la première entrevue que j'ai eue avec M. Noir, entrevue au cours de laquelle nous avons passé l'ensemble de l'activité internationale du groupe SAE. M. Botton n'est pas intervenu au cours de la discussion. Il me semble qu'une troisième personne était présente lors du rendez-vous mais je ne me souviens pas de son nom. M. Noir m'avait présenté M. Pierre Botton mais ne m'avait pas expliqué quelles fonctions il avait à ses côtés.

Par la suite, quelques mois après, M. Pierre Botton a demandé à me voir à mon bureau. Je l'ai reçu, il m'a expliqué qu'il s'occupait de la carrière politique de M. Noir et que le moment venu il ne manquerait pas de faire appel à ma société pour l'aider financièrement. J'ai donné mon accord de principe en lui disant que nous en reparlerions le moment venu. Début 1987, M. Botton a repris contact avec moi en me disant qu'il avait besoin d'argent pour préparer les futures campagnes et s'est montré très insistant, je crois me souvenir qu'il souhaitait obtenir une somme d'environ deux millions. »

On comprend mieux pourquoi les chefs d'entreprise préfèrent verser leurs contributions en espèces. Le liquide ne laisse pas de trace et c'est grâce à ce principe bien établi dans les relations entre hommes politiques et industriels que malgré les déclarations de M. James et les écrits de Michel Noir, la justice sera une fois encore dans l'impossibilité d'apporter la preuve matérielle de cette aide financière.

Mais un tel soutien financier relève-t-il du seul engouement idéologique ? C'est la question que semble se poser le Juge qui poursuit son interrogatoire sur l'intervention de Michel Noir dans l'attribution du marché du gaz de la ville d'Istanbul à la Société dirigée par M. James.

> « Concernant le dossier du gaz à Istanbul, il est bien exact que M. Noir a reçu le maire d'Istanbul au ministère du Commerce extérieur, il l'a présenté au Premier ministre de l'époque, M. Chirac, il a assisté en 1988 à la signature officielle du marché à Istanbul à l'invitation du maire de cette ville. En fait, on peut dire que M. Noir a rempli son rôle de ministre du Commerce extérieur. [...]
>
> Les négociations avec les autorités d'Istanbul pour obtenir ce marché se sont déroulées pendant l'année 1987, j'ai personnellement suivi ce dossier et je peux vous affirmer qu'en aucun cas je ne me suis adressé à Pierre Botton ni directement, ni par l'intermédiaire du directeur de cabinet pour ce dossier et il ne lui a donc été versé aucune commission. »

La réponse du chef d'entreprise ne manque pas d'ironie. Car si je confirme les propos de M. James, j'aimerais comprendre pourquoi il en vient à parler de moi alors que la question portait visiblement sur le versement de commissions ayant financé des hommes ou des partis politiques français. Un bouc émissaire tout trouvé et une jolie façon de se dédouaner !

★

Il existe maints circuits de financement de la vie politique. Dont certains concernent des montants beaucoup plus importants : ceux qui passent par l'étranger. Et encore, ne souhaitant pas évoquer des affaires en attente de jugement, je ne peux décrire tout ce qui concerne les sociétés offshore, les comptes dans les paradis fiscaux et les soupçons de corruption sur les marchés publics mettant en cause les services export des grandes sociétés.

Arrêtons-nous tout de même sur une anecdote. Peu après la nomination de Michel Noir au poste de ministre du Commerce extérieur, de nombreuses personnes se manifestèrent auprès de moi pour avoir une entrevue avec le nouveau promu. Fidèlement, je soumis chacune des demandes au ministre qui décidait seul de la suite à donner. Un jour, Adnan Khassoghi souhaita organiser un déjeuner avec Michel Noir. Ayant la préparation de sa campagne en tête, le futur candidat accepta. Mes relations passées avec le milliardaire ainsi que nos amis communs m'empêchant d'être neutre, je préférai confier aux services du ministère la préparation du rendez-vous. Elle eut lieu à Marbella où mouillait le fabuleux yacht de l'homme d'affaires saoudien. Au départ de l'aéroport du Bourget, le nabab avait mis à notre disposition un avion pour nous conduire à destination. Notre surprise fut grande de voir comme appareil « personnel » un énorme Boeing. Évidemment, l'aménagement intérieur était exceptionnel : une chambre, toute la technologie de pointe et seulement huit grands fauteuils en cuir beige autour de tables en loupe de noyer pour travailler aussi à l'aise que dans un vrai bureau. Un écran diffusait tous les films possibles tandis que le personnel, plus nombreux que les passagers, satisfaisait le moindre de nos désirs À l'atterrissage, ce fut un hélicoptère somptueux qui nous embarqua vers le *Nabila*. Ce ne fut pas notre complice qui nous accueillit mais son beau-frère El Assir. Surpris par cette entorse aux habitudes, je m'en ouvris à Noir, prêt à m'excuser, quand il me calma en m'avouant que j'allais assister en fait à un entretien avec un chef d'État et qu'il avait été désigné par le Premier ministre pour représenter la France.

Pénétrant dans le bureau de l'homme d'affaires saoudien, je remarquai en effet, derrière Adnan et El Assir, un colosse africain vêtu d'un costume avec veste à col mao, maniant une canne et arborant un chapeau bordé de léopard. Surprise : nous avions devant nous Mobutu, chef d'État du Zaïre.

Après quelques banalités d'usage sur le voyage et la beauté du navire, une véritable négociation prit corps entre les trois hommes. Le Zaïre souhaitait acquérir des pièces détachées pour ses avions mais quelque part la procédure bloquait. Une liste très précise des éléments souhaités avait été établie et fut remise au ministre. Le chef d'État désirait aussi acheter des bus et des taxis sous condition, bien évidemment, d'avoir obtenu au préalable un accord sur les pièces servant à ses avions. Comme l'homme d'affaires saoudien précisa que le paiement de ces acquisitions serait garanti par un pays du Golfe, ce fut sans surprise que nous accueillîmes au déjeuner le ministre du Pétrole du Qatar.

Je venais de découvrir la réalité du commerce international ainsi que la marge de manœuvre du ministre. Chaque accord international et chaque aide octroyée à un pays en voie de développement lui donnaient en effet le pouvoir de désigner les entreprises pouvant participer au projet. Comment, dès lors, certains grands groupes hexagonaux ne seraient-ils pas tentés de s'attirer les faveurs des décisionnaires ? Une commission par-ci par-là et c'est un véritable système de redistribution ou de répartition des aides accordées à différents pays étrangers qui peut se mettre en place. De quoi alimenter la vie politique et les caisses de nombreux élus.

À la fin du repas, on me proposa de visiter le bateau. Voulant en savoir plus, je déclinai l'offre mais mon hôte insista. Je compris alors qu'il était temps de m'éclipser. Durant le vol, de retour vers Paris, je voulus demander à Michel Noir ce qui s'était dit en mon absence quand il me répondit :

— J'ai accepté que tu m'accompagnes, sois déjà content. Si j'avais voulu que tu assistes à toutes les conversations, je l'aurais fait.

Et il ajouta :

— Il y a des secrets d'État et ils sont réservés aux hommes d'État. »

En cela il appliquait une vieille règle du monde politique : « Secret de deux, secret des dieux, secret de trois, secret de tous. »

Vexé, j'essayai de savoir si mon ministre avait sollicité l'aide du richissime Saoudien pour le financement de sa précampagne. Sa réponse fut toute simple :

— À ton avis ?

★

Pour financer une campagne électorale, avoir de bonnes relations avec les grandes entreprises était bien entendu indispensable. Comme beaucoup d'élus, Michel Noir y avait des soutiens. Chargé de l'industrie au sein du RPR et ayant été au Commerce extérieur, il connaissait quasiment tous les dirigeants. Ce qui me surprit le plus, ce fut de constater que ces entreprises ou ces hommes étaient bien souvent demandeuses.

Deux exemples parmi d'autres : Elias Farah et André Kamel. Le premier, inconnu du grand public, était l'époux de la fille d'un richissime homme d'affaires saoudien et le tout-Paris de l'époque se pressait autour de lui pour essayer d'accéder au prestigieux beau-père. Quand on me le présenta pour redécorer un hôtel particulier qu'il venait d'acquérir à Neuilly, il me parla plus de mes relations avec certains membres du gouvernement que des éventuels travaux. L'homme ne semblant guère avoir besoin d'une intervention ministérielle quelconque au vu de ses relations et de ses moyens, je n'ai jamais bien compris ce qu'il cherchait. Quelques semaines plus tard, j'appris en tout cas qu'il avait accepté d'aider Michel Noir, son nom, d'ailleurs, figure en cinquième position de l'Annexe 2, avec l'initiale « F ». Pour quoi faire ? Mystère.

Le deuxième généreux donateur fut l'influent André Kamel. De nationalité libanaise, cet homme de taille moyenne, un peu rond, qui surveille soigneusement sa mise, discret et polyglotte, reste inconnu du grand public. Pourtant, âgé d'une cinquantaine d'années, ce père attentif compte parmi les plus importants entrepreneurs de France. Il a débuté sa carrière comme bras droit, presque le fils spirituel même, de M. Chauffour, fondateur de Dumez, un géant du bâtiment. Dans les milieux d'affaires, on prétendait qu'il avait fait la fortune de la société grâce aux grands travaux, barrages, ponts, etc., réalisés dans le monde entier et notamment au Nigeria. En somme, un homme parfait, à la réussite impressionnante. Il me sacrifia sur l'autel de sa renommée, avouant, comme d'autres chefs d'entreprises mis en cause, que je n'avais été pour lui qu'un moyen d'accès à un ministre, et déclara au juge : « Pour moi, Botton était un pion[1]. »

Pour Dumez en effet, entretenir de bonnes relations avec les membres successifs des gouvernements, de droite comme de gauche, était primordial. La plupart des grands travaux réalisés en Afrique au bénéfice de l'entreprise n'étaient-ils pas financés par les accords économiques déjà évoqués ? Et garantis par Paris, c'était la certitude de voir les éventuelles factures impayées honorées !

De fait, lorsque Michel Noir était au Commerce extérieur, il aida Dumez à sortir d'un mauvais pas. Après avoir réalisé pour le compte de l'État irakien des travaux de construction, le règlement du marché fut en péril parce que ce pays avait cessé ses paiements. Or le ministre avait été chargé de négocier un prêt à Bagdad pour régler différentes sociétés françaises en proie aux mêmes tourments. Seul problème, Dumez ne faisait pas partie de la négociation. Il fallut toute l'influence de Michel Noir pour qu'il soit remédié à ce fâcheux oubli permettant ainsi de garantir les paiements dus à l'entreprise par ce pays. Et le

1. Audition d'André Kamel par le juge d'instruction cote D511 du dossier.

ministre ne s'en tint pas là puisqu'il a soutenu l'entrepreneur jusqu'à l'élever au rang de chevalier de la Légion d'honneur. L'opération n'était pourtant pas simple puisqu'il fallut une dérogation spéciale, l'entrepreneur naturalisé français depuis 1979 seulement, ne remplissant pas alors les conditions pour être admis dans cet ordre. Il est vrai que l'instruction révélera quelques années plus tard le versement de près de 5 MF par Dumez-Nigéria sur des comptes en Suisse. Mais tout ceci n'est sans doute qu'une pure coïncidence et en tout état de cause, non encore jugé.

La carrière d'André Kamel prit un autre tour lorsque la société dirigée alors par le gendre de Chauffour, Jean-Paul Parayre, fusionna avec la Lyonnaise des eaux, menée de main de maître par Jérôme Monod, ami fidèle de Jacques Chirac. Son pouvoir, ses fonctions, son aura allaient-ils en souffrir ? Ses fonctions à l'international, face à un personnage aussi puissant et influent allaient-elles en pâtir ? En fait, après quelques anicroches, chacun comprit ou était son intérêt et André Kamel put continuer à travailler comme il le souhaitait.

C'est en tous les cas ce que l'on peut déduire de ces propos tenus devant le juge :

> « Jérôme Monod a tout fait pour contrôler Dumez Nigeria et il n'a pas réussi. Il n'a pas pu et il ne pourra pas faire main basse sur Dumez Nigeria à cause du caractère public de cette société. » [...] « Je ne pouvais accepter tout cela. M. Monod a compris qu'il n'aurait pas d'influence sur Dumez Nigeria et c'est ce qui résulte d'ailleurs du contrat de Dukim[1]. »

1. Société que dirige actuellement André Kamel, filiale à 50 % de la Lyonnaise des eaux-Suez.

Mais le combat dut être âpre puisque au cours de cette même audition il n'hésita pas à raconter un des épisodes de cette énorme fusion entre Suez-Lyonnaise des eaux et le groupe de bâtiment. Et il n'hésite pas à dire ce qu'il pense de la gestion de Jérôme Monod :

> « La base du raisonnement de M. Monod était de dire que Jean-Paul Parayre avait fait perdre 1 800 000 000 F [un milliard huit cent millions de francs] au groupe du fait de son engagement dans l'immobilier. M. Monod a alors demandé à Dumez Nigeria Limited de contribuer au remboursement de ce déficit en faisant remonter sa part de provision et de bénéfice dans sa totalité, chose que l'on ne fait pas. J'ai fini par céder à la demande de M. Monod. J'ai cédé par solidarité. »

Par là même, je suis persuadé qu'il envoyait un message clair aux avocats de Jérôme Monod sur les conséquences de sa mise en cause dans le dossier des comptes en Suisse, où Dumez-Nigeria fut largement évoqué. André Kamel fut même mis en examen et placé en détention préventive. L'instruction s'était en effet intéressée à lui à cause de fonds en provenance de cette société versés sur un compte ouvert, par mes soins, dans une banque helvétique, à destination de Michel Noir, comme je l'ai toujours affirmé et ce qu'il a toujours contesté. Malgré les interrogations du juge, il n'explicita jamais les raisons des retraits en espèces découverts sur les comptes de la société qu'il dirigeait, filiale de la Lyonnaise des eaux. Pourtant, les sommes évoquées étaient considérables : 26 millions en liquide avaient été sortis entre le 5 août 1990 et le 27 décembre 1995 ! Alors que plus aucune amnistie ne protégeait les intervenants. Mais pour quels bénéficiaires ? Pour toute réponse André Kamel se contenta d'ironiser : « C'est un sacré sac d'argent ! », et fût élevé par Édouard Balladur, Premier ministre, au grade d'Officier dans l'ordre de la Légion d'honneur.

*

Alors, aujourd'hui, dans la vie politique française, les choses ont-elles changé ? À lire les journaux, je ne le pense pas. Ne serait-ce que parce que l'argent liquide, permettant de contourner le plafond officiel des dépenses électorales sans laisser de trace, reste le nerf de la guerre. Mais qui tient qui ? Les hommes d'affaires ou les élus ? En fait chacun se tient et bénéficie, d'une manière ou d'une autre, de l'influence ou de l'argent de l'autre. C'est ce que l'on appelle un échange de bons procédés !

CHAPITRE 16

L'information c'est le pouvoir

En découvrant ces dessous peu reluisants d'une certaine classe dirigeante, une question vient normalement à l'esprit. L'argent est-il vraiment ce qu'il y a de plus important pour un homme politique ? Pas toujours, en vérité. Car juste au-dessus, dans la hiérarchie de leurs besoins pour accéder ou conserver le pouvoir, se trouve d'abord l'information. Un élu exige de tout savoir sur tout, tout le monde et de préférence avant les autres. Une anecdote sur ce point en dit long. Lors d'un débat sur le maintien des « Renseignements généraux », Michel Noir, comme d'autres politiques après lui d'ailleurs, affirma souhaiter la fin de cette officine aux tâches bien trop secrètes. Mais une fois au gouvernement, je le vis changer d'avis de façon radicale. Combien d'autres élus ont-ils connu ce même revirement ? Des dizaines. Et de tous bords. Si le discours sur la « protection de la République », « les risques d'attentats », et « la menace des groupes extrémistes » est souvent entonné, la vraie raison des RG, aux yeux des hommes de pouvoir, c'est leur rôle d'informateur en tous genres. Les fameux « blancs », ces notes sans en-tête divulguant des « informations » estampillées officielles sont fréquemment considérés par le politique comme une arme pour tout connaître de ses interlocuteurs, de ses ennemis, de ses rivaux. L'information est une arme qui permet d'avoir toujours un coup d'avance dans la bataille perpétuelle que vit l'homme politique. Une donnée qui me fut confirmée par la fille de notre actuel Président. En effet, un jour où je proposai à Claude Chirac d'aller déjeuner dans le temple de la politique parisienne de l'époque, le restaurant Chez Edgard rue Marbœuf, elle me répondit froidement : « Ceux qui vont dans ces restaurants pensent faire la politique, mais en fait ils la regardent. Moi, avec mon père, je la fais. Il est donc inutile que j'aille dans un tel restaurant pour que l'on me rapporte des rumeurs que nous avons décidé d'introduire dans le milieu. La politique ne se fait pas là, elle se regarde là tout au plus. » Et elle avait raison.

★

Au cours de mon parcours dans les méandres de ce monde d'extra-terrestres, j'allais être initié à toutes sortes de méthodes parmi les plus surprenantes.

Un jour par l'intermédiaire d'une facture qu'un de mes complices me demanda de régler, je découvris des pratiques bien peu avouables. La description lapidaire du document attira mon attention. De quoi s'agissait-il ?

Ayant compris que le mot « étude » cachait généralement une opération douteuse, je m'étonnai qu'il ne s'agisse pas d'un imprimeur, d'un afficheur ou d'un institut de sondage. Le papier à en tête mentionnait juste un « groupe » assurant une permanence 24 heures sur 24 et ayant son siège social dans le VIIIe arrondissement de Paris. Selon l'habitude, je téléphonai à cette société pour mettre au point « l'habillage » ordinaire dans ce type de règlement. À ma grande surprise, il s'agissait d'une entreprise de sécurité dont le dirigeant, parlant fort peu au téléphone, souhaita me rencontrer. Quand je le vis, homme très fort et bien habillé, je découvris qu'il ne souhaitait pas tant régler notre affaire que de me présenter son officine. Laquelle pouvait, selon lui, fournir une large gamme de services : filatures, prises de photos ou « opérations spéciales ».

Quelque temps plus tard, de manière fortuite, j'appris que la facture réglée ce jour-là cachait en réalité des écoutes téléphoniques et diverses « surveillances » commandées par une personnalité politique à l'encontre de l'un de ses proches collaborateurs. Surprenant ! En fait, l'homme, devenu gênant, ne pouvait être écarté en raison de son appartenance à une grande famille française et c'est en utilisant des informations collectées sur sa vie privée, qu'il fut convaincu de démissionner.

Ce n'était pas ma volonté de rester aussi énigmatique, mais l'avocat de mon éditeur a interdit toute publication de nom concernant cette anecdote. Pourtant je n'ai pas accepté une suppression pure et simple souhaitant montrer les limites du pouvoir d'informer. Que l'on ne s'y trompe pas, ce genre d'officine existe en France, cette histoire est loin d'être un cas isolé et ces méthodes se perpétuent encore. Pour preuve, le même homme, quelques années plus tard, en poste dans le septième arrondissement, dut à nouveau quitter ses fonctions pour les mêmes raisons.

★

Parfois, le besoin d'information émane de l'État lui-même et touche la vie privée des membres du gouvernement comme de leurs conseillers.

Ainsi, un jour, Michel Noir assista en tant qu'élu local dans le VIIIe arrondissement de Lyon à la première de la pièce *Cabaret*. Mise en scène par Jérôme Savary, cette œuvre avait connu un franc succès dû en partie à l'interprétation de l'actrice principale, une Allemande encore inconnue appelée Ute Lemper. Or, comme l'ensemble des spectateurs masculins, il avait été littéralement envoûté par la comédienne-chanteuse et l'avait même félicitée dans sa loge. Quelques semaines plus tard, le spectacle fut joué à Paris au théâtre Mogador et remporta un succès formidable. À la lecture des journaux vantant le show, le ministre désira revoir la pièce et me demanda de l'accompagner pour me montrer le « phénomène ». Condition requise : organiser la soirée en toute « discrétion », ce qui signifiait sans suivre les voies hiérarchiques officielles. Je tentai donc de réserver des places par mes propres réseaux. Hélas, le spectacle jouait à guichets fermés et l'emploi du temps du ministre ne me laissant guère de possibilités, je baissai les bras et me retournai vers la secrétaire du ministère, laquelle dénicha sans problème les deux sièges. Le soir venu, nous arrivâmes au théâtre à bord de la voiture à cocarde, accueillis dans le hall par Jérôme Savary en personne. Le spectacle terminé, nous allâmes en coulisses discuter avec les artistes. Après quelques banalités sur la culture allemande, Michel Noir convia les deux têtes d'affiche à dîner. Malheureusement, elles n'étaient pas libres. J'interviens alors pour noter leurs numéros de téléphone afin de convenir d'une autre date. Mon mentor me demanda de réserver de nouveaux billets pour la semaine suivante, je joignis l'actrice directement qui eut la gentillesse de nous inviter.

Dès le mercredi suivant, nous franchîmes à nouveau la porte de Mogador, ayant convenu avec les deux artistes que ma voiture viendrait les attendre à la sortie des loges pour les convier à un dîner chez moi. Mlle Lemper affichait une certaine allure. Peu maquillée, elle portait un pantalon noir mettant en valeur sa minceur, ainsi qu'un corsage noué dans le dos qui avantageait ses épaules. Ses cheveux étaient tirés en chignon. La soirée s'acheva vers quatre heures du matin après une série de photos souvenirs.

Quelques semaines plus tard, je prenais place dans un avion de ligne vers Nice aux côtés d'un homme assis comme moi au premier rang. Après le décollage, il engagea la conversation, me présentant une carte du ministère des Affaires étrangères, et me parla de mon influence et de ma position auprès du ministre. Sans s'étendre sur les fonctions qu'il occupait au Quai d'Orsay, il me parla de notre complicité avec une jeune femme, de nationalité allemande. Ne comprenant guère où il voulait en venir et un rien provocateur, je lui demandai droit dans les yeux :

— En fait, vous m'espionnez depuis des semaines ?

Le passager plutôt mince et semblant relativement âgé me répondit sur le même ton :

— Je travaille effectivement à la DST, la Direction de la surveillance du territoire.

— Et vous avez pris l'avion uniquement pour me parler ?

— Oui. C'est le meilleur moyen pour avoir toute votre attention et vous parler de choses importantes qui préoccupent la sécurité du pays.

Un peu interloqué, j'écoutai. Il évoqua « la personne avec laquelle nous avions dînée à plusieurs reprise chez moi rue de Berri » et me dit que, selon ses informations, Ute Lemper était ni plus ni moins qu'une espionne au passé d'activiste. Il me donna des détails sur son milieu social, son père banquier et son milieu d'origine qu'elle avait quitté pour devenir artiste. Devant mon air dubitatif, il m'expliqua que de nombreux pays utilisaient les comédiens et chanteurs comme sources de renseignements, les voyages et l'aspect ludique de ces métiers permettant, à l'en croire, une grande discrétion. Très sceptique aux propos de cet inconnu, je lui rétorquai que mes relations avec le ministre étaient personnelles et que je ne connaissais rien de ses activités d'homme d'État ou des dossiers traités par son cabinet. N'étant en possession d'aucun secret d'État, aucun espion ne pouvait donc avoir intérêt à me fréquenter ! « Faux » argumenta-t-il. Je possédais le plus difficile à obtenir : l'accessibilité permanente à un membre du gouvernement français. Ainsi, pour qui cherchait, l'humeur, l'état d'esprit, l'emploi du temps ou quelques noms lâchés sans y faire attention, cela pouvait revêtir une importance inimaginable ! Excédé et constatant que les filatures avaient été trop poussées à mon goût, je voulus clore là cette conversation qui, pour moi relevait du non-sens : cette jeune femme n'avait rien d'une espionne, cet homme divaguait et m'ennuyait. Mais ce passager incongru tenta néanmoins de me convaincre en avançant que des psychologues travaillaient pour les services secrets avec pour seul but d'approcher un individu placé sous surveillance, dans la rue, comme un badaud, afin de lui demander l'heure ou de lui serrer la main en prétextant une erreur, pour discerner à travers sa voix, ses gestes, sa disponibilité ou la sueur de ses mains, son état psychologique. Il prétendit encore qu'ils parvenaient, en suivant un emploi du temps précis, à réserver une table dans le même restaurant que leur « cible » pour saisir sa conversation. Quant à moi, je trouvai ce James Bond 007 trop bavard. Enfin sur le ton de la plaisanterie, il me dit que la fiche qu'il établirait sur notre rencontre conclurait en évoquant ma naïveté.

Un peu abasourdi, je m'ouvris de cette rencontre à Michel et lui demandai si j'étais surveillé. Il me répondit simplement : « C'est de la bidouille. » Traduction : sans importance.

*

Mais les services ne prennent pas toujours autant de gants pour intervenir. Ainsi au printemps 1987 Michel Noir m'appela de Côte d'Ivoire où il était en voyage officiel. Alors que je me trouvais à New York, il me demanda si j'avais lu les journaux et si j'étais au courant du « shprountz » qu'il avait mis en France ? Devinant mon incrédulité, il m'expliqua qu'au moment où Jacques Chirac cherchait à se rapprocher des électeurs du Front national et de la tendance radicale de Charles Pasqua, lui venait de signer une tribune à la une du quotidien *Le Monde* au titre sans équivoque : « Il vaut mieux perdre les élections que perdre son âme ». Or depuis la parution, le chef du gouvernement le sommait de revenir sur ses propos ou de démissionner pour appliquer l'adage de Jean-Pierre Chevènement : « Un ministre, ça ferme sa gueule ou ça démissionne. » Très attendu à son retour à Paris, Michel Noir souhaitait donc pouvoir revenir discrètement et se terrer quelques jours afin d'éviter la convocation à Matignon et de laisser à d'éventuels soutiens le temps de se manifester. Ma mission consistait donc à revenir le plus rapidement possible pour préparer une sorte de « planque ». À peine débarqué d'Afrique, le ministre prétendit souffrir d'un violent mal de dos et ordonna à sa voiture officielle de le conduire chez lui, rue de Solférino. Alors qu'il affichait une terrible douleur, quelques minutes à peine après avoir franchi le seuil de son appartement, je vins le chercher à moto pour le ramener chez moi, rue de Berri. Si durant une demi-journée, rien ne se produisit, Danielle Noir me répercutant seulement les coups de fil qui se multipliaient et les personnes cherchant à le localiser, en début de soirée, je reçus un appel de Michel Roussin, chef de cabinet du Premier ministre.

— Michel Roussin au téléphone, dit-il. Le Premier ministre souhaiterait joindre Michel Noir de toute urgence. Pouvez-vous me le passer ?

— Je ne sais pas où il est. Mais pourquoi n'essayez-vous pas à son bureau ou à son domicile ?

— Mais parce que nous savons qu'il est chez vous.

— Désolé, mais vos informations ne sont pas bonnes.

— Si, elles sont excellentes, mais vous défendez votre

ministre. C'est votre rôle. Dites-lui que Jacques Chirac souhaite le voir de toute urgence. Je rappellerai.

Vive la République des libertés individuelles !

Un peu plus tard, deux policiers en civil sonnèrent à ma porte. Attifés comme s'ils sortaient d'une mauvaise série B avec des imperméables et costumes tout droit sortis de la garde-robe de Columbo. Envoyés par Michel Roussin, ils avaient pour mission d'emmener le ministre à Matignon. De son côté, malgré la tournure que prenaient les choses, Michel Noir restait serein, ne passa pas un seul coup de fil ni ne prit de communication. Sa capacité à résister à la pression m'impressionnait. Les deux flics firent donc chou blanc. Le lendemain matin, mon chauffeur me prévint que l'immeuble était surveillé. Heureusement, la mayonnaise des médias et de la politique prenait lentement et, malgré la torpeur de ses collègues, le ministre rencontra un écho favorable dans l'opinion. Il allait pouvoir réapparaître et la planque être levée.

★

Dans le milieu très fermé du pouvoir, tout le monde connaît tout le monde. Tout homme politique se devant de répondre aux sollicitations de ses électeurs potentiels, les contacts se nouent nécessairement entre membres, conseillers et autres chargés de mission des cabinets ministériels. Lesquels, à quelques exceptions près, à les côtoyer, apparaissent pour la plupart opportunistes, menteurs, hypocrites, imbus de leur savoir et uniquement soucieux de leurs prérogatives et de leur position. Beaucoup des réclamations arrivant sur le bureau de

Michel Noir relevaient du domaine de l'administration fiscale. Or, comme il était impossible de répondre favorablement à toutes les requêtes, une hiérarchie fut établie entre les ministères pour connaître l'importance du dossier aux yeux du ministre.

Le circuit était simple : à réception de la sollicitation, celle-ci se voyait traitée par le service courrier qui préparait la demande d'intervention auprès du ministre concerné. Parallèlement une copie de cette lettre était expédiée au demandeur. Dans les semaines suivantes, il recevait même une lettre du ministère destinataire lui confirmant avoir été informé de sa requête. Cette dernière allait-elle aboutir ? En fait, tout dépendait du code qui lui avait été attribué sur les courriers échangés entre ministres. Car, lorsque la lettre ne comportait aucune annotation manuscrite, l'intervention n'avait aucune chance d'aboutir. Si la formule de politesse « Monsieur le ministre » figurant au début de la missive était suivie de l'annotation manuscrite « et cher ami », en revanche on l'examinerait. Enfin, si la signature du ministre était précédée d'un petit mot manuscrit disant « Merci de ton intervention », elle avait de bonnes chances d'être couronnée de succès. Il existait toutefois une codification rédhibitoire. Quand la lettre portait en référence les initiales MAC/MN, elle était sûre de n'avoir aucune suite puisque cette référence identifiait le courrier comme celui d'un opposant. Nous étions les seuls à savoir qu'elle signifiait « Mort Aux Cons/ Michel Noir ». En fait, les plus importantes interventions se passent de courrier et s'obtiennent soit sur un simple coup de téléphone soit directement entre ministres lors du conseil du mercredi. Obtenir l'information et rendre de petits services aux bonnes personnes, là réside le pouvoir.

CHAPITRE 17

Électeurs, si vous saviez

De tous les univers que la vie m'a amené à fréquenter, celui de la politique et des campagnes électorales se révèle le plus impitoyable. Pendant les quelques semaines de campagne, tout est mis en œuvre pour obtenir les bulletins de vote et accéder au pouvoir. Tout mais bien plus encore. Et parfois le pire, voire l'inavouable car en découvrant les dessous de ces périodes, l'état d'esprit des hommes qui y sont impliqués et leur vraie vision des électeurs, on entre dans un spectacle n'ayant vraiment rien de réjouissant. Un théâtre de faux semblants et d'hypocrisie auquel j'ai participé, et où la lutte est sans merci. Il n'y a de place pour aucun sentiment, aucune règle ; la parole donnée n'existe pas ; et l'unique mode relationnel utilisé se résume au rapport de force. Une seule cible dans la ligne de mire : gagner à tout prix, ou plutôt ne pas perdre, ce qui n'est pas forcément la même chose. Bien souvent, il ne s'agit pas en effet d'être le meilleur, mais le moins mauvais. Celui qui parvient à pousser l'autre à la faute gagne.

★

Bien que courtisé de toutes parts, Michel Noir n'était pas dans une situation très favorable. Les structures lyonnaises de la campagne n'étaient pas sur pied et ses positions en désaccord avec celles du chef historique du RPR l'avaient marginalisé au sein même du parti. Ainsi, la première bataille que nous dûmes livrer eut lieu contre son propre camp afin de décrocher l'investiture gaulliste pour la route vers la mairie. Certes ces combats fratricides choquent l'esprit de ceux qui croient que les batailles démocratiques se font majorité contre opposition, mais les luttes internes sont une donnée incontournable. Qui n'a pas en mémoire la compétition Balladur-Chirac de l'élection présidentielle de 1995, la rivalité Chirac-Barre de 1988 ou le conflit Chirac-Giscard d'Estaing de 1981, lui-même précédé de la guerre Chirac-Chaban-Delmas en 1974. Soit dit en passant, notre actuel Président semble avoir inventé et faire durer le mode d'élimination de ses opposants.

Cette « méthode », le patron du RPR tenta donc de l'imposer à Lyon dans le but de mettre un terme à la carrière prometteuse de Michel Noir, concurrent sérieux. Aussi suscita-t-il de nombreuses vocations, semant le trouble dans les rangs du RPR lyonnais. Ainsi, Jean-Michel Dubernard ou Alain Mérieux, personnalités locales, furent contactés par les plus hautes instances du parti afin de réveiller leurs ambitions. Autre tactique, défendre l'idée d'une candidature unique, les sondages n'étant pas bons en cas de listes distinctes RPR et UDF, évidemment accordée au candidat centriste puisqu'il s'agissait de refuser à Noir le combat de sa carrière ! En somme, mieux valait perdre une ville que courir le risque de donner une envergure nationale à un jeune ambitieux, talentueux et plein de réussite ! Bref, tout était fait pour éviter l'ancien ministre du Commerce extérieur.

Si bien que, le jour même de l'annonce de la candidature, Michel Noir n'avait toujours pas reçu l'investiture de son parti. Or, le 9 janvier 1989 à dix-sept heures, une conférence de presse devait débuter à l'hôtel Sofitel. Toute la journée, Jacques Chirac avait tenté, sans succès, de joindre le rebelle pour le dissuader et lui dénier cette étiquette gaulliste. Une véritable partie de poker menteur dans laquelle il fallait des nerfs d'acier pour gagner. Michel me dit d'ailleurs ce jour-là : « Dans un conflit, le premier qui parle a perdu. » Et lui gagna puisqu'à seize heures trente, Alain Juppé me confirma avoir pris seul la décision de soutenir Michel Noir et de lui envoyer un télégramme de confirmation. Il me confia alors : « Chirac est persuadé que si Noir est élu, il va foutre le bordel et essayer de pulvériser le RPR. » Un risque que tout le monde devinait.

*

Une fois les choses réglées à Lyon et les petits marquis locaux remis à leurs places respectives, restait à régler le scepticisme parisien et à convaincre le RPR dans son ensemble que Lyon pouvait devenir gaulliste et que Noir pouvait battre les autres concurrents : Gérard Collomb pour le parti socialiste, Bruno Gollnisch pour le Front national mais surtout le sénateur-maire sortant Francisque Collomb soutenu par Raymond Barre. Pour cela une seule solution : user de la seule arme, de la seule technique éprouvée et acceptée par le milieu politique : le sondage d'opinion.

Des études à la fiabilité toute relative, tout homme politique digne de ce nom étant maître en manipulation de données. Car, alors que l'on met toujours en exergue les réponses des sondés, ce sont les questions qui importent, tout l'art du sondage résidant dans la capacité à poser les « bonnes » questions. Ainsi, lorsque le candidat est limité dans son électorat, il convient de commander un sondage de notoriété. Si, au contraire, les électeurs sont déjà attirés par lui, il est important de peaufiner son discours en découvrant les attentes des administrés. Cerise sur le gâteau : si le candidat peut, par le plus grand des hasards évidemment puisqu'il n'est autre que le donneur d'ordres, connaître les dates auxquelles l'enquête est réalisée, il peut sans difficultés influer sur le résultat en ponctuant la période d'enquête de passages télé ou en obtenant des articles de presse.

Ces articles et ces passages, Michel Noir les avait déjà obtenus grâce à son poste de ministre. Il bénéficiait donc sur ce point d'une avance de notoriété confortable face au maire sortant. Le test « d'image », quant à lui, faisait ressortir un capital sympathie très fort en sa faveur. Entre un père de famille faisant de la F1, côtoyant Jean-Luc Lahaye, invité permanent de TF1, prenant des positions politiques fermes, et un maire sortant vieillissant et affaibli, les électeurs sondés n'hésitaient pas. Lentement, la possibilité puis la nécessité et l'évidence de la candidature de Noir dans la ville de Lyon étaient donc apparues.

Comme il se doit, ces sondages, commandés en quantité et diffusés à profusion, notamment auprès des médias, nous les avons multipliés. Histoire de marquer les esprits, d'influer sur les opinions, de faire sortir la cote de Michel Noir et de faire de lui un sujet fort pour les journaux ou les commentaires politiques.

À l'aube de nouvelles échéances électorales, la présidentielle comme les législatives, un petit calcul s'impose. La France est divisée en cinq cent soixante-dix-sept circonscriptions. Dans chacune d'elles, les grands partis présenteront un candidat, d'où, quasi automatiquement, la réalisation au minimum d'un sondage. Dans chaque grande ville ou agglomération, il faudra même plusieurs enquêtes. Or, les dépenses électorales étant désormais limitées par la loi, ces frais ne pourront être tous pris en charge et indiqués dans les comptes de campagne des candidats, sous peine de voir leurs budgets amputés de façon drastique. Car il faut bien aussi payer les affiches, les meetings, les mailings, le marketing téléphoniques, etc..., autant de choses qui se voient et peuvent être comptabilisées par les commissions de vérification. Une nouvelle question émerge alors de ces déductions : sous quelle catégorie seront classés ces sondages ? Qui les paiera vraiment ? Et d'où viendront les sommes servant à les régler ? En estimant qu'une étude de ce type coûte environ 100 000 F, chiffre à multiplier par le nombre de candidats, on arrive à un total minimum pour chaque parti d'environ cinquante-sept millions de francs. Une somme à laquelle doivent être ajoutés les coûts des enquêtes d'opinion permettant de déterminer les thèmes de campagne, la notoriété des chefs de file, etc...

Énormément d'argent !

★

Les sondages ne disent pas seulement qui peut gagner, quel est le principal concurrent ou ce qu'il faut rectifier dans les prestations télévisées. Ils permettent surtout de savoir ce que les électeurs attendent de leurs représentants. Des éléments qui facilitent l'ajustement du discours à l'électorat et l'évolution du fameux « programme » chargé de correspondre à ce que les citoyens souhaitent entendre. Au diable donc les idéaux, les grands esprits et les belles idées, vive l'opportunisme politique, les convictions à géométrie variable au gré des désirs de l'opinion ! Comme « les promesses n'engagent que ceux qui les écoutent », une fois l'élection remportée, le joli programme passera aux oubliettes.

Lyon n'échappera pas au procédé. Alors que l'un des thèmes de notre campagne prônait « Lyon ville internationale », en découvrant grâce à nos bien-aimés instituts, que seuls 10 % des électeurs étaient sensibles à ce grand projet, celui-ci fut remisé au placard. Puis il fut remplacé par des propositions sur la circulation, avec le fameux tunnel, la propreté, la sécurité et le stationnement, sujets sensibles dans chaque arrondissement. Exit l'ambition mondiale, vive l'intérêt purement local, la ville sécurisée propre, sans voitures, mais avec de nombreux parkings ! Le résultat fut particulièrement probant : neuf arrondissements gagnés sur neuf.

Les sondages étant aussi utilisés pour déterminer la composition des listes soumises au vote, nous devions en tenir compte. Quelle personne faire apparaître ? À quelle place ? En position éligible ou non ? Et quel rôle lui donner ? À Lyon, la défection d'Alain Mérieux, un industriel de renom, avait fait perdre à Michel Noir l'un de ses plus beaux atouts économiques. De plus la présence de Raymond Barre, ancien Premier ministre, sur la liste UDF concurrente, créait un déséquilibre en faveur du maire sortant. Il était donc impératif de trouver un chef d'entreprise capable d'apporter sa caution à l'ambition revendiquée pour Lyon. Or, les inscriptions sur les listes électorales se terminaient le 31 décembre et il restait à peine quarante-cinq jours pour convaincre et régulariser la situation de notre perle rare. Encore fallait-il la trouver.

De nombreux noms venaient à l'esprit de Michel Noir, jusqu'à ce que l'un d'entre eux illumine son regard : Antoine Riboud. Le prestigieux entrepreneur à la tête du groupe BSN présentait en effet nombre d'avantages. Peu marqué politiquement, très médiatique, il avait obtenu une réussite incontestable et habitait la région. De plus, Michel Noir était en contact direct avec lui depuis plusieurs années grâce à la musique et à l'amitié du célèbre violoncelliste Rostropovitch. Il espérait donc pouvoir le convaincre. Antoine Riboud avait fait, grâce à son expérience, le tour des pouvoirs. L'argent ne le grisait plus ; la politique il l'avait connue au plus haut niveau en se liant avec le Président Mitterrand ; et la puissance lui était acquise à l'international par l'intermédiaire de ses activités. Jamais habillé de façon ostentatoire, les cheveux grisonnants, portant toujours des lunettes, le regard vif, ce magnat de l'alimentaire à la simplicité apparente débordait d'énergie. Passionné, il parlait très rapidement avec un cheveu sur la langue qui augmentait la difficulté que l'on avait à le comprendre. En somme, un personnage majeur, un atout indispensable à posséder dans notre manche. Mais comment le séduire ?

Quelques jours plus tard, l'aspirant maire m'affirma avoir l'accord du grand chef d'entreprise pour figurer sur la liste. Comme médiatiquement et politiquement c'était un coup extraordinaire, je me permis de rappeler au ministre que les démarches pour inscrire Antoine Riboud sur les listes électorales lyonnaises devaient être menées au plus vite puisque depuis des années, il était fidèle au petit village de Culoz situé non loin du lac d'Annecy. Or, la procédure normale imposait l'accord écrit de l'intéressé ainsi que la présentation de ses demandes d'inscription et de radiation, une quittance d'électricité etc. Noir chargea le maire du IVe arrondissement de Lyon, territoire de la fameuse Croix-Rousse, de s'occuper de ces formalités lequel, en retour, me demanda de fournir les documents nécessaires. Je tombai des nues en voyant qu'on me refilait le bébé et transmis la demande à Michel Noir, lui seul ayant un contact avec Antoine Riboud. À ma grande surprise, il me rétorqua que l'on ne pouvait ennuyer le grand homme avec ce genre de menus détails et que nous devions nous débrouiller seuls. La mairie du IVe informa donc celle du village de Savoie qu'elle était en possession de tous les documents et demanda qu'on lui expédie le certificat de radiation. Et en moins de trois jours, sans qu'il ait eu à se déranger, l'industriel devint un électeur de la capitale des Gaules prêt à entrer sur la liste ! Hélas, tout ce travail ne servit à rien puisque quelques semaines plus tard, sans plus d'explication, Michel m'avertit que le patron de BSN avait changé d'avis !

*

Plus simple fut la rédaction du « programme » sur lequel les électeurs allaient être appelés à juger le candidat. Une suite de propositions qui apporta un autre avantage. Rédigé, selon une idée de Michel Noir, par un journaliste du grand quotidien local *Le Progrès*, ce programme avait à la fois pour but de montrer aux électeurs que l'aspirant maire ne manquait pas d'idées et de lui permettre de s'attirer les bonnes grâces des reporters de la région, souvent agacés par l'attrait du gaulliste pour la presse nationale. Comment cela s'est-il passé ? Le mieux est de lire le récit qu'en fit Pierrick Eberhard, grand reporter.

> « L'an mil neuf cent quatre-vingt-treize, le vingt-deux juin à neuf heures trente.
>
> Constatons que pour faire suite à notre demande se présente M. Eberhard Pierrick né le 25 juin 1948 à Dié dans la Drôme, journaliste au journal *Le Progrès* demeurant à Collonges au Mont d'or (Rhône) qui, après avoir pris connaissance de la commission rogatoire sus visée, prêté serment de dire la vérité toute la vérité rien que la vérité et déclaré n'être ni parent ni allié ni serviteur des inculpés, dépose comme suit :
>
> Je suis journaliste au journal *Le Progrès* depuis 1973 où j'exerce une activité de grand reporter. Au

début de février 1989, alors que dans le journal *Le Progrès* je m'occupais de la rubrique « collectivité locale », j'ai été contacté par la société Média Cité dont le responsable M. Tayol que je connaissais, m'a demandé si j'étais disposé à effectuer un travail de réécriture de la plate-forme de programme de campagne de Michel Noir pour les élections municipales de mars 1989. J'ai accepté cette proposition par amitié pour M. Tayol et par curiosité. On m'a alors demandé de me rendre au domicile personnel de Michel Noir à Lyon où j'ai rencontré son directeur de campagne M. Bernard Billères (agence RSCG) et son équipe qui m'ont remis un paquet de documents correspondant à l'un des chapitres du programme de Michel Noir et il m'a été demandé de le réécrire le plus rapidement possible. J'ai travaillé toute une nuit pour effectuer ce travail qui a été remis le lendemain matin au 7 place des Terreaux, je ne me souviens plus à qui. À la suite de la remise de ce premier chapitre, j'ai reçu un coup de téléphone de Média Cité me demandant, sans que je sache à ce moment-là si et combien je serais payé, si j'étais disposé à réécrire à nouveau un autre chapitre. J'ai accepté et j'ai effectué le même travail puis une nouvelle fois dans les mêmes conditions durant la même semaine. Le week-end qui a suivi ainsi que durant deux nuits de la semaine suivante, j'ai à nouveau fait le même travail, à mon domicile et en dehors de mes heures de travail.

Lorsque je suis allé chercher les documents au domicile de Michel Noir pour ma deuxième prestation, j'ai fait connaissance de Pierre Botton qui m'a

> dit que l'on se reverrait le lendemain pour les questions de rémunération. Le lendemain, je l'ai rencontré place des Terreaux à la permanence de Michel Noir et il m'a demandé combien je souhaitais être rémunéré. Ne sachant pas trop quels étaient les us et coutumes dans ce domaine, je me suis basé sur la rémunération par feuillet et comme j'ai produit environ 80 feuillets pour l'ensemble de mes prestations, j'ai demandé une somme de 40 000 F. Soit 500 F le feuillet. Au départ, j'ignorais combien de feuillets je serais amené à produire.
>
> Concernant les modalités de règlement, je n'ai formulé aucune exigence, c'est Pierre Botton qui après chaque prestation m'a remis une enveloppe contenant des espèces. [...] »

Quand on demande au journaliste si cela est compatible avec ses fonctions, il précise :

> « Dans le cadre de mes activités au journal *Le Progrès* en 1989, j'ai fait partie de l'équipe journalistique couvrant la campagne des différents candidats parmi lesquels Michel Noir. Je me suis toujours efforcé de faire en sorte que les prestations que j'avais pu effectuer pour la campagne de Michel Noir n'aient aucune influence sur mon travail journalistique. [...] »

Par la publication de ce témoignage éloquent, je ne cherche pas à accabler ce journaliste, mais à montrer que dans le monde médiatique, personne ne trouve anormal que des reporters présumés indépendants acceptent d'écrire la nuit les textes qu'ils seront chargés le lendemain matin de commenter dans les colonnes du journal !

*

Le meeting de présentation des listes était fixé à la mi-février, mais nous n'avions toujours pas déniché notre « notable » du monde économique. Je proposai le nom de Christian Boiron, ami de lycée de mon frère qui dirige le laboratoire du même nom. Leader mondial de l'homéopathie, issu d'une lignée de pharmaciens lyonnais, cet homme actif incarnait la nouveauté, le dynamisme et possédait, en terme d'image, nombre des atouts dont disposait un Alain Mérieux. Ayant obtenu l'accord du candidat, je pris alors contact avec lui. Spontanément, il accepta de déjeuner avec Michel Noir, en me prévenant toutefois que, par philosophie personnelle, il ne souhaitait pas s'engager en politique.

Après le repas, anxieux, je m'informai auprès du député de la réponse de Christian Boiron. Euphorique, un cigare aux lèvres, Michel m'expliqua lui avoir présenté notre programme, et décrit nos ambitions pour la ville, qu'il avait tout enregistré et que c'était « dans la poche ». Sûr de l'accord, il lança une phrase qui résonna toutefois de manière suspecte à mon oreille avertie : « Tu sais, personne ne résiste à une place éligible ». Grossière erreur : le tête de liste raisonnait là en politique alors qu'un homme comme Christian Boiron, élevé dans la culture de l'entreprise, n'avait ni la passion de l'argent, ni celle du pouvoir, mais simplement, défendait d'autres priorités. De grande taille, costaud, le visage buriné, les cheveux blancs et le regard bleu, il était issu certes de l'une des familles les plus renommées de Lyon, pourtant son train de vie n'avait rien d'ostentatoire. Riche de ses doutes plutôt que de ses certitudes, sa quête personnelle l'orientait exclusivement vers une réflexion sur l'homme, la volonté de faire le bien. Qu'il puisse être sensible aux sirènes de l'élection me paraissait donc pour le moins surprenant.

Dubitatif, prétextant des démarches administratives, je décidai d'en avoir le cœur net et l'appelai. Il m'expliqua alors que Michel Noir était quelqu'un de très sympathique, que le mode de présentation de son programme l'avait convaincu mais qu'il n'était pas question pour lui d'entrer en politique. En rapportant ces propos à mon candidat, celui-ci haussa les épaules et mit ce « revirement » sur le compte d'une discussion de l'intéressé avec son père. Explication simpliste qui ne me convainquit guère.

Je contactai à nouveau Christian et lui expliquai avec franchise la situation : l'annonce des listes approchait et il fallait absolument que nous trouvions un industriel lyonnais d'envergure acceptant de figurer aux côtés de Michel Noir. Or je savais la tâche difficile puisque, malgré mes approches, même mon ami Paul Bocuse m'avait dit : « Pierre, je ne peux être que sur une liste qui gagne. » Dans cette ville qui n'aime pas être bousculée – tout au moins ses notables – on ne s'engageait que certain du résultat. Aucune personnalité de la région ne voulait prendre le risque de soutenir le trublion de la droite. Chez Christian Boiron, l'argument fit mouche. Et son accord nous parvint, mais seulement après la soirée de présentation des listes, qui fut en fait transformée en meeting de présentation du programme.

La liste constituée et la campagne entamée, Christian ne fut évidemment pas le plus assidu sur les marchés, dans les barres de HLM ou dans les réunions publiques. Mais ce n'était pas non plus ce que nous lui avions demandé ! Et ce fut même sans surprise que, trois ans plus tard, alors qu'il était devenu adjoint au maire, il m'annonça son intention de quitter la politique. Il ne trouvait pas de quoi satisfaire son besoin de réflexion et de mise en œuvre des vraies réformes capables d'améliorer le quotidien de tous.

★

Une fois la liste établie, restait à réussir le plus difficile : séduire les électorats tant les désirs divergent selon les milieux sociaux et les classes d'âge. À Lyon, il convenait en premier lieu de convaincre le troisième âge, les plus de soixante ans représentant près de 40 % des inscrits et étant quasiment les seuls à se rendre de manière quasi systématique aux urnes. L'enjeu était donc de taille. Or si la « plastique » de Michel Noir, son charisme et sa prestance faisaient un ravage auprès des dames, cette tranche de population se sentait plus d'affinités avec le maire sortant, lui-même ayant atteint un âge avancé. Comment, dès lors, leur faire comprendre que notre « jeune » candidat comprenait et entendait leurs attentes ?

Par des spectacles organisés dans des salles municipales ou privées, auxquels nous invitions une vedette ! Le chanteur Georges Guétary sévissant avec succès dans la campagne de Michel Mouillot à Cannes, je sollicitai à mon tour le ténor d'opérette. Gentiment et contre un cachet raisonnable, il accepta de se déplacer. La veille du jour dit, je lui rendis visite à son hôtel afin de mettre au point sa prestation puisque, avant son tour de chant, il devait annoncer Michel Noir et l'inviter à prononcer quelques mots sur scène. Très professionnel, il procéda à une petite répétition devant moi. Se levant, avançant au milieu de la chambre, il fit mine de tenir un micro en main et lança :

— Je remercie le candidat à la mairie de Cannes Michel Mouillot.

Je l'interrompis, le corrigeai aimablement et lui demandai de faire attention à ne pas commettre la même erreur : il était à Lyon et non à Cannes. Comme il répéta à plusieurs reprises l'introduction sans commettre de fautes, je repartis satisfait et apaisé.

Le lendemain après-midi, la salle était bondée. Quand le noir se fit, il apparut dans un magnifique costume blanc. Premier accroc, contrairement au programme prévu, il débuta par une chanson. Michel Noir me regarda d'un air réprobateur. La chanson achevée, George Guétary remercia fièrement la puissance invitante en disant :

— Et je suis heureux d'être devant vous à Lyon à l'initiative de mon ami... Michel Mouillot.

Silence dans la salle, immédiatement suivi d'une rumeur puis d'éclats de voix. Grand professionnel, le chanteur se rendit compte de son erreur et la transforma en gag. Une blague qui fit rire jaune le candidat, l'enjeu étant bien trop important. Heureusement, le show fut réussi et nos personnes âgées quittèrent la salle satisfaites. Tant et si bien que nous fîmes appel à plusieurs reprises au chanteur.

★

Point essentiel d'une campagne, parce qu'il détermine un axe, une tendance et sert à la communication : l'affichage.

Dévoilées à la presse au terme de la soirée de présentation des listes, en février, quatre affiches modelaient l'image et l'idée directrice de notre bataille. La première représentait le candidat tandis que les autres faisaient figurer les toits de Lyon avec comme slogan : « Ensemble Lyon. » Des visuels où la stratégie de communication du député du Rhône était résumée : l'accent était mis sur la ville et non sur le postulant. Message simple : la star était Lyon et non Michel Noir.

Le plus cocasse, c'est que la première affiche représentant Noir en candidat fut imaginée dans des circonstances amusantes, qui montrent bien qu'un homme politique d'aujourd'hui est plus un produit marketing qu'un vaillant défenseur de nobles idéaux.

En visite chez son dentiste, l'ancien ministre patientait dans la salle d'attente en feuilletant un magazine quand son œil de professionnel de l'image s'arrêta sur le sommaire de *L'Express* du 23 décembre 1988. Là, une photo de Clint Eastwood en veste grise, cravate et chemise claire, fixant l'appareil, les mains croisées sur le dossier d'une chaise, l'interpella. Michel Noir revint triomphant avec l'hebdomadaire pour présenter à Danielle comme à moi son projet d'affiche ! Il voulait ce cliché-là.

Muni de la page, je poussai donc la porte de tous les grands tailleurs afin de dénicher les mêmes vêtements. Une véritable reconstitution : le candidat allait se présenter sous les traits d'une star hollywoodienne ! Ayant trouvé chez Christian Dior les vêtements parfaits, il ne me restait plus qu'à organiser la prise de vue.

Arrivé dans le studio, le candidat fut maquillé, puis installé devant l'objectif. Les faux plis furent corrigés un à un par de petits poids placés à l'intérieur de la veste pour que celle-ci tombe de manière parfaite. Mais ainsi lesté et agacé par la chaleur des projecteurs, il était difficile à Michel Noir de se détendre et de donner le regard doux, tendre et chaleureux similaire à celui de l'acteur américain. Comme la séance s'éternisait, je sortis alors mon arme secrète ! Connaissant bien Michel, je savais que la vue de l'un de ses proches pouvait faire naître dans son regard l'étincelle que nous cherchions à saisir sur pellicule. J'avais donc convié sa fille cadette Julia qui, depuis le début de la prise de vue se cachait dans la mezzanine du studio. En toute complicité avec le photographe, nous reprîmes donc la séance après une courte pause quand au bout de quelques minutes, je fis entrer la jeune fille. À sa simple vue, le papa surpris lâcha un « Ah ! Tu es là ! » souriant. Clic-clac : c'était la bonne prise, toutes les autres pouvant être jetées à la poubelle.

*

Une belle image, des affiches parfaites, restait à organiser la campagne d'affichage. Or, sur ce plan, nous rencontrâmes plusieurs problèmes. Tout d'abord, il fallait trouver des panneaux susceptibles d'accueillir les quatre par trois, ces affiches de grandes dimensions. Or de tels espaces font l'objet de concessions accordées par les municipalités à des entreprises privées. Dès lors, il était aisé au candidat sortant d'user de sa position de force pour faire pression sur les propriétaires des panneaux afin qu'ils refusent la clientèle des opposants. En outre, les principales sociétés d'affichage elles-mêmes étaient plutôt réticentes aux usages politiques qui, objets de tensions et de polémiques, occasionnent souvent des dégradations importantes. L'astuce avait donc consisté, pour notre équipe comme pour toutes celles alors en lice en France, à réserver de manière discrète et souvent des mois à l'avance les meilleurs emplacements. Et ce par l'intermédiaire d'associations ne permettant pas de repérer le candidat ou par le biais d'une grande entreprise nationale qui, au dernier moment, basculait sa campagne sur celle du postulant.

Mais dès la course officielle entamée, il fallait absolument « tenir » l'affichage, les panneaux devant être en permanence propres afin que le message passe clairement auprès des électeurs. Hélas, comme partout, chaque soir pratiquement, des tournées étaient organisées par des gros bras adverses pour souiller et dégrader les visuels. L'astuce, là encore, consistait à passer en dernier pour renouveler les panneaux avant l'aube. Ces dégradations pouvaient – et peuvent toujours puisque les méthodes ne semblent pas avoir changé – être très variées. Elles allaient du simple arrachage, qui empêche le message de passer, à la détérioration mûrement réfléchie, qui détourne le discours du candidat. Michel Noir m'avait ainsi expliqué comment, lors de sa précédente campagne, au moment où la tendance commençait à être en sa faveur, toutes ses affiches avaient été recouvertes du bandeau « Lyon au RPR ». Avec un effet désastreux dans cette ville qui se targue de n'appartenir à aucun parti.

C'est comme si, aujourd'hui, en pleine campagne présidentielle, des petits malins collaient chaque matin sur les affiches de Jacques Chirac des imitations de billets d'avion, des fac-similés de billets de banque, une photo de son château de Boity voire un extrait de la cassette Méry. D'où la nécessité impérieuse de surveiller et d'entretenir chaque jour ces panneaux pour qu'ils restent efficaces. Des méthodes fort coûteuses qui apparaissent rarement dans les comptes de campagne et qui exigent des structures que l'électeur moyen ne peut soupçonner. Afin de lever un coin du voile sur ces nuits de campagne où tous les coups sont permis, je crois utile de citer Francis Fischer, artisan afficheur qui ne se cache pas derrière son petit doigt :

> « Je travaillais en qualité de contremaître à la société Giraudy. Au cours de la campagne des élections municipales de 1989, la société Giraudy a reçu une communication téléphonique de M. Botton qui désirait qu'il soit procédé à l'entretien des panneaux d'affichage de M. Michel Noir. Mon directeur m'a demandé de prendre contact avec M. Botton que j'ai rencontré à la permanence électorale de Michel Noir place des Terreaux. Sur place je me suis mis d'accord avec M. Botton et il a été convenu qu'en dehors de l'entretien normal des panneaux par la société Giraudy, je me chargerais de procéder à quelques entretiens en dehors de mes heures de travail. J'ai fait ce travail pendant environ trois semaines et je me suis fait aider d'artisans afficheurs

ou employés de chez Giraudy. Nous travaillions le matin de bonne heure afin que les panneaux soient propres en début de journée.

M. Botton m'a rétribué 1 500 F par jour de travail, j'ai donc dû percevoir au total environ 20 000 F. Quant aux afficheurs, ils percevaient 1 000 F par jour, il y avait environ 7 à 10 personnes selon les jours qui entretenaient les affiches de M. Noir.

M. Botton avait fait une réunion à laquelle assistaient tous les afficheurs pour nous expliquer exactement ce qu'il souhaitait comme travail de notre part. Pour ce qui concerne les rémunérations, il me les a remises en espèces chaque jour et c'est moi qui me chargeais de les redistribuer aux afficheurs, chose que j'ai faite tout à fait régulièrement.

Pour notre travail, chaque équipe disposait d'un véhicule de location que nous allions chercher chez Avis, une fois à l'agence de Perrache et d'autres fois à une autre agence proche de la rue Garibaldi. Ces locations de véhicules étaient payées par M. Botton mais j'ignore de quelle façon [...]

Je n'ai jamais eu aucun contact avec M. Noir. »

Je n'ai personnellement rien à ajouter à cette déclaration, si ce n'est qu'en plus des voitures, chaque équipe était munie d'un téléphone portable permettant de la joindre pour lui signaler un panneau dégradé, mais aussi d'être appelée à la rescousse en cas d'affrontement avec une équipe adverse, chose courante en ces périodes tendues !

⋆

En 1989, la loi interdisait aussi de procéder au moindre affichage durant les deux semaines précédant le scrutin, sous peine de voir le candidat pris sur le fait invalidé. Il nous fallut donc ruser pour maintenir nos affiches en bon état. Première obligation : avoir dans la poche un imprimeur « complice » acceptant de tirer des affiches supplémentaires réglées en espèces pour ne laisser aucune trace comptable. Deuxième contrainte : procéder au réaffichage de nuit afin que notre non-respect du code électoral ne saute pas aux yeux des électeurs. Enfin, dernier handicap : le temps. Comme nous devions nous montrer le plus discret possible, nous procédions à la pose en quelques minutes, sans ôter l'affiche souillée. Au bout des quinze jours, certains panneaux croulaient sous le poids des papiers posés les uns sur les autres.

⋆

Ce travail acharné porta ses fruits. Quelques jours avant le premier tour en effet, le dernier sondage publié par le journal local *Le Progrès* donna Michel Noir en tête. Loin d'être satisfait, il me mit en garde : « Pierre, jusqu'ici la campagne s'est bien déroulée, mais avec un tel sondage les coups vont pleuvoir. La panique va s'emparer du camp adverse et ils vont jeter toutes leurs forces dans la bataille. Nous sommes dans la même situation que celle que j'ai vécue en 1983. À la même époque j'étais élu et il a suffi des deux dernières semaines pour que je perde tout, crois-moi : il va falloir accrocher ta ceinture. Ça va secouer. »

L'ancien ministre ne se trompait pas.

D'autant qu'en cette période tendue, la pression sur le candidat devient si forte que son pire ennemi, c'est lui. À la merci d'une erreur, un rien peut tout faire basculer.

J'ignorais alors que j'allais devoir affronter de rudes coups portés par l'adversaire mais aussi protéger mon candidat contre ses peurs et ses erreurs. Un soir, par exemple, il m'appela vers vingt-trois heures pour me demander de venir d'urgence. À l'en croire, quelque chose de « terrible » se passait. Inquiet, je me précipitai chez lui pour le trouver en robe de chambre, le visage défait. À ses côtés, se trouvait un de ses fidèles, qui en sortant d'un restaurant du centre-ville, avait trouvé un tract sur son pare-brise évoquant la faillite que Michel Noir avait subie avec sa première entreprise. L'idée du torchon était simple : « Les Lyonnais peuvent-ils livrer les finances de la deuxième ville de France à un aussi “bon gestionnaire” ? » Il fallait réagir vite.

Sur place, nous découvrîmes l'ampleur de la catastrophe : tous les pare-brise des véhicules garés étaient ornés du petit papier blanc délateur. Je commençai par en ôter quelques-uns, mais la tâche m'apparut insurmontable. Que faire ? J'arpentai les rues alentour pour m'apercevoir à un moment que la besogne des poseurs de tracts avait été suspendue sans doute faute de munitions.

Coup de chance, ils n'étaient que deux et arrivaient les bras chargées de ces torchons. Je m'approchai et me présentai : « Pierre Botton, je suis le directeur de campagne de Michel Noir. » Les deux jeunes, vraisemblablement embauchés pour l'occasion, eurent un mouvement de surprise. Comprenant que leur motivation était seulement financière, j'entrai dans le vif du sujet :

— Combien on vous donne pour faire cela ?

— 1 000 F pour la nuit, répondirent-ils.

J'avais trouvé la faille.

— Eh bien moi, je vous propose le double pour défaire ce que vous venez de faire.

Après quelques minutes de réflexion, leur réponse fusa :

— Nous ne pouvons pas décider seuls ; il faut que notre chef soit d'accord et toutes les équipes aussi.

— Très bien, je veux le rencontrer.

Les deux jeunes gens me conduisirent alors dans une autre rue où le « chef » s'était garé pour réapprovisionner ses troupes. Sans heurts la discussion s'engagea et l'homme accepta le *deal*. En moins de deux heures, il n'y avait plus une seule trace du document. Méfiant et intuitif, j'interrogeai aussi le « meneur » pour savoir si d'autres opérations du même type étaient en route. Il m'avertit d'un « tracktage » de plus grande envergure, prévu le lendemain, mais dont il ignorait la teneur. Il devait seulement aller chercher les documents dans un hangar puis les répartir aux diverses équipes.

Quand j'avertis Michel Noir, celui-ci m'ordonna de tout faire pour arrêter la manœuvre. Le lendemain, je contactai donc l'homme et lui mis un marché en main : dès que les tracts seraient en sa possession, je les lui achèterais, tous. La négociation fut difficile mais nous trouvâmes un terrain d'entente. Il est vrai que l'argent suffit à lui ôter certains scrupules. Je lui imposai une condition qui le surprit : il devait distribuer quand même quelques tracts. En fait, je savais que si aucun papillon ne sortait, les UDF auraient compris et préparé un autre plan d'attaque. Je lui désignai des lieux précis : les boîtes aux lettres et les pare-brise des rues où Raymond Barre, Francisque Collomb et leurs principaux adjoints et têtes de liste habitaient. Tous devaient penser que le sale boulot avait été fait ! Dès le matin, je me laissai le plaisir de contacter mon homologue de la liste concurrente pour protester, offusqué par la lecture du tract distribué !

Le jour dit, je récupérai donc, sur les quais de Saône, à proximité de la gare Perrache, les fameux documents. En quittant les lieux, j'avais le ventre noué. Et si l'on me découvrait en possession de ces tracts ? Prudemment, et comme si de rien n'était, je rejoignis une menuiserie appartenant à mon groupe située à Pierre-Bénite, dans la banlieue lyonnaise, où les tracts furent déposés.

*

Le scrutin approchait et nous sentions que la victoire pouvait nous sourire quand deux événements fortement perturbateurs vinrent changer la donne. Un après-midi, Michel Noir me demanda de venir le retrouver chez lui. Il n'avait pas l'habitude de beaucoup converser au téléphone mais vu la fréquence de nos entrevues, son insistance m'intrigua. J'obtempérai donc. Et le trouvai seul dans son salon, arborant sa mine des mauvais jours. Ses paroles furent directes : « C'est foutu. » Ses mots avaient l'accent de la sincérité, mais je ne comprenais pas les raisons de son défaitisme. J'essayai de le réconforter en lui démontrant que nous disposions de tous les atouts pour une victoire quand il m'interrompit :

— On a oublié Riboud.

— Quoi, Riboud ?, répondis-je interloqué.

— On l'a transféré de bureau de vote, mais il va se présenter pour voter dans sa commune et il ne pourra pas. Avec son caractère, son poids médiatique et sa puissance, il fera annuler les élections.

Pensant qu'il divaguait, j'essayai de comprendre où il voulait en venir.

— Michel, tu lui as demandé d'être sur ta liste. Il savait bien que pour cela il devait voter à Lyon et que le changement devait se faire avant le 31 décembre. Il a ensuite changé d'avis, c'est son problème s'il est trop tard. Il savait ce qu'il faisait.

— L'ennui, Pierre, c'est qu'il ne m'a jamais vraiment donné son accord.

Tombant des nues, j'en restai muet. Le candidat se défendit en m'expliquant qu'à l'époque, tout le monde doutait, que le départ de Mérieux avait créé un séisme et qu'il lui fallait pour souder l'équipe, pallier immédiatement ce désistement. Voyant la gravité de la situation, je devais résoudre le problème sur-le-champ. Je contactai donc catastrophé le maire du IVe arrondissement. Lequel m'apporta un peu d'espoir en assurant qu'aucun dossier ni pièce justificative n'ayant été expédié à la mairie de Culoz, fief de l'industriel, celle-ci n'avait sans doute pas procédé à la radiation. Préférant le vérifier, je chargeai un collaborateur de se rendre à Culoz pour ausculter les listes électorales. Catastrophe : Antoine Riboud avait été rayé. Lorsque j'en informai Michel Noir, il blêmit et fut repris par le pessimisme : « C'est foutu, je te l'avais dit. »

Notre seul espoir : que le patron de BSN n'aille pas voter ! Ce qui à la réflexion, me semblait hautement improbable. J'étais dépité. Comment pouvions-nous trébucher si près du but ? Et pour une telle maladresse ? Tous ces efforts, tout ce travail, allaient-ils être réduits à néant aussi facilement ? Je ne pouvais m'y résoudre. Perdu pour perdu, je ne pouvais rester les bras croisés.

Un matin, très tôt, je pris mon courage à deux mains et téléphonai à la secrétaire d'Antoine Riboud pour lui expliquer en quelques mots ce qui se passait. Bien qu'effarée, devant mes excuses et ma voix atterrée, elle me demanda de la rappeler dans quelques minutes, le temps pour elle d'exposer à son patron la situation. Joint, l'industriel ne mâcha pas ses mots, exigea de pouvoir voter dans son village et refusa de faire quoi que ce soit pour nous aider. Entre deux éclats de voix, je lui expliquai le risque encouru par le candidat, le parcours effectué pour en arriver à notre victoire probable, mais il ne décolérait pas. Encaissant tous les coups, je repris à mon compte une phrase tant de fois répétée par mon père et que seul un industriel pouvait comprendre : « Le succès est la rançon du risque. » Alors le ton s'apaisa. Il n'avait pas plus de considération pour moi, mais appréciait que j'ai eu le courage de le mettre au courant. Finalement, il choisit de n'intenter aucune action contre Michel Noir, mais insista pour voter dans sa localité. Dès lors, l'administration enclencha la rectification officielle de « l'erreur » commise par la mairie du IVe arrondissement.

★

Après toutes ces péripéties, arriva le moment d'imprimer et de mettre sous pli la profession de foi du candidat. Cette feuille, envoyée par les mairies à chaque électeur, obéit à des critères légaux très précis et doit être remise aux mairies d'arrondissement à une date fixée par le code électoral. Noir veilla avec beaucoup d'attention à sa rédaction. À tel point que nous n'eûmes pas le temps de voir le « bon à tirer ». L'impression des 260 000 documents effectuée, avant d'ordonner l'expédition aux mairies, je déposai une copie des professions de foi sur le bureau de Michel Noir. Le document devait parvenir dans les bureaux le lendemain avant minuit.

Le candidat jeta un bref coup d'œil au document sans y faire attention quand soudain quelque chose lui sauta aux yeux. Il prit le papier, l'observa puis me le tendit :

— J'espère que tu n'as pas fait partir ça ?

— Si, c'est même en train d'être livré dans les mairies d'arrondissement.

— Eh bien, tu dois tout recommencer parce que ma signature est à l'envers. Ce document n'est pas valable. C'est même un cas d'annulation de ma candidature, dans la mesure où on peut considérer que je n'ai pas signé ma profession de foi.

J'étais effondré. Il ne manquait plus que ça. Je donnai ordre de faire revenir tous les documents tandis que l'imprimeur recommençait son travail. Évidemment, les mairies d'arrondissement tenues par nos adversaires, voyant dans cet ennui une aubaine pour éviter la défaite, exigèrent que la livraison ait lieu avant la fermeture des bureaux. Or, si l'on pouvait y parvenir avant minuit, il était impossible de tenir le délai de dix-huit heures. Il me fallut entamer une partie de bras de fer avec ces mauvais perdants et recourir au préfet pour arbitrer ce différend avec l'équipe sortante. Fort du texte de la loi, j'exigeai qu'une personne soit présente dans les neuf mairies jusqu'à l'heure fatidique de minuit afin de réceptionner notre livraison. Le préfet me donna gain de cause. Ces douze heures gagnées permirent au candidat Michel Noir d'être sauvé.

CHAPITRE 18

Le compte est bon...

À ce stade, une fois bien assimilé le fonctionnement de notre vie politique, sans fard ni fausses pudeurs parlons vraiment d'argent. Parce qu'il constitue le nerf de la guerre, c'est bien grâce à lui qu'un homme politique dispose de moyens pour se faire élire et combattre ses adversaires. Car si l'argent ne fait pas le bonheur, comme dit le dicton, au moins facilite-t-il grandement l'élection et la réélection !

Mais pour comprendre les récits qui vont suivre, il faut d'abord connaître les termes des deux lois d'amnistie, votées par les élus eux-mêmes, afin de se prémunir des actes illégaux commis en d'autres temps :

> « *Aux termes de la loi du 20 juillet 1988, sont amnistiés les délits en relation avec les élections de toute nature, notamment avec le financement direct ou indirect des*

campagnes électorales ou de partis politiques avant le 11 mars 1988. »

Comme cela ne devait pas suffire et que vraisemblablement de nouvelles infractions avaient été commises, nos chers élus ressentirent la nécessité de faire voter un second texte couvrant, lui, les situations postérieures au premier :

« *Aux termes de l'article 19 alinéa 1*er *de la loi du 15 janvier 1990, sont amnistiés sauf en cas d'enrichissement personnel de leurs auteurs, toutes infractions commises avant le 15 juin 1989 en relation avec le financement direct ou indirect de campagnes électorales ou de partis et de groupements politiques.* »

Pourquoi cette seconde loi ? Était-ce parce que la première amnistie n'avait pas suffi à convaincre nos élus de l'illégalité de leurs actes ? Ce second texte aurait-il eu un effet plus persuasif sur les hommes politiques ? N'a-t-il pas au contraire renforcé leur sentiment d'impunité devant une loi qu'ils manipulent à souhait ? Ces interrogations trouvent une réponse évidente quand on voit, jour après jour, les nombreux dossiers de financement suspects qui hantent les médias. Rien ne semble avoir changé depuis ma condamnation.

⋆

Quelque temps après la victoire, le nouveau maire de Lyon me demanda de « faire les comptes ». Je mis donc au point un premier document répertoriant les dépenses engagées sur plusieurs années au service de son ambition. Des sommes provenant de mon travail, de mes comptes personnels ainsi que de ceux des sociétés de mon groupe qui se répartissaient, année par année, de la façon suivante :

1984 : 647 735 F
1985 : 859 042 F
1986 : 2 531 443 F
1987 : 2 617 303 F
1988 : 4 210 228 F
1989 : 295 783 F.

Soit un total de 11 161 534 F. Autrement dit, 1 701 564,80 euros. Mais que ce soit en dollars, en yens ou en lingots, ce montant est considérable. Encore ne tient-il compte que des factures justifiables et repérables, sans inclure le travail et le temps passé.

Comme on le voit, les plus grosses dépenses prirent place en 1988, soit un an avant l'échéance électorale. Paradoxalement, la plus faible fut l'année 1989. D'abord parce que Michel Noir n'étant plus ministre, mais déjà candidat aux municipales, c'est le financement mis en place à grande échelle pour supporter la campagne qui prit le relais. Ensuite, tout simplement parce que j'arrêtai à ce moment de différencier les comptabilités pour me concentrer sur la victoire. Les origines de l'argent réglant les factures n'importaient plus.

*

Comme on l'a vu, de nombreuses sources de financement interviennent en politique. En cas de victoire, et seulement dans cette hypothèse, apparaît la prime au vainqueur offerte par tout un ensemble de fournisseurs susceptibles d'obtenir des marchés avec la nouvelle équipe municipale. Ainsi, imprimeurs, afficheurs, prestataires de services n'auront aucun intérêt à réclamer leur dû.

L'exemple caractéristique du plus représentatif des prestataires de services d'une campagne électorale qu'est la société d'affichage, vaut son pesant de surprise. D'autant que quelque soit la générosité du fournisseur il faut bien justifier un minimum de paiement. Ainsi, citons pour exemple la location des panneaux publicitaires aux sociétés Noirclair et Giraudy. Montant commandé et facturé au client : 382 722,20 F. Montant réglé par le client : 68 249,48 F. Soit un rabais de 80 % de la note ! Même chose pour la société Dauphin, exerçant le même type d'activité. Montant commandé et facturé au client : 199 288,32 F. Montant réglé par le client : 0 F. Soit un rabais de 100 % de la facture !

Comment cela fut-il possible ? Pour le savoir, il convient de lire les explications de Bertrand Giraudy, directeur général adjoint de la S.A. Giraudy, qui fut entendu par la police judiciaire, le 13 juillet 1993 à 15 heures 05 précises :

> « La société Giraudy avait depuis de nombreuses années plusieurs filiales en France, parmi lesquelles la société Noirclerc à Lyon. Cette société a été absorbée en 1991 par Giraudy. J'exerce les fonctions de directeur général adjoint de Giraudy S.A. depuis 1987.

J'étais président du directoire de la S.A. Noirclerc qui était représentée localement par M. Maurice Ducray qui exerce actuellement les fonctions de directeur de Giraudy Lyon. [...]

Pour les prises d'ordres, j'ai demandé à mon représentant local M. Ducret, de prendre les ordres auprès de l'association *J'aime Lyon*[1] qui avait contacté la société Noirclerc. Il y eut trois prises d'ordres pour un montant global de 382 722,20 F TTC. À la suite de différents reproches d'ordre technique formulés par M. Botton et confirmés par son courrier du 15/03/89, que je vous remets en photocopie, nous avons décidé dans un souci d'apaisement, d'effectuer des avoirs d'un montant de 314 472,72 F et par conséquent, un règlement de l'association *J'aime Lyon* de 68 249,48 F est intervenu en avril 1989 et remis en banque le 25/04/89 par la société, pour solde de tout compte [...] ».

Quelle entreprise sympathique qui permet à ses clients mécontents d'obtenir sur une simple lettre, un rabais de 80 % ! Personne ne peut penser que la nouvelle position acquise par Michel Noir, désormais seul décideur quant au renouvellement des concessions sur les panneaux publicitaires exploités par cette société et arrivant à échéance le 7 mars 1989, ait été capable de susciter ce geste.

1. Association créée par Michel Noir pour la campagne des municipales de Lyon de 1989.

Une telle politique commerciale était-elle courante dans cette profession ? Il le semble, à en croire la déposition[1] d'un confrère de Bertrand Giraudy, Alain Bour, directeur régional Rhône-Alpes-Auvergne de la S.A. Dauphin.

> « Au mois de janvier 1989, l'association *J'aime Lyon* a contacté la société Dauphin pour que nous lui fassions une proposition de panneaux et de prix pour l'élection municipale au profit de M. Michel Noir. C'est Mme Coutarel de l'association *J'aime Lyon* qui a pris contact à l'époque avec Dauphin. À cette époque, j'occupais les fonctions de directeur régional et j'avais comme instructions de mon président de ne plus afficher pour *J'aime Lyon* tant que notre facture concernant la campagne électorale des législatives de 1986 pour laquelle nous avions affiché pour M. Michel Noir ne nous aurait pas été réglée. En effet, nous avions facturé en 1986 une somme de 332 622,60 F à la permanence électorale de M. Michel Noir, place des Terreaux à Lyon et cette somme ne nous avait jamais été réglée.
>
> Le 28 février 1989, l'association *J'aime Lyon* nous a réglé par une traite une somme de 332 000 F correspondant aux factures précitées de 1986 impayées jusqu'alors. Dès lors nous avons accepté d'afficher pour les municipales de 1989. Il y a eu une première campagne au 26 janvier 1989 pour une durée de 10 jours que nous avons facturée à *J'aime Lyon* pour un montant net de 44 353,44 F. Nous avons effectué une

1. Le 22 juillet 1993 à 10 heures 05 dans les locaux de la société Dauphin.

deuxième campagne au départ du 22 février 1989 pour une durée de 15 jours que nous avons facturée à *J'aime Lyon* pour un montant de 154 934,89 F soit au total 199 288,32 F. Normalement, il avait été prévu que nous soyons réglés au moyen de 12 traites échelonnées de juillet 1989 à juin 1990.

Lorsque les dates d'échéances des premières traites sont arrivées, nous avons averti *J'aime Lyon* qui nous a fait part de son incapacité à payer et nous a demandé des délais. En fait, malgré plusieurs courriers de relance de notre siège parisien notamment en date des 18 septembre, 16 octobre et 17 novembre 1989, nous n'avons jamais pu obtenir le règlement de nos factures. Nous n'avons jamais obtenu de réponses à nos courriers de relance, mais compte tenu des fonctions occupées par M. Noir et du fait de l'insolvabilité notoire de l'association *J'aime Lyon*, la société Dauphin n'a pas engagé de poursuites [...]. »

Qui ne rêverait d'avoir des créanciers aussi prudents et même généreux ?

⋆

Dans le cadre de ces financements déguisés, la palme de l'originalité revient à certains établissements bancaires. S'ils jouissent d'un autre statut que les fournisseurs précités, leur position vis-à-vis du premier magistrat de la deuxième ville de France n'est guère différente. En effet, les collectivités locales ayant besoin de prêts colossaux pour réaliser différents aménagements, garantis par la principale et inépuisable ressource qu'est le contribuable, elles sont donc le plus gros client des établissements bancaires. À ce titre, il arrive même que la municipalité devienne juge et partie en ayant des représentants dans les Conseils d'administrations de certaines banques.

Ces relations entre élu local et banquier sont plus explicites encore à travers les mots du trésorier de la fédération RPR du Rhône [1] :

> **Sur interrogation** : Il me semble bien qu'au cours d'un repas chez Brazier, à l'époque où Michel Noir était ministre, plus vraisemblablement en 1987, Henri Moulard, président de la Société lyonnaise de banque, a donné oralement en ma présence, à Michel Noir, un accord pour un financement d'environ 400 000 F mais il n'ya pas eu lieu à remise d'espèces.
>
> J'ai effectivement constaté par la suite que la banque dont il s'agit avait apuré notre découvert à hauteur de ce montant. [...]
>
> **Sur interrogation** : Il est exact que j'ai appartenu au conseil d'administration de la Société lyonnaise de banque de 1987 à 1989. [...]

Que des banquiers puissent effacer 400 000 F de découvert d'un seul trait de plume, cela fait rêver !

Mais parfois, au fil des changements politiques, la situation peut se gripper, notamment lorsque le prési-

1. Audition de M. Jean De Cheignon devant la Cour de Justice de la République.

dent « complice » est ramplacé. À ce titre, écoutons les propos de Denis Samuel Lajeunesse, président de la Lyonnaise de banque[1] :

> J'ai été nommé président de la Lyonnaise de banque le 1er juillet 1992[2]. Fin août 1992, ayant demandé à mes collaborateurs de me présenter les dossiers difficiles de la banque, ceux-ci m'ont parlé de comptes Noir-de Chaignon (Comité pour le rassemblement). Il s'agissait d'un compte en indivision qui présentait un solde débiteur de 1 049 000 F dont 200 000 F d'agios. Ils m'ont également parlé du compte de l'association J'aime Lyon qui était débiteur d'environ 600 000 F dont 100 000 F d'agios. Le 10 septembre j'ai appelé M. Parent, chef de cabinet de M. Noir pour obtenir un entretien avec M. Noir de façon à pouvoir lui parler d'une affaire délicate. Après une relance téléphonique de ma part, j'ai été reçu par M. Noir le 22 octobre 1992 dans son bureau de la mairie. Je lui ai exposé la situation et lui ai demandé quand et comment il pourrait régler à la Lyonnaise de banque le solde de ces deux comptes. M. Noir a demandé quelques semaines de délai pour réfléchir aux dossiers et trouver une solution.
>
> Le 18 novembre 1992[3], je lui ai adressé en absence de réaction de sa part, un petit mot de relance lui indiquant mon souhait que ces dossiers

1. Audition chez le juge d'instruction en date du 18 juin 1993.
2. Soit tout juste un mois après l'ouverture d'une enquête préliminaire sur mon affaire.
3. Soit quatre jours après mon placement en détention préventive.

soient réglés avant la fin de l'année. Une nouvelle entrevue a eu lieu le 1er décembre 1992 et m'a permis de trouver un accord avec M. Noir sur l'apurement du compte de l'association *J'aime Lyon.* J'ai reçu quelques jours après une lettre de Mme Noir, présidente de ladite association, confirmant cet accord. S'agissant du compte Noir-de Chaignon, M. Noir souhaitait poursuivre sa réflexion. J'ai eu un nouveau contact téléphonique avec M. Noir le 11 décembre 1992, l'ayant remercié de la réception de la lettre de son épouse, je lui ai demandé où il en était de ses réflexions sur le compte Noir-de Chaignon. M. Noir m'a demandé des précisions sur ce compte que je lui ai adressées immédiatement (fiche de signature et numéro de compte et situation de ce compte). M. Noir pensait pour sa part que mon prédécesseur M. Henri Moulard avait abandonné ce compte. Le 16 décembre 1992, je me suis entretenu au téléphone de ce dossier avec M. Moulard qui m'a indiqué qu'il n'avait jamais considéré un seul instant qu'une telle créance s'efface. J'ai immédiatement rappelé M. Noir pour lui indiquer la position de M. Moulard. M. Noir a alors accepté de prendre en charge le remboursement de la moitié de la dette soit 500 000 F. Rendez-vous a été pris pour le 24 décembre 1992, M. Noir devant me remettre en espèces la somme. La Lyonnaise de banque reconnaissant par écrit que ce règlement valait transaction. C'est ce qui a été fait le 24 décembre 1992. Dans le bureau de M. Noir en présence de M. Parent, moi-même étant accompagné de

M. Gajowka, directeur des affaires juridiques à la Lyonnaise de banque. [...]

Sur interrogation : S'agissant des modalités de règlement par M. Noir, celui-ci m'avait demandé si un règlement en espèces était acceptable par la banque, je lui avais indiqué que celle-ci pouvait accepter tout moyen de paiement ; après en avoir référé à M. Bastellica, conseiller du président de la Lyonnaise de banque pour les affaires de sécurité et sur son avis, j'ai estimé compte tenu de la personnalité du débiteur qu'il n'y avait pas lieu de faire de déclaration au Tracfin[1].

Sur interrogation : M. Noir ne m'a pas donné d'explication sur l'origine des 500 000 F d'espèces qu'il remettait à la Lyonnaise de banque. »

Ce témoignage en dit long sur les rapports entre le monde politique et les banques. Les mallettes remplies de billets dont nos dirigeants voulaient nous persuader qu'elles n'étaient que pur fantasme de journaliste, existèrent bel et bien. Que n'a-t-on pas entendu sur la « transparence » prônée si fort par nos hommes politiques depuis les lois d'amnistie ! Pourtant cette remise de 500 000 F en liquide se déroulait en 1992, soit deux ans après la dernière loi relative au financement politique. « Les choses ont changé », « ces pratiques ont disparu », voudrait-on nous faire croire ! Mais qu'est-ce qui a changé ? Rien. Car que déduit-on encore de cette audi-

1. Organisme luttant contre le blanchiment d'argent, qui doit être averti de toute manipulation d'espèces répétée ou d'un montant excessif.

tion très instructive ? Que le politique et le banquier se sont mis d'accord. L'homme politique, protégé par les lois d'amnistie, ne risquait rien et la banque minimisait ses pertes en bouchant son nez quant à l'origine des fonds. Tout cela était-il bien moral ?

Pour l'anecdote, découvrons le récit du directeur juridique de la Lyonnaise de banque, M. Gajowka, qui assista à la remise des espèces dans le bureau du maire :

> « Le 24 décembre 1992, M. Denis Samuel Lajeunesse, président de la Lyonnaise de banque, m'a demandé de l'accompagner à la mairie de Lyon dans le bureau de M. Noir. Celui-ci nous a remis dans une pochette plastifiée une somme de 500 000 F en billets de 500 F. À cette occasion M. Noir et moi-même en ma qualité de directeur juridique avons signé le protocole de transaction que je vous remets en photocopie. Cette entrevue a été très brève, elle s'est déroulée en présence de l'entourage de M. Noir que je ne connais pas.
>
> **Sur interrogation :** M. Noir n'a pas fait de commentaire sur l'origine de ces fonds. Je n'ai pas recompté l'argent en présence de M. Noir. Je suis allé immédiatement à la banque et j'ai demandé au caissier à ce qu'il crédite un compte interne après avoir vérifié le montant du versement puis j'ai demandé au gestionnaire des comptes internes de virer ces fonds sur le compte auquel il était destiné. De ce fait le débit de ce compte a été ramené à 549 970,59 F que nous avons virés au compte de pertes avant de solder le compte. [...]

Nous n'avons pas relevé les numéros des billets remis par M. Noir car il n'y avait pas lieu de le faire.

Sur interrogation : Le président de la Lyonnaise et moi-même nous sommes interrogés un instant pour savoir si nous devions aviser le Tracfin, mais compte tenu de la personnalité de M. Noir, nous n'avions pas de soupçon permettant de justifier cette démarche.

Vous aviez demandé à la Lyonnaise si M. Noir était locataire d'un compartiment de coffre à la Lyonnaise de banque, il a été locataire d'un coffre d'avril 1990 à décembre 1991. Les personnes autorisées à accéder à ce coffre étaient M. Noir Michel et M. Sarocca. Concernant M. Sarocca l'autorisation le concernant a été dénoncée par un courrier de M. Noir en date du 3 juin 1991 adressé à M. de la Chapelle, directeur de la succursale des particuliers à l'époque. »

1992. Nos élus se sont déjà accordés deux amnisties sur le financement de leurs campagnes. Pourtant, en pleine affaire judiciaire, alors que je suis incarcéré et que Michel Noir est déjà mis en cause, le maire de Lyon remet 500 000 F en espèces de la main à la main, à son banquier. Et personne ne lui demande l'origine de ces billets ! Nous sommes bien au cœur du problème du financement politique. Pour un élu, pour un maire ou pour la personne mandatée par lui, il existe une réelle impunité. Beaucoup plus qu'un sentiment, c'est une réalité que chacun des intervenants a à cœur de préserver.

★

Ce récit, comme ceux évoqués par ailleurs dans la fameuse cassette Méry ou dans d'autres dossiers amènent à d'autres questions, incontournables : d'où viennent ces sommes ? Qui paie ? Et pourquoi ? La réponse est simple : l'argent provient simplement de grandes sociétés.

Dans le cadre du financement de la carrière politique de Michel Noir, j'avais en effet été sollicité pour ouvrir des comptes en Suisse capables de recevoir ce genre de fonds. Sur ce point, je dois préciser que cette affaire étant en attente de jugement, je ne souhaite pas m'étendre et dois me contenter de l'enchaînement des faits, dont je laisse à chacun le soin d'établir les éventuels liens de cause à effet, si tant est qu'ils existent.

1986 : ouverture de comptes en Suisse pour des sociétés panaméennes dont l'une portait le nom de TOVES, anagramme de VOTES.

8 octobre 1992 : retrait, par une personne non identifiée, de 900 000 F de l'un des compte helvétiques. Au même moment, je me trouve, comme la justice a pu le vérifier, aux États-Unis.

24 décembre 1992 : remise à un banquier de 500 000 F en espèces par le maire de Lyon, dans son bureau de l'hôtel de ville.

Pour l'anecdote, l'ancien chef de cabinet du maire de Lyon, M. Sarocca, se fera arrêter quelques mois plus tard à la frontière franco-suisse, en possession de 100 000 F en espèces.

★

Certains penseront que la Lyonnaise de banque était un établissement peu regardant. Pourtant, à cette époque, pour le Crédit Lyonnais, c'était vraiment le « pouvoir de dire oui ». Et je reçus une nouvelle initiation aux mœurs du milieu politique.

Les ponctions réalisées sur les sociétés de mon groupe pour l'ascension politique de Michel Noir avaient fragilisé grandement leur assise financière. Le découvert important ainsi créé pour la société Vivien auprès de son principal établissement financier, le Crédit Lyonnais, était pour Michel Noir un véritable talon d'Achille. Inquiet, il dût intervenir. Comprenant nos difficultés et la menace du dépôt de bilan qui pointait, avec le risque de mettre à jour les abus de biens sociaux réalisés à son profit, il me recommanda auprès du Président régional de la banque. Celui-ci accorda sans sourciller une autorisation de découvert à Vivien. Un avantage financier que l'on pourrait aisément assimiler à une forme de financement, mais qui suscita fort peu de commentaires et encore moins d'explications de la part d'un collaborateur de notre généreux « donateur » quand il fallut répondre aux interrogations insistantes de la justice le 13 août 1992[1] :

> « Depuis de nombreuses années, la S.A. Vivien a un compte ouvert au Crédit lyonnais. Ce compte a été transféré en 1987 au centre d'affaires Entreprise

1. Audition de M. André Camp, directeur régional adjoint du Crédit Lyonnais.

du Crédit lyonnais à Lyon Part-Dieu sous le n° 601606 Y.

Ce compte était suivi au centre d'affaires par M. Jean Philippe Gay, lequel a démissionné du Crédit lyonnais il y a environ deux ans. M. Gay travaillait sous l'autorité de M. Daniel Ginchard dans un premier temps puis sous celle de M. Escarra Pierre à partir de 1988 me semble-t-il. M. Escarra a démissionné du Crédit lyonnais vers le mois de juin 1991.

En date du 2 décembre 1987, selon la demande de concours que j'ai sous les yeux dans mon dossier, il avait été accordé à la S.A. Vivien des facilités de caisses à hauteur de 500 000 F.

Vous me présentez une photocopie d'un extrait de comptes de la S.A. Vivien au 8/08/1990 qui fait apparaître un solde débiteur du compte précité à hauteur de 6 307 086.42 F (six millions trois cent sept mille quatre-vingt-six francs et quarante-deux centimes). Je n'ai pas les éléments dans mon dossier qui me permettent de vous indiquer pour quelles raisons ce solde débiteur a atteint ce montant, ni à partir de quelle période ce compte est devenu fortement débiteur.

Je n'ai pas dans mon dossier de courrier ou élément concernant le fonctionnement de ce compte et le solde débiteur.

Il est exact que le 15 juin 1990 le Crédit lyonnais a consenti au profit de la S.A. Vivien un abandon de créance d'un montant de 2 500 000 F. [...]

Une telle décision d'abandon de créance n'a pu être prise du moins je le pense par M. Escarra, mais certainement au niveau national juridique. Je n'ai pas de trace dans mon dossier de courrier du service juridique concernant cette opération.

Je suis en poste en qualité de directeur régional adjoint à Lyon depuis avril 1991. [...] »

On comprend la gêne de ce banquier. Le pauvre homme avait hérité là d'un dossier bien controversé, personne n'ayant pris soin de le mettre au courant des petits arrangements acceptés avant son arrivée. Mais les enquêteurs voulurent comprendre les dessous de cette opération et s'adressèrent à la direction nationale de la banque, qui, dans un courrier, tenta une explication :

> *« La direction régionale a saisi, pour la première fois de l'état des engagements sur la société Vivien, la direction centrale des agences de France à Paris par une note datée du 1er février 1990.*
>
> *Cette note, intitulée "Relation d'accrochage" comme il est de règle lorsqu'une direction régionale prend l'initiative d'informer sa direction centrale des relations devenues difficiles avec un client, fait ressortir les éléments suivants :*
>
> *"Dossier dans lequel le débit de la société Vivien s'est creusé progressivement. Débit autorisé à 500 KF de janvier à juillet 1988, puis autorisation portée à 1 200 KF d'août à novembre 1988. Ensuite dérapage pendant l'année 1989. Autorisation portée à 6 000 KF avec échéance 31/12/89." »*

On le note, les dates parlent d'elles-mêmes.

Mais la police judiciaire ne s'arrêta pas là. Elle poursuivit son travail en entendant, le 17 juin 1993, un membre de la direction régionale pour déterminer les raisons ayant conduit à cette autorisation de découvert d'un montant de... 6 millions de francs :

« Constatons que pour faire suite à notre demande se présente André Rival né le 8 septembre 1936 à Besançon (25000) directeur adjoint responsable des engagements au CRÉDIT LYONNAIS pour la région RHÔNE-LOIRE-AUVERGNE demeurant à Lyon IVe. [...]

J'exerce mes fonctions à la direction régionale de Lyon du Crédit lyonnais depuis décembre 1989. De par mes fonctions, je suis responsable du secteur engagements de la région, à ce titre des dossiers de crédit à partir d'un certain montant viennent à ma connaissance.

Quelque temps après avoir pris mes fonctions, j'ai pris connaissance début 1990 du solde débiteur de plus de 6 000 000 F du compte de la S.A. Vivien. Ce compte était géré par le centre d'affaires de la Part-Dieu, le centre d'affaires étant sous la responsabilité de M. Escarra. Le solde débiteur du compte de la S.A. Vivien dépassait nettement l'autorisation et la délégation de M. Escarra. J'ai parlé de ce dossier au directeur régional M. Bertrand qui m'a dit avoir effectivement connaissance de ce dossier.

L'explication qui m'a été fournie par M. Escarra dans le cadre de la relation d'accrochage était que le gestionnaire du compte M. Gay avait laissé le découvert du compte de la société Vivien augmenter de façon anormale. Je lui ai fait remarquer qu'il ne pouvait pas ignorer cette situation, ce qu'il a reconnu.

M. Escarra a démissionné de ses fonctions du Crédit lyonnais à une date que je ne peux vous préciser de mémoire, mais qui doit se situer vers le début de 1991. À ma connaissance, la démission de M. Escarra n'a pas de lien avec le problème du compte Vivien. M. Gay a démissionné du Crédit lyonnais vers le mois d'octobre 1989 avant mon arrivée pour rentrer dans le groupe Extrans en qualité de directeur financier ».

Ce texte donne toute la raison d'être de ce livre. En effet, deux personnes ont – mais plus sûrement ont été – démissionnées pour un découvert colossal que d'autres avaient couvert, voire encouragé. Leurs supérieurs leur ont fait porter le chapeau pour des faits dont ils avaient pourtant une parfaite connaissance. Ils avaient obéi aux ordres, puis servirent de boucs émissaires. Je ne doute pas que le Crédit lyonnais ait trouvé son compte dans cette manipulation et même participé ensuite à de nombreuses opérations pour la ville ou la communauté urbaine de Lyon, mais ce sont de simples exécutants qui, eux, ont payé le prix fort !

À tous ceux qui suivent aveuglément leur hiérarchie, je veux donc dire ceci : attention, vous avez tout à perdre dans ce genre de dossier. Aussi, n'acceptez jamais d'ordres verbaux ou de menus services demandés au détour d'une conversation téléphonique. Exigez toujours un écrit, quelle que soit la position de votre interlocuteur, car si les choses sont claires et légales, personne ne refusera. Contrairement aux apparences, je sais de quoi je parle, connaissant bien, pour l'avoir moi-même éprouvé, ce sentiment mêlé d'infériorité et de respect envers des puissants qui transforme chacun en complice idéal.

Et la méthode de cette banque, n'est-elle pas celle d'une complice ? La loi ne punit-elle pas de tels écarts sous le nom de « soutien abusif » ? Comment ces grands décideurs ont-ils pu m'accorder 6 millions de francs de découvert et un abandon de créance de 2 millions et demi ? À cause de ma bonne tête ? Impossible à croire, chacun sachant bien que la « bonne tête » n'est pas un argument valable pour un banquier. Non, il faut chercher l'explication ailleurs, chez ceux qui ont profité de tels agissements. Car, on l'aura compris, ces sommes folles n'ont jamais bénéficié à mon entreprise. Qu'est-il advenu du découvert faramineux ? Quelles furent les conséquences économiques et fiscales de cette bérézina ? Je fus le seul à payer l'ardoise.

Afin de comprendre la destinée de ce qui pourrait caractériser un financement politique déguisé, puisque ces sommes ont été en partie dépensées pour favoriser l'ascension politique de Michel Noir, il faut reprendre les auditions des différents protagonistes. Tout d'abord celle du directeur régional adjoint du Crédit lyonnais :

> « Il est exact que le 15 juin 1990, le Crédit lyonnais a consenti au profit de la S.A. Vivien un abandon de créance d'un montant de 2 500 000 F. Cette décision a été prise d'une part à la suite d'un engagement de M. Pierre Botton d'apporter personnellement à la S.A. Vivien une somme de 2 500 000 F et de l'abandonner en compte courant. D'autre part le

Crédit lyonnais a préféré procéder à cet abandon de créance plutôt que de risquer une perte plus importante en cas de dépôt de bilan de Vivien S.A.. »

Face à un tel gouffre, la loi, tout comme la prudence, aurait voulu que je dépose le bilan. Mais tout fut fait pour l'éviter, une telle procédure ayant forcément mis à jour l'ensemble des dépenses à caractère politique. À quelques mois des élections, cela aurait fait désordre ! Mes complices se sont donc démenés pour que Vivien soit maintenue en vie le temps nécessaire à l'élection et au vote de la seconde loi d'amnistie de 1990. Sur le coup, je trouvai l'idée formidable, sans comprendre qu'en acceptant ce tour de passe-passe, je commettais une erreur dramatique.

Le Crédit lyonnais permit en effet à la société de voir ses comptes devenir un puits sans fond. D'autant que les 2 500 000 F réintroduits m'étaient prêtés par... le Crédit lyonnais ! L'audition de M. André Rival, directeur adjoint au Crédit lyonnais est révélatrice :

« J'ai eu l'occasion de rencontrer M. Botton avec M. Escarra et M. Gaveau (directeur de groupe) et M. Sebille (responsable du secteur « Conseils et négociations ») pour les discussions concernant la mise en place d'un abandon de créance de la part du Crédit lyonnais de 2 500 000 F au profit de la S.A. Vivien à la condition que M. Botton fasse un apport personnel en compte courant d'un même montant. Pour cela nous lui avons consenti un prêt personnel. [...] Le Crédit lyonnais n'a pas pris de garanties lors de la mise en place du prêt personnel à M. Botton, celui-ci ayant refusé d'en accorder. »

★

Après les fournisseurs et les banquiers, examinons l'une des méthodes utilisée par les politiques pour détourner la Loi qu'ils ont eux même votée.

En 1989, nous utilisions afin d'y parvenir le journal *J'habite Lyon*, publication qui permettait de grandes rentrées d'argent grâce à la vente d'espaces publicitaires à des entreprises « sympathisantes ». La méthode était simple : la page coûtait 200 000 F et la distribution se voyait assurée par les militants dans les boîtes aux lettres de la circonscription, promesse d'une diffusion efficace justifiant le prix. Tout au moins était-ce le discours officiel dans la mesure où les tarifs pratiqués se montraient supérieurs à ceux demandés par *Paris-Match* ! En vérité, il s'agissait là d'un moyen artificiel de nous aider. Si pour certains la publication dans nos pages ne posait pas de problème, en revanche les plus généreux donateurs préféraient souvent garder l'anonymat. Dès lors, nous réalisions pour eux un « broché », une sorte de numéro hors série comprenant quatre pages de publicité, disponible en à peine une dizaine d'exemplaires dont huit se trouvaient dans les bureaux de l'association et deux joints à l'annonceur avec la facture. En cas de contrôle, les publicités, jamais parues dans les vraies éditions distribuées, semblaient donc avoir bel et bien existé ! Par cette méthode, les sociétés du groupe Decaux par exemple, nous fournirent plus de 1 200 000 F de soutien. Pour des groupes d'une telle importance, la somme semblait en fait bien dérisoire perdue au milieu du budget : une ligne dans les frais généraux, une déduction comptable au poste publicité et le tour était joué !

Voici la liste des annonceurs :

Lyonnaise des eaux : 550 000 F

Avenir Publicité : 150 000 F

Prodith : 200 000 F (filiale de la Lyonnaise spécialisée dans le chauffage urbain).

Latouche : 30 000 F (promoteur)

Sogelym : 104 000 F (promoteur).

Pitance : 100 000 F (entreprise de BTP lyonnaise).

GFC : 200 000 F (entreprise de BTP)

SLICI : 50 000 F

Merlin cabinet et SDEI : 300 000 F (cabinet d'études et distribution de l'eau)

Giorgi : 70 000 F (propriétaire d'hôtels à Lyon)

Accor : 84 000 F

Burel : 100 000 F (omnium plastic fabriquant de poubelles)

Decaux : 1 000 000 F (mobilier urbain)

Avenir : 279 000 F

Soit 3 217 000 F.

...

Les montants étaient considérables et le nombre d'entreprises impliquées aussi. Si la loi d'amnistie a aujourd'hui couvert tous ces faits, il est impressionnant de constater que les candidatures des décideurs en matière de marchés publics attirent beaucoup plus qu'on peut l'imaginer.

Tout le monde donne au pot.

★

Il existe d'autres moyens pour les entreprises de soutenir un candidat. En prenant par exemple à leur charge les frais de réalisation de sondages, dépenses déguisées comptablement grâce à l'aide d'un faux intitulé.

Le cabinet Merlin et la SDEI se substituèrent ainsi à Michel Noir en payant une étude facturée 185 000 F. Une autre société, proche de Havas, prit à son compte 260 000 F d'une enquête Sofres, tandis que la Lyonnaise des eaux paya 120 000 F un sondage du même institut. En somme des informations utiles pour nous, payées 565 000 F par d'autres !

Reste la vraie puissance de feu : le cash, le liquide, les espèces, dont l'utilisation apparaît clairement au fil de ce livre, et que l'on retrouve dans les propos du Trésorier de la fédération RPR du Rhône :

> **Sur interrogation** : « Pendant la période intéressant les activités ministérielles de Michel Noir c'est-à-dire de mars 1986 à mai 1988, j'ai dû rencontrer de la même manière que l'ont fait mes collègues des autres partis, les responsables des financements politiques œuvrant dans les entreprises en relation avec le marché de l'eau et de l'assainissement, du BTP, de l'armement ou les grandes banques et j'avoue avoir été toujours surpris de la facilité avec laquelle ces gens-là pouvaient dégager des fonds en espèces alors que mon expérience de chef de PME m'avait enseigné combien cela était difficile, voire quasiment impossible. »

Michel Noir lui-même reconnut dans une interview accordé à *Lyon Mag* avoir encaissé différentes sommes pour sa campagne. De l'argent versé sans que la moindre certitude de le voir gagner ne soit possible.

★

Au-delà des comptes officiels, il y a bien entendu les comptes officieux. Ceux que j'établissais lors de la campagne qui faisaient apparaître les dons en liquide suivants :

SAE / Jean-Claude James (BTP) : 1 000 000 F
Dumez / André Kamel (BTP) : 500 000 F
CGE, rebaptisé depuis Vivendi (eau) : 1 700 000 F
SDEI/ Merlin (eau) : 600 000 F
Lyonnaise des eaux/ Prades (eau) : 100 000 F
Bouygues (BTP) : 1 000 000 F
Pitance (BTP) : 100 000 F
Thomson/ Gomez (armement) : 100 000 F
SPIE Batignolles/ De Buffevent (BTP) : 100 000 F
Accor (hôtellerie) : 100 000 F
GFC (BTP) : 100 000 F.

Soit 4 530 000 F, presque un demi-milliard de centimes récolté en trois mois !

En tout état de cause, le système est connu de tous et seule la masse d'argent liquide circulant reste impressionnante et méritait d'être soulignée.

★

Mais comme on l'a vu, une campagne coûte énormément d'argent et une fois le scrutin terminé, il faut solder les comptes. Sur le sujet, la déposition de Simone Courjal, employée de bureau, puis secrétaire à la permanence de Michel Noir pour se voir confier, en avril 1989, la fin des comptes de campagnes, est très instructive :

> « Il est exact que je me suis occupée des comptes de la campagne de Michel Noir en 1989. C'est Pierre Botton qui à géré le compte de campagne de janvier 1989 à avril 1989 et je me contentais seulement de l'aider. Par la suite à partir de la rupture entre Michel Noir et Pierre Botton, j'ai géré les comptes de campagne sous la responsabilité de Michel Noir. Pierre Botton ne s'en est absolument plus occupé à partir du mois d'avril. J'ai continué à m'en occuper jusqu'à ce que toutes les échéances soient payées. [...]
>
> **Sur interrogation** : Au cours de la deuxième période, à partir du mois de mai 1989, c'est moi qui allais déposer à la BNP les espèces qui m'étaient remises par M. Sarocca, chef de cabinet de Michel Noir. Ces sommes m'étaient remises dans le bureau de Monsieur SAROCCA et je crois me souvenir qu'il les prenait dans un coffre qui se trouvait dans son bureau. [...] J'ignorais et j'ignore toujours la provenance de ces espèces [...]. »

On le sait aujourd'hui, l'argent est devenu un sujet d'attaques entre candidats. S'il existe un financement officiel avec frais remboursés aux candidats les plus prometteurs, il paraît ridiculement dérisoire lorsque l'on a conscience de l'étendue des sommes réellement brassées durant une campagne. Le plus ahurissant, c'est que la loi a tout rendu encore plus tordu en remplaçant un vide juridique par une interdiction absolue du moindre soutien financier venu d'une entreprise. Dès lors, compte tenu de l'étendue réelle des dépenses indispensables, s'est instauré une sorte de jeu de cache-cache rendant quasiment systématique la violation des textes ! Chaque « prêt d'avion » d'une grande entreprise à un candidat, chaque don de timbres, chaque mise à disposition de moyens techniques ou en personnel, est désormais interdite alors que, d'une façon ou d'une autre, elle reste monnaie courante ! Dès lors, chacun se débrouille pour faire rentrer un minimum de fonds officiels allongés de revenus plus souterrains par ailleurs.

★

Alors, à quelques mois des campagnes présidentielle et législatives, quel est le coût réel des élections ? Difficile à estimer, mais essayons d'évaluer le seul poste des travaux d'impression et d'affichage.

Pour la location d'espaces publicitaires : 1 004 010 F pour trois semaines. À cette somme il convient d'ajouter le prix des affiches : 385 450 F. Pour les imprimeurs, gravure, impression des documents, des bulletins de vote, travaux photos, pliage, diffusion, routage : 2 220 912 F. Soit un total de 3 610 372 F pour un seul candidat et sur une seule ville.

À cela il convient d'ajouter les coûts des meetings, des dîners, des sondages, des voitures permettant le déplacement des personnes âgées le jour du scrutin, les agences de publicité, l'audiovisuel, le service d'ordre, le marketing téléphonique, les déplacements en avion, le secrétariat... et bien sûr les coups tordus.

Soit pour Lyon, en 1989, prêt de15 millions de francs.

Dès lors, je laisse à chacun le plaisir d'imaginer le niveau des dépenses réelles concernant chaque candidat à l'élection présidentielle. Ayez ces chiffres en tête lors de la publication des comptes officiels.

*

Aujourd'hui, toutes les affaires en cours montrent d'une façon ou d'une autre la persistance des mêmes méthodes, des mêmes systèmes, des mêmes écarts entre loi et discours officiel, malgré les amnisties et la mise en place d'un financement public de la vie politique. Sans doute parce que les affaires sont les affaires. Comme tout le monde se tient par la barbichette, personne ne dit rien et le système perdure.

Je veux terminer par cette phrase remplie de bon sens, prononcée par mon parrain Paul Bocuse qui prenant connaissance des chiffres publiés par la presse dans les autres affaires (mairie de Paris, Elf, marchés truqués d'Ile-de-France etc.) me dit : « Avec Noir, vous étiez des artisans ! »

Chapitre 19

En route pour l'Élysée

Oubliant toutes les difficultés de la campagne, c'est à l'hôtel Métropole de Lyon que nous attendions, sans trop d'angoisse, les résultats du deuxième tour.

Le grand schelem : neuf arrondissements sur neuf. Raymond Barre ne fut même pas élu dans la circonscription dont il était député. Un raz de marée Noiriste sur la ville. Tout était en train de changer. Dans une dernière concertation complice, Michel décida de donner, immédiatement et simultanément sur toutes les chaînes de télévision, le ton de la suite de sa carrière. Là encore, tout avait été soigneusement pensé : une seule et unique déclaration, devant un drapeau bleu blanc rouge et... les armoiries de la ville de Lyon. Toutes les télévisions interrompirent leur diffusion pour avoir le « vainqueur des municipales » à l'antenne. On aurait cru une soirée d'élection présidentielle. À côté du plateau, télécommande en main, je prenais plaisir à visionner l'intervention de Michel Noir en zappant d'une chaîne à l'autre.

Nous avions gagné.

Tous ces efforts et sacrifices avaient payé : non seulement Michel Noir était maire de Lyon, mais désormais, il était en piste pour la présidence de la République. La stratégie, la gigantesque opération d'image et tout ce travail de relation publique lancé depuis cinq ans avaient porté leurs fruits.

Dès l'annonce des résultats, les télégrammes affluèrent. Tous, des faux amis politiques aux faux-culs de services, accourraient au clairon de la victoire.

Bien sûr, nos complices des médias et du monde économique étaient eux aussi présents. Pourtant déjà, le ton n'était plus le même. Ceux que, à peine quelques semaines auparavant, nous devions séduire pour obtenir un article, étaient désormais demandeurs et se battaient pour l'exclusivité des déclarations du nouveau maire. Les chefs d'entreprises que nous devions autrefois charmer pour obtenir les subsides nécessaires à la campagne voulaient absolument « féliciter personnellement » le nouveau premier magistrat de la deuxième ville de France. Même Jacques Chirac, qui avait soutenu le candidat RPR du bout des lèvres, téléphona pour adresser ses chaleureuses félicitations au « grand con », comme il l'avait qualifié en 1987 durant une entrevue orageuse. Affublant par la même Philippe Seguin du qualificatif de « gros con » et Alain Carignon de « petit con ». Signe des temps, Jacques Chirac jugea bon de démentir ces propos en intervenant en direct le 19 juin 1989 lors de l'émission « L'heure de vérité » que François Henri de Virieu consacrait à Michel Noir. Malgré cette opposition, Michel accepta de lui parler, après cependant l'avoir fait patienter quelques minutes. Sans doute prit-il le temps de savourer sa victoire.

Mais la nouvelle position que Michel Noir venait d'acquérir m'éloignait de lui. Je le reconnais volontiers : arrivé à ce stade de l'échiquier politique, je n'avais plus le niveau. Notre dernière œuvre commune fut ce jour là la déclaration de victoire. Un grand moment pouvant encore donner des idées aux futurs candidats d'avril 2002. Qu'on en juge :

> « Aujourd'hui les Lyonnais ont exprimé leur volonté de mieux vivre ensemble chaque jour dans leur ville et de préparer l'avenir de notre cité et de ses enfants. Lyon a tout pour réussir [...]
>
> Lyon est appelé à jouer les tous premiers rôles en coupe d'Europe des villes championnes des années 1990. Entouré d'une équipe de femmes et d'hommes compétents, riches de leur variété d'opinion, je souhaite remercier les Lyonnais qui nous font confiance pour aider Lyon à réussir ».

Mais dès ce couplet refermé, devant près de quinze millions de téléspectateurs, Michel Noir prit date et se positionna dans la perspective des prochaines échéances nationales. En un mot, il préparait la mise à l'écart des Chirac, Giscard, Barre et autres Balladur. On entrait déjà dans la deuxième phase du lancement de la fusée Noir, en route pour l'espace Élyséen. Le nouveau maire de Lyon affirma en effet :

> « Devant l'ampleur des résultats de dimanche dernier et de ce soir, je voudrais tirer un deuxième ensei-

gnement. Les Lyonnais, comme je crois beaucoup de Français, souhaitent désormais la victoire des hommes qui, loin des jeux politiciens, veulent consacrer leur énergie aux choses concrètes de la vie. Réussite scolaire des enfants, conditions d'habitat et du cadre de vie dans la cité, considération apportée aux personnes à l'automne de leur vie et à ceux qui risquent d'être exclus. Bref tout ce qui concerne l'épanouissement de la personne humaine et la qualité des relations entre les êtres. Le retour de cette primauté de la personne humaine est une chance immense qu'il ne faut pas décevoir. Beaucoup de Français ont le sentiment que la politique ne tourne pas rond parce que trop éloignée de cette morale de l'action ».

En quelques mots, il diffusait plusieurs messages : déjà l'homme politique parlait des Français et non plus des seuls Lyonnais, puis il « ringardisait » le discours de Chirac. Enfin, il terminait ce petit couplet par une phrase qui en disait long à qui savait lire entre les lignes. En tout cas pour le microcosme parisien, les mots furent limpides : il suffisait pour comprendre de remplacer « Lyon » par « France » et « Lyonnais » par « Français ». Dès lors on n'était déjà plus très loin du faubourg Saint-Honoré :

> « Lyon, ville qui sait prendre la mesure du temps, peut donner l'exemple, comme elle l'a toujours fait lorsque l'essentiel est en cause. J'invite tous les Lyonnais qui le veulent à se rassembler pour donner un nouveau souffle à Lyon et aider notre cité à rayonner en France et en Europe. »

Ce discours fut prononcé en mars 1989, voilà déjà plus de dix ans. De deux choses l'une : soit Michel Noir était très en avance en matière de communication, soit la politique a fait du surplace depuis.

Mais, si Michel rêvait de pousser Jacques Chirac vers la sortie, il lui était pourtant stratégiquement impossible de le faire. Aussi, en spécialiste de la communication politique, il avait autorisé, pour clôturer son intervention, qu'une question lui soit posée par un de nos complices journalistes, Bernard Pradineau. Tout ce que nous ne pouvions dire, le journaliste se chargea de le mettre en mots. Qu'on en juge :

> « L'ampleur de votre victoire vous donne-t-elle de l'appétit ? Avez-vous l'intention par exemple de supplanter Jacques Chirac dans ses combats nationaux demain ? »
>
> « Je viens de dire "loin des jeux politiciens". Je ne suis qu'à quatre jours d'être élu maire de Lyon. Laissez moi travailler et laissez les Lyonnais travailler et faire réussir leur ville. »

Mais le petit sourire que le nouveau maire avait alors, du mal à retenir en disait plus long encore...

★

Une nouvelle ère s'ouvrait devant nous. Pourtant, si ce soir-là j'avais bien observé le nouveau vainqueur, j'aurais compris qu'il ne souhaitait pas conserver les mêmes rapports avec ses compagnons d'avant la bataille. Tout avait changé. Il ne prenait pas au téléphone ceux que nous sollicitions quelques jours avant son sacre et écartait les messages de sympathie de tous nos amis du show-business. Il refusait même de parler en direct aux journalistes que nous connaissions, à l'exception des vraies stars de l'antenne avec lesquelles nous avions tissé des relations étroites. J'ignorais alors que la même stratégie allait m'être appliquée.

À plusieurs reprises, Michel Noir m'avait parlé du *Prince* de Machiavel, me conseillant de le lire. Mais, pris dans le feu de l'action, je n'avais pas estimé nécessaire de suivre son conseil. Et puis, si lui l'avait lu, cela suffisait pour nous deux ! Grave erreur. J'aurais découvert un principe qu'il appliquera avec rigueur, intelligence et détermination à tous ses proches, moi compris : on ne conserve pas le pouvoir avec ceux qui ont permis de le conquérir. En effet, ces derniers auront le sentiment qu'une partie de cette puissance nouvellement acquise leur appartient alors que des hommes neufs seront heureux de participer à la victoire sans avoir eu à combattre.

⋆

Michel Noir, qui ne voulait entrer dans sa mairie qu'une fois intronisé par le Conseil municipal, m'accompagna jusqu'à la porte de l'hôtel de ville en me chargeant de préparer son sacre. Au moment où nous marchions côte à côte, il me dit : « Pierre, nous venons d'écrire une page d'histoire. » Trop jeune, trop fou, marqué par toutes les tensions, les mensonges et la fatigue de ma première campagne, je ne me rendais compte de rien.

En ce jour de victoire, ce n'était déjà plus deux copains qui se parlaient, mais le futur présidentiable et son conseiller personnel. Il n'avait plus besoin de moi pour quémander, solliciter les émissions les plus prestigieuses ou pour parvenir à lancer des opérations de séduction sur les stars des arts et du show-business. Tout cela, lui l'avait totalement assimilée, moi pas du tout. Il avait quarante cinq ans et j'en avais trente quatre.

*

Dans les jours qui suivirent, à de multiples occasions, je ne reconnus plus l'homme que j'avais aimé. Notre victoire était écrasante, reconnue par la France entière. L'article paru dans *Libération* sur le « faiseur de maire » que j'étais d'après Bruno Marion, lui avait volé une infime partie de sa victoire et commençait à me donner goût à ma propre notoriété. Pour la première fois, j'étais seul dans les journaux... et reconnu. Cet article consacrait mon travail et me plaçait sous les feux de la rampe. Michel ne pouvait l'admettre et ses nouveaux courtisans, rodant déjà autour de lui, non plus.

Jacques Chirac se débattait encore pour faire le grand schelem à Paris, sans doute avec l'aide de quelques faux électeurs. La déclaration de Valéry Giscard d'Estaing, ancien président de la République, avait été coupée à la télévision pour laisser place à celle du jeune premier. « Le grand con » venait de laminer à Lyon un ancien Premier ministre, Raymond Barre, et en mettait un deuxième en position délicate au sein du RPR. Un véritable boulevard vers l'Élysée s'ouvrait. Pour la première fois, Michel allait détenir seul le pouvoir, et s'en servir.

Doucement, je découvrais un autre homme et des réticences commençaient à monter en moi quant à sa personnalité même. Au cours de la campagne, j'avais en effet découvert ses mensonges, ses stratégies et même sa dureté durant la négociation de l'entre deux tours avec les listes adverses.

Entre orgueil et désillusion, je me mis à comprendre qu'une autre époque émergeait, qu'une autre aventure débutait, à laquelle je n'avais ni le goût ni l'envie de participer.

*

Ce qui mit le feu aux poudres, fut une entrevue à trois. Nous avions pris ensemble, Michel et moi, deux décisions symboliques : supprimer la cocarde pour les élus et la citerne d'essence servant à approvisionner, aux frais du contribuable, leurs grosses cylindrées. Deux idées qui provoquèrent évidemment un tollé dans les rangs des élus. Thierry Kaepplin, secrétaire général de la ville nouvellement nommé, sollicita un entretien avec le maire pour se plaindre de mes « agissements ». Comme j'occupais un bureau contigu à celui de Michel Noir, celui-ci me demanda de le rejoindre immédiatement. À plusieurs reprises par le passé, j'avais accepté d'endosser le rôle du vilain petit canard ayant agi sans en avertir l'homme politique, stratégie pré-établie entre nous. J'étais là pour cela, pour le protéger et rectifier le tir si possible. Devant le secrétaire général, j'acceptais les réprimandes en silence. Fidèle petit soldat.

Mais cette fois, après le départ du fonctionnaire, je fus estomaqué d'entendre le nouveau maire continuer à m'imputer de manière blessante ces actes que nous avions décidés ensemble.

> « Pierre, tu sais, tu es vraiment épuisé et je pense que tu devrais prendre des vacances, parce que je ne t'ai jamais demandé de faire tout cela. »

Surpris, je rétorquai :

> « Tu ne m'as pas demandé de faire ça, chez toi, dans le bureau ? »

Droit dans les yeux, il insista :

> « Pierre, je te le promets, jamais. Tu es épuisé, et je le comprends après tout le travail admirable que tu as fait, mais je crois que tu perds la mémoire. »

Devant un tel aplomb, je perdis mon sang froid.

> « Tu veux que je te montre les listes de travail ? Je perds la mémoire ou tu me prends pour un imbécile ? »

En sortant de son bureau, je décidai de quitter la mairie. Quelques heures plus tard, avant de partir définitivement, je forçai la porte du maire et lui annonçai ma décision.

> « Voilà, Michel, je m'en vais. Je ne travaille plus pour toi, je reprends ma liberté. Mon contrat dans ton bureau il y a cinq ans, était de te faire gagner la mairie. C'est fait.
> — Dis donc, tu n'as été qu'un différentiel. Tous les sondages me donnaient gagnant, alors ne pousse pas trop.

— Eh bien le différentiel, ayant comme tu le sais de nombreuses sollicitations par ailleurs, va aller te montrer de quoi il est capable.

— C'est cela, va retrouver les perdants. »

Sans le savoir, par cet échange acerbe, nous venions tous deux de signer notre fin. Mais avant de tomber ensemble de notre piédestal, nous allions poursuivre l'un et l'autre nos ascensions. Moi vers le pouvoir, lui vers la reconnaissance.

ÉPILOGUE

Après cette rupture affective longue et difficile, tout en moi était blessé. Aujourd'hui, avec le recul, il m'est facile d'observer les mondes politique, économique et médiatique. Mon expérience me permet de tout décrypter : de l'augmentation des prix de l'eau intervenant comme par miracle après chaque changement de municipalité, à la création d'une chaîne de télé locale, et même jusqu'aux fameux « audits » réalisés uniquement dans le but de préparer l'attribution de tel ou tel marché à des entreprises ayant soutenu financièrement un nouveau maire. Mais surtout, de voir cette lamentable course à l'image à laquelle nos dirigeants continuent de se livrer, oubliant l'intérêt de leurs concitoyens.

J'en ai été particulièrement choqué lorsque la même méthode fût employée au sujet des prisons. Le livre de Véronique Vasseur, *Médecin chef à la prison de la Santé*, avait révélé le scandale de la vétusté des maisons de détention et permis à un vent de réforme de souffler sur la France. Dès lors, les hommes politiques de tous bords, bien évidemment accompagnés de caméras, commencèrent à envahir les prisons pour témoigner. Tous nous assuraient que cela allait changer ! Deux ans après, le constat est là : malgré les multiples reportages mettant en avant quelques cellules repeintes, rien n'a bougé. Mieux, le discours sécuritaire reprend le dessus ! Les mêmes politiques assurant autrefois que mettre des mineurs en prison ne servait à rien, reviennent nous dire aujourd'hui qu'il faut construire encore plus d'établissements pénitentiaires. Je l'avoue, j'en ai assez d'entendre parler sans vergogne de « tolérance zéro » par des hommes qui refusent de s'appliquer à eux-mêmes les règles qu'ils ont fixées, et qui, depuis des dizaines d'années, vivent sur le dos de la République au mépris de ces lois qu'ils veulent tellement appliquer aux autres, au fil du vent, au fil de l'image, au fil de la pêche aux voix.

Au soir du deuxième tour de l'élection présidentielle, comme chaque fois, on jettera rapidement aux Français les chiffres de l'abstention et des bulletins blancs toujours en augmentation, symbolisant le ras-le-bol des électeurs pour des jeux devenus stériles. Mais bien vite le microcosme reprendra le dessus avec les réactions des uns et des autres et se délectera du petit jeu pour la nomination du Premier ministre. Tel homme politique du camp vainqueur viendra parler du vote des agriculteurs, espérant avoir été « bon » pour décrocher son maroquin de ministre, tel autre d'un autre sujet. En somme, le jeu habituel des hommes qui nous gouvernent. Dans les états-majors, on préparera les petits fours pour que les vedettes du show-business, dont l'image a été largement utilisée, viennent fêter la victoire devant les caméras et les photographes. Elles seront remerciées au fil de la mandature par un hochet : une invitation à l'Élysée ou une décoration. Bien sûr, avec le temps, leurs espoirs en l'action de leur candidat seront déçus et nos « people », prenant conscience de la manipulation, rentreront dans leurs coquilles. D'autres stars montantes les remplaceront bien vite car la nature à horreur du vide.

Derrière l'écran, confortablement assis dans leur fauteuil, les grands patrons téléphoneront à telle ou telle de leur relation, proche du vainqueur, afin de la féliciter et de rappeler les petits ou grands services rendus alors que la victoire n'était pas acquise. À ce jeu, ils sont toujours les plus forts et ne peuvent pas perdre. Dans les semaines qui suivront, tel ancien député, ancien ministre ou député recalé, mais recasé au sein d'une grande entreprise, retournera à la vie politique et renverra l'ascenseur, tout en étant remplacé à son poste dans l'entreprise par des représentants de l'adversaire malheureux. C'est la vie politique telle que nous la vivons depuis longtemps.

Puis le Président élu, l'œil rivé sur les sondages mensuels, ne conduira son action qu'en fonction de sa réélection, commençant à trouver la France bien petite, les journalistes bien indiscrets. Il préférera courir le monde en Airbus présidentiel, payé avec l'argent des contribuables, tout en assurant que le gouvernement fait tout ce qu'il peut et qu'il n'y a pas d'autres solutions pour résoudre les problèmes.

*

Alors, oui une grande partie des Français ont raison : la politique ne sert plus à grand chose parce qu'elle a perdu sa raison d'être. On me trouvera pessimiste ou déçu, peut-être même amer, je répondrai que je suis seulement et malheureusement réaliste.

Grâce à mon apprentissage aux côtés de Michel Noir, j'avais effleuré le système. Mais en le quittant pour aller écouter d'autres sirènes et tenter de lui démontrer mon efficacité, j'allais cette fois en pénétrer le cœur.

En repensant au parcours effectué entre 1989 et 1992, j'ai acquis une conviction : la vie politique ne changera jamais, sauf si l'on démontre sans relâche que les lois sont systématiquement détournées par ceux qui les votent, que l'argent, la puissance et le pouvoir sont bien les seuls moteurs de nos dirigeants, où qu'ils se trouvent. Enfin, que pour les obtenir, à leurs yeux, tous les moyens sont bons y compris ceux interdits par les lois qu'ils votent.

Car ne nous leurrons pas : le système, la façon de raisonner, que je mets en lumière dans ce livre, perdurent encore de nos jours. Les hommes n'ont pas changé, ils ont tous été formés à l'école de cette « politique mafieuse » et ces méthodes sont les seules qu'ils connaissent. Il y a toujours les mêmes valises, les mêmes sondages bidouillés, les mêmes rapports de force, la même prime à l'élimination, la même glorification du mensonge et de la mauvaise foi. La même course aux médias, à l'audience pour des hommes dopés à la reconnaissance, le tout mis en œuvre en toute complicité.

Tout continue. Michel Noir n'était en rien une exception.

Comment puis-je tenir de tels propos ? Tout simplement parce que dans ma volonté de laver mon orgueil, bêtement blessé, dans ma folie de revanche sociale j'ai ensuite servi ou aidé plusieurs chefs de gouvernements, ministres, maires de grandes villes et près d'une vingtaine de députés. Mais là, c'est une autre histoire...

REMERCIEMENTS

Je remercie Julia, la mère de ma dernière fille qui m'a aidé dans la rédaction de ce livre, ma « famille » chez Flammarion, tout particulièrement Thierry, Guillaume et Maître Bigot pour son efficacité.

Je pense à tous les anonymes qui dans la rue, par courrier, sur mon site m'ont conforté dans mon combat pour me relever et m'ont permis de croire en une seconde chance.

Merci à ces fidèles qui m'accompagnent sans états d'âme dans ma nouvelle aventure industrielle, je pense bien sûr à Ariane, Hélène et Bernard, Christian, Marcel pour ses conseils éclairés, Philippe, Didier et le sage Patrice.

Je ne veux pas oublier ceux qui, ne me connaissant pas, se sont engagés à mes côtés, Messieurs Loeper et Bailly.

Enfin, j'ai une pensée pour l'Observatoire International des Prisons et tous les malades de l'hôpital Saint-Anne

Merci à Anne-Valérie.

TABLE

AVANT-PROPOS 9
PROLOGUE 13

CHAPITRE 1
Au nom du père 23
CHAPITRE 2
Le travail c'est la santé 41
CHAPITRE 3
Destin 55
CHAPITRE 4
Pacte avec le diable 69
CHAPITRE 5
Excès de vitesse 85
CHAPITRE 6
Les premiers dérapages 95
CHAPITRE 7
Muriel 113
CHAPITRE 8
Monsieur le ministre 119

CHAPITRE 9
Coluche : tu me manques 145
CHAPITRE 10
DoYou-DoYou-Saint-Tropez : Année 1 157
CHAPITRE 11
Journaliste politique... un beau métier 169
CHAPITRE 12
Derrière l'écran, l'image 189
CHAPITRE 13
Sous le soleil de Saint-Tropez : Années 2 et 3 215
CHAPITRE 14
Acceptez-vous de prendre pour épouse...
Michel Noir ? 231
CHAPITRE 15
Hommes d'affaires... 237
CHAPITRE 16
L'information c'est le pouvoir 263
CHAPITRE 17
Électeurs, si vous saviez 273
CHAPITRE 18
Le compte est bon... 301
CHAPITRE 19
En route pour l'Élysée 329

ÉPILOGUE 339
REMERCIEMENTS 345

Impression réalisée sur CAMERON par

BUSSIÈRE CAMEDAN IMPRIMERIES

GROUPE CPI

à Saint-Amand-Montrond (Cher)
pour le compte des Éditions Flammarion
en janvier 2002

N° d'édition : FF809801. — N° d'impression : 020104/1.
Dépôt légal : février 2002.

Imprimé en France